KB209234

주후 년 월 일

_______________ 드립니다.

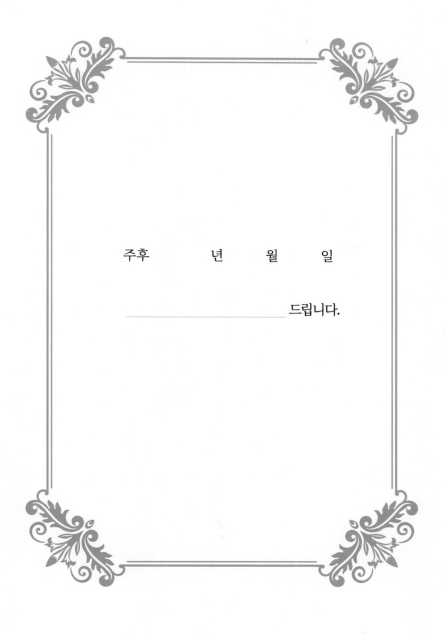

우리 집 가정교사는
성령님이십니다

우리집 가정교사는
성령님이십니다

재판1쇄 2025년 1월 25일

지은이 팀. 베브 라헤이(Tim and Bev Lahaye)
옮긴이 전민수
편집·디자인 홍은정
펴낸이 이규종
펴낸곳 엘맨출판사

출판등록 제10-1562(1985. 10. 29)
등록번호 제13-1562호(1985,10,29)
주 소 서울 마포구 토정로222 422-3
전 화 Tel. 02-323-4060
팩 스 Fax. 02-323-6416
이메일 elman1985@hanmail.net
홈페이지 www.elman.kr

ISBN 678-89-5515-785-7(03230)

저자와 협의하여 인지를 생략함.

값 14,000 원

Spirit— Controlled

FAMILY LIVING

Tim and Bev LaHaye

우리 집 가정교사는 성령님이십니다

저자 | 팀 · 베브 라헤이(Tim and Bev Lahaye)

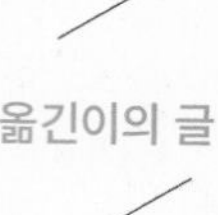

옮긴이의 글

핵가족 시대의 양상은 전후 한국에도 찾아와서 한국의 전통적인 가족 제도가 붕괴되기 시작한 지 이미 오래 되었다. 이런 시점에서 팀·베브 라하이 부부가 공동 집필한 본서는 정서적으로 메말라 버린 이 사회에 건전한 한줄기 오아시스가 될 것이다.

팀·베브 목사 부부는 미국은 물론 전 세계에 널리 알려진 저술가들이요, 신앙인들이다. 본서에서 이들은 가정의 구성원인 가족에 그 주안점을 두었다. 가정은 추상명사이나 가족은 군집명사로서 실제적이기 때문이다. 무엇보다도 가족 일원이 건전해야만 가정이 밝아지는 법이다. 후기 산업사회(Post Modernism)의 영향으로 한국에서도 이혼율이 급증해서 고아 아닌 고아들이 양산되고 있다. 이것은 이 사회의 어두운 미래를 보여주고 있는 것이다.

가정은 신성하다. 왜냐하면 지상 최초의 사회는 아담과 하와가 이룬 가정이었기 때문이다. 성경은 가정의 핵심인 부부관계 등을 중요시 여기고 있는데, 본서는 이 점을 조명하고 있다. 저자들은 지상의 모든 가정이 성경적이기를 기대하고 있다. 그래서 본서를 통해서 한국의 모든 가정생활이 건전하기를 역자는 간절히 소망한다.

필자들의 예리한 통찰력에는 선지자의 눈이 있고, 교육자의 리더십, 그리고 목사의 사랑이 들어있다. 이 책을 저술한 팀·베브 목사 부부께 감사드리며 물질보다 출판의 사명이 충만한 이규종 사장님께 감사를 드린다.

구주 강탄 1995년째 되는 봄에

목동 신 시가지에서 전민수 목사

차 례

※ 5장과 8장은 베브 라하이가 쓴 글이다.

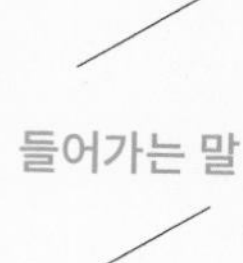

들어가는 말

베브와 내가 항상 행복한 결혼생활을 한 것은 아니다. 여러 해 동안 우리들의 관계는 너무도 나빠져서 자주 대화를 갖지 못했고, 그때마다 서로 짜증만 냈다. 100점 만점의 기준으로 나는 내 결혼생활을 25점 정도로 평가했고, 내 아내 베브는 30점 정도로 평가했다. 우리를 함께 붙잡아 둔 것들은 단지 몇 가지뿐이었다.

1. 이혼이 해결 방법이라는 것을 인정하지 않는 점
2. 네 자녀들
3. 직업상의 필요(이혼은 내 경력에 파멸을 가져다 줄 수 있다. 교회는 이혼한 목사들을 비판적으로 보기 때문이다.)
4. 끈질긴 고집과 불 같은 결심

베브는 너무 완고해서 패배를 인정하지 않았고, 나 역시 너무 고집이 세서 타협이나 양보하는 결혼생활을 영위하지 못했다. 그러니 뭐가 행복하겠는가? 그 안에 행복이 있을 리가 없었다.

이상스러울 만큼 우리 부부는 매우 신경질적인 그리스도인이었다. 돌이켜 생각하면, 우리 부부가 때때로 올바르지 못했던 것을 깨닫는다. 우리 부부는 우수한 기독교 대학에서 만났고, 함께 주님께 봉사하는 삶을 살기로 약속했다. 베브는 열네 살 때에 일생을 주님께 바쳐 장차 선교사가 되겠노라고 서원했다. 그리고 나는 열다섯 살 되는 해에 여름 수련회에서 복음전도자가 되기로 서원했다. 베브는 일찍 고등학교를 마치고 열일곱 살 되는 해에 대학에 입학했는데, 우리는 대학교에 입학한 지 4주째 되는 날 식당에서 만나게 되었다. 그 때 나는 공군 복무를 마쳤으며 스무 살이었다.

우리는 곧 사랑에 빠지지는 않았으나 나는 젊은이로서 그녀가 나를 두려워하지 않으며 흥미는 갖도록 유도했다. 우리는 점점 서로를 사랑하게 되었다. 나는 그녀와 관계를 유지하면서, 드디어 우리의 만남이 "주님의 뜻이었다."고 그녀를 확신시켜 그 해 7월에 결혼하였다. 곧 우리의 사랑은 너무나 충만했으므로, 누구도 우리의 사랑에 대해서 "늦추라"고 말할 수 없었다.

나의 어머니나 베브의 부모님도 마찬가지였다.

대학 졸업 후 우리는 신학교 상급 학년 동안을 사우스캐롤라이나 주의 산간 소읍의 교회에서 보냈고, 그 곳에서 2년 동안 주님을 섬겼다. 나의 교구민들은 나의 첫 설교를 받아들였고 나를 자랑스럽게 여겼다.

대학 졸업 후 나는 그 2년 간의 성장이 내 생활의 75~77점 정도가 되도록 기도했다. 신혼의 즐거움은 첫 목회지의 도전이었고 생활은 활동적이었다. 우리는 재정적 곤란 외에는 첫 3년 동안은 별 문제가 없었다. 우리의 첫 아기인 린다가 그 시절에 태어났고, 우리 부부는 그 애를 참으로 사랑했다. 내가 화를 내면 베브는 고집적인 침묵으로 일관했는데 그것 외에는 우리는 즐겁게 보냈다. 그 몇 년 동안의 신혼시절을 나는 약 85점 정도로 평가하고 싶다.

그 후 하나님의 섭리로 우리는 미네아폴리스의 미네통카 회중 교회로 부임 받아 가게 되었다. 근 6년 만의 이동이었다(20만 톤의 눈을 치우는 것 같은 기분이었다). 그 교회는 세상에서 제일 좋은 사람들만이 모이는 곳 같았고 400명이 출석하고 있었다. 나는 새 교회에서 프로그램이 가득 찬 목회에 임하게 되었고, 아내 베브는 사모로서 바쁜 시간을 보내게 되었다. 베브는 중고등부와 유치부 자모회를 맡았다. 우리의 두 아이가 그곳에서 태어났다. 나는 그 시절의 목회사역은 90점, 결혼생활은 70점으로 매기고 싶다.

지금으로부터 22년 전, 우리는 캘리포니아 샌디애고에 있는 스콧트 기념 침례교회로 하나님의 특별한 섭리 하에 부임되어 가게 되었다. 2년 후 로리가 세상에 태어났으나 그 때까지만 해도 우리의 결혼생활은 내리막길을 걷고 있었다. 우리는 겉으로는 좋은 관계를 유지하고 있는 것처럼 행동했으나 행복 된 시간들은 갖지 못했다. 우리들에게는 무관심이 증가했고 긴장이 더욱 고조되었다. 결혼생활 12년이 되던 즈음의 우리 부부생활의 점수는 고작 10점 정도였다. 같은 집에서 살고 있었지만 갈수록 우리의 의견들은 강하게 대립되었고, 그런 경향이 자녀들에게도 그대로 나타났다. 그런 수준에서 우리의 영적인 생활은 머물고 있었다. 아내 베브는 하고 싶지 않은 일들은 거부했고, 그럴수록 나는 더욱 지배적으로 그녀를 대했다. 우리는 세상의 행복하지 못한 수많은 부부들에게 상처를 주려고 이런 말을 하는 것이 아니다.

제일 이상한 점은 우리 부부 모두가 헌신적인 그리스도인이며 기독교회의 성경적인 근면한 사역자들이라는 사실이다. 사실 내가 시무하는 교회는 잘 성장했고, 신자들은 증가했고, 4년 내에 두 개의 교육관을 신축했고, 3부 예배를 드리게 되었다. 신자들은 그리스도인의 삶을 강하게 강조하는 나의 성경적인 설교에 큰 은혜를 받곤 했다.

그런데 무엇이 잘못이란 말인가! 우리는 실제적으로는 가정에서 "성령님이 역사하는 생활"을 하지 못했다. 우리는 가정생활과 동떨어진 그리스도인의 생활을 했던 것이다. 왜냐하면 어려운 환경들이 간간이 찾아오곤 했기 때문이다. 그러나 우리 가정의 문제들은 너무나 혹독했으므로 우리 부부는 서로를 조절하는 데에 실패했고, 문제들을 원활히 해결하지 못했다. 많은 사람들은 자신들의 정신을 괴롭히는 압박에 대해서 잘못된 생각들을 갖고 있다. 사람들은 압박받는 마음을 드러내 놓는데, 그것은 옳지 못하다. 실제적으로, 당신이 압박 상태에 있는 것 그 자체가 바로 당신의 모습이다! 우리는 가족의 압박 상태를 더욱 나쁘게 했으며, 우리 결혼 자체가 그랬다.

한번은 우리 결혼생활 점수가 25~30점 사이라고 생각되는 시기에, 아내 베브는 숲속에서 개최된 어떤 주일학교 교사 강습회에 초청받아 참석하게 되었다. 그 주간 아내는 성령이 충만하고 성령에 사로잡힌 체험을 하게 되었다. 수요일에 아내는 나에게 전화로 마지막 날 꼭 오도록 내게 요청을 했다. 가정을 떠난 4일 간의 집회 기간을 통해서 우리 결혼생활의 점수는 약 35점 정도나 올라 60~65점 정도가 되었다. 그래서 나는 실로 놀라지 않을 수 없었다. 첫 시간부터 강사들은 내가 깨닫지 못한 내 아내가 겪고 있는 큰 문제들을 언급하였던 것이다. 내가 참석한 마지막 이틀 동안 나에게도 그 언급들이 도전이 되었다. 나는 헨리 브랜드 박사가 강연할 시간에 도착했는데, 그는 내 생활을 이야기하는 듯했다. 오, 그는 마이오 병원에서 얻은 자료를 근거로 어떤 화를 잘 내는 목사인 내 이야기를 하고 있었던 것이다(나는 위궤양이 있었는데 그 병원에서 치료받기를 거부한 일이 있었다). 나는 그 강연에서 나에 관한 예화를 받아들였다. 브랜드 박사의 강연이 끝났을 때, 나는 나 자신이 분노와 위선으로 가득 차 있음을 깨닫고 성전 밖으로 나와 하나님께 조용히 무릎을 꿇었다. 왜냐하면 나의 사역의 첫 기간들은 성령이 충만했었기 때문이다. 나는 그 곳에서 어떤 환상이나 음성을 듣진 못했으나, 하나님이 나의 삶을 변화시키는 체험을 했다. 베브와 나는 그 곳에서 성령의 충만함을 받고 하산하였다. 하나님은 우리의 결혼생활, 가족 그리고 목회사역을 변화시키셨다. 점차로 우리의 자존심, 나의 분노, 베브의 두려움, 그리고 우리의 고집불통 등이 사랑, 기쁨, 평화 등으로 변화되었다. 우리는 성령의 사역에 사로잡히게 되었다.

그 때부터 지금까지 우리 부부는 가장 이상적인 부부관계를 유지하고 있다고 정직하게 말할 수 있다. 1968년에 나는 「행복한 결혼생활을 하는 법」이란 책을 저술했다. 하나님은 그 책이 600,000명 이상에게 큰 도움이 되도록 하셨다. 또 나는 그 책 서문에 내 아내 베브를 위해 다음과 같은 말을 남겼다.

이 책을 나의 사랑하는 아내 베벌리(베브)에게 바칩니다. 그녀의 인내심 있는 이해력과 사랑이 우리의 결혼생활을 기쁨이 넘치게 하였습니다. 그녀의 내적인 미-모든 여자에게 공통적으로 감춰진-가 우리의 20년 결혼생활 동안에 큰 기쁨으로 넘치게 하였습니다.
나는 그녀를 나에게 보내주신 하나님께 매일 감사합니다.

그 책의 서문은 그때보다 더욱 진실 되게 나타났다. "내 아내는 나의 가장 사랑스러운 친구가 되었습니다."라고 나는 한마디를 더 덧붙이고 싶다.

우리 부부는 성령 충만함만이 가족생활을 행복하게 하는 열쇠라고 믿는다. 왜냐하면 그 사실이 에베소서 5장에 기록되었기 때문이다. 성령이 우리의 결혼생활에서 사역하고 계신 것은 확실한 사실이다. 그러나 대부분의 기독교인들은 성령은 극소수에게만 역사한다고 생각하고 있으므로, 성령이 그들에게 역사하도록 하는 기회를 놓치고 만다. 이런 그리스도인들은 성령을 감정적이고 체험적인 차원에서만 모시려고 한다. 또한 성령에 대해서 거의 무지하다. 우리 부부가 이 책에서 밝힌 대로, 성경은 성령 충만이 교회 활동 외에 가족생활에도 있다고 가르치고 있다. 사실, 우리는 기독교인들이 성령이 충만하면 가정생활을 잘 이끌 수 있다고 사람들에게 말한다. 만일 우리가 가정에서 성령의 이끌림을 받으면 우리는 어디에서나 성령의 충만함으로 살 수 있다. 왜냐하면 우리가 살고 있는 가정은 바로 우리 자신이기 때문이다!

만일 당신이 지난 2주일 동안 성령이 충만하거나 성령에 사로 잡힌 생활이 미흡한 채 당신의 가정을 이끌어 왔다면, 당신은 아직 성령이 충만하지 못하다는 증거이다. 물론 교회나 다른 주위 일에도 성령이 충만할 리가 없다. 다음과 같은 질문에 대답해 보라. "가족들에게 지난 2주일 동안 성령이 충만했는가를 은밀히 물어보고 그들이 뭐라고 말하는지 들어 보라." 그 대답의 결정이 바로 당신 자신의 성령 충만의 가장 정확한 지표가 될 것이다.

성령 하나님은 항상 삶을 풍부하고 아름답게 해주고 계시며 채워 주신다. 성령은 지상에서 그리스도인들이 그의 가정을 가장 놀랍게 만들 수 있는 것보다 더 좋은 선물을 주실 수 있다. 더욱이 성령은 하나님의 모든 자녀들을 위해서 일하기를 원하고 계신다.

우리는 이런 점에서 성령이 역사하는 가족의 삶만이 우리의 유일한 길임을 증거해야 한다. 성령은 "우리의 모든 환난 중에서 우리를 위로하사 우리로 하여금 하나님께 받는 위로로써 모든 환난 중에 있는 자들을 능히 위로하게 하시는 이시로다"라고 고린도후서 1장 4절은 말하고 있다.

7년 전, 하나님은 특별하게 우리를 가족생활 세미나에 인도하셨는데 그것은 일찍이 없었던 환상적인 인도였다. 처음에 나는 한 도시의 다섯 목사님들의 초청을 받아 금요일 밤 집회와 토요일 온종일 집회를 인도하였다. 베브는 내가 가장으로서 활동하고 있는 동안 가정주부로서 아이들과 같이 집에 있었다. 3년 동안 나는 헨리 브랜드 박사와 같이 사역을 했으며, 그 후 하워드 헨드릭스 박사와 같이 일을 했다. 우리는 줄곧 미국과 캐나다의 68개 도시에서 150여 차례의 세미나를 인도했다. 2년 전 우리 막내가 기독교 대학에 입학하면서 베브는 자유롭게 되었다. 그래서 나와 같이 여행하며 세미나를 인도하고 있다. 우리가 계속해서 세계 42개 나라에서 65번의 세미나를 인도하는 동안, 성령이 역사하는 가족생활의 주요 이론들이 많은 사람들에게 퍼지게 되었다.

많은 사람들이 우리 세미나에 참석하여 성령이 충만한 변화를 체험했다며 보낸 감사의 편지를 우리는 많이 받았다. 편지를 보낸 사람들은 그들의 가족생활과 결혼생활에 성경적 원리들을 적용시킨 힘을 갖게 되었다고 했다.

지난날 우리는 과중한 다른 업무들 때문에 적어도 25명 이상의 목사들로부터 대형 세미나에 초청을 받았으나 다 응할 수가 없었다. 우리 집회에 참석하는 평균 인원은 매 집회마다 대략 1500명 정도가 되었다. 처음에 우리 부부는 어떻게 교회와 목사님들이 내 아내 베브를 강사로 세울까라는 생각을 했다. 그러나 하나님의 섭리로 아내 베브는 우리들의 기대 이상으로 강사로서의 각광을 받게 되었다. 남편과 아내의 프로그램이 큰 도움이 되었던 것이다. 최근 우리는 샌디에이고 세미나의 1시간짜리 영상자료를 네 개 정도로 제작하고 있다. 이 영상자료들은 자기들의 가족들을 훈련시키고자 하는 지방교회 신자들에게 큰 도움이 될 것이며, 건전한 가정생활을 만드는 데에 관심 있는 구원받지 못한 가정들에게도 큰 도움이 될 것이다. 이 영상 사역의 앞날은 오직 하나님만이 아신다. 그러나 오늘날 우리는 두 가지 사실을 확신한다.

첫째, 사람들(신자와 불신자를 포함)은 그들의 가정에 굉장한 관심을 갖고 있다는 점이다. 그리고 둘째는 성경에 행복한 가정생활을 만드는 원리들이 들어있다는 점이다.

이 책은-우리들의 다른 저작물의 인용이 아님-우리가 세미나에서 가르쳤던 중요한 내용들로 되어있다. 이 책의 내용을 보면 그리스도인의 가정생활에서의 성령의 사역이 특별하게 강조되고 있다. 어떤 장들은 내 아내 베브가 썼고, 어떤 장은 내가 직접 썼다. 그리고 나머지 장들은 우리 부부가 공동으로 집필하였다. 만일 우리가 예화로 사용한 성경의 내용이 어느 개인에게 인신 공격이 된다면 용서를 구한다. 그러나 우리는 하나님께서 계획을 갖고 사역하신다는 것을 사람들이 깨닫기를 원한다. 하나님의 계획은 우리와 당신을 위한 것임을 명심해야 할 것이다. 이것은 우리가 이런 방법으로 쓴 첫 번째 책이며 우리는 성령이 우리의 생활 속에서 같이 일하신다는 것을 확신한다. 우리 부부는 이 책을 공동집필하였으므로 우리 각자가 따로 사역하는 것 이상으로 동반자로서 더 좋은 일을 성취할 수 있었다. 우리 부부의 기도 제목은 성령이 당신에게도 역사하시는 것이다.

1. 가정의 중요성

가정은 인간 형성에 있어서 아주 중요한 단위 요소다. 가정은 사람으로 하여금 궁극적인 운명과 성취를 둘 다 이루게 하기도 하며, 고유의 잠재력을 얻는 것을 방해하기도 한다. 한 사회가 가정 관계를 등한시 하면, 돌이킬 수 없는 손해의 고통을 겪게 된다.

만일 사회가 가정들을 아주 등한히 하면, 과거 고대 문명국들같이 망각의 세계로 빠지고 말 것이다.

하나님께서 첫 번째로 세우신 기관은 가정이다. 사실, 하나님은 오직 세 가지 기관들을-가정(또는 가족), 정부, 그리고 교회-확고히 세우셨다. 이 세 가지 기관들은 건전하고 질서 있는 사회의 기초적인 건축물을 형성한다.

가정 가정(창 2:18~25)은 가족들이 사회로 들어가거나, 하나님을 섬기거나, 사회인을 사귀기 위해서 준비하는 일종의 항구와 같다.

정부 인간의 정부는 하나님(창 9:4~7; 10:5; 롬 13:1~8)에 의해서 적의 침략으로부터 개개인을 보호하기 위해서 세워졌다. 이런 것은 가정에게서 기대할 수가 없고, 오직 정부 단위에서만 가능한 것이다. 다른 사람들과 그들의 재산을 위해서 존중되어야 하는 하나님의 원리들은 시민사회에서 필요로 한다.

교회 가정과 정부는 자신과 이웃들을 불행에서 보호하는 데 실패했기 때문에 교회는 수십 세기 동안 건재하였다. 인간의 죄와 마음의 이기심은 사회를 인간이 인간을 노예로 만드는 장소로 변질시켰다. 이런 죄악 된 세상에 하나님은 독생자 예수 그리스도를 보내셨고 십자가 위에서 죽게 하셨다. 그 결과 인간은 하나님이 계시하신 그 말씀에서 생명의 축복을 받아 '거듭나는' 새 생명을 받게 되었다. 이런 원리들을 알리기 위해서 하나님은 당신의 교회를 세우셨다. 예수님의 말씀대로 세워진 교회의 일차적인 목적은 복음과 하나님의 계명들을 가르치는 일이었다(마 28:18~20).

교회가 적극적으로 일할 때마다, 교회는 교회 안의 가정들을 매우 강하게 해서 사회에 확고한 영향력을 가지고 봉사하게 했다. 그리하여 그리스도인들은 불평등한 이방세계의 문화권에서 기회와 자유를 창출해냈다. 그러나 교회가 가르치는 일에 실패했을 때에는 가정과 사회 모두 폐허가 되었다.

오늘날 모범된 결혼생활과 가정생활은, 가정생활을 위해 성경적 원리들을 가르치는 교회에 능동적으로 출석하는 그리스도인 가정에서 발견되곤 한다. 이런 가정의 젊은이들은 유망한 내일의 지도자들이다. 기독교 대학의 총장인 나는 많은 그리스도인 가정에서 그런 순수한 젊은이들이 우리 학교로 오는 것을 볼 때 흐뭇함을 느낀다. 나는 교회에 잠식되어 있는 종교적인 답답한 요소들로 인해 오늘날 일반 가정들이 몰락하고 있는 것을 알고 있다. 하지만 일반 불신자 가정보다 그리스도인 가정들이 더 강하고 잘되는 것 또한 알고 있다.

가정과 교회는 경쟁적이 아닌 자연적 후원을 하는 기관이 되어야 한다. 사실, 교회가 없었다면, 우리 시대의 인문주의자들은 우리의 문화를 멸망시켰을 것이다. 만일 그들이 설쳤다면 그런 교육은 폐지되었고 정부로 하여금 어린이들을 교육하도록 했을 것이다. 그런 것은 심령술의 전유물로 사용되어 확실히 파괴적인 자유, 행복 그리고 성취로 나타났을 것이다. 또한 그런 것은 가정에도 해로운 사회의 적이며, 인문주의는 오늘날 가정의 힘을 가장 잘 파괴시키는 우리의 문화로 변했다.

1. 가정은 어른들의 기초가 된다.

가정은 기초가 되는 하나님의 첫 번째 학교이다. 사람은 스스로 불완전한 존재이다. 대부분의 사람들은 창세기 2장에서 아담이 자기 앞에 오는 짐승들의 이름을 지었던 사실을 잘 알고 있다.

"아담이 돕는 배필이 없으므로"라는 말씀도 있다(창 2:20). 그 말씀에서 우리는 하나의 아름다운 준비를 읽을 수 있다. "여호와 하나님이 아담을 깊이 잠들게 하시니 잠들매 그가 그 갈빗대 하나를 취하고 살로 대신 채우시고 여호와 하나님이 아담에게로 취하신 그 갈빗대로 여자를 만드시고 그를 아담에게 이끌어 오시니"라고 기록되었다(창 2:21~22). 신학적이고 낭만적인 많은 작가들은 이것은 세상의 첫 번째 결혼이며 하나님이 첫 주례자라고 상상하고 있다. 그 날부터 지금까지, 가정보다 더 의미있는 인간생활의 요소는 없었다.

내 책「우울증에서 승리하는 법」(How to Win Over Depression)에서 나는 오레곤 대학의 토마스 홈즈(Thomas Holmes)에 의해 25년 전에 연구된 〈인간생활의 스트레스 연구〉를 인용하였다.

토마스 홈즈 박사는 사람들에게 발생하는 스트레스의 심한 요인들에 따라 생활 속에서 나타나는 43가지의 위기들을 나열하였다.

그 책이 출판된 지 2년 후까지도 나는 그의 항목들에 위반되는 그 어떤 것도 찾질 못했다. 스트레스가 발생하는 문제들의 50%는 가정과 직접적으로 관련되어 있다. 1위에서 10위까지의 항목들은 다음과 같다.

여섯 번째의 개인적인 사고나 질병(위에서 53점으로 표기)을 제외하고는 거의 다 가정 파괴와 관계가 있다(법정문제는 가족을 헤어지게 하는 것으로 가정한다). 토마스 홈즈 박사에 의하면 가정의 문제들은 적어도 두 번 정도 스트레스를 유발시킬 수 있는 것들이다. 그리고 어떤 때는 서너 번 크게 문제를 일으킬 수 있는 것들이라고 한다.

홈즈 박사가 말하는 생활 속의 43가지의 보통문제들에서, 나는 가족과 관계된 23가지를 찾아내었다.

순위	위 기	점 수
1	배우자의 죽음	100
2	이혼	73
3	별거	65
4	법정문제	63
5	가족의 죽음	63
6	개인적인 사고나 질병	53
7	결혼	50
8	실직	47
9	부부의 재결합	45
10	퇴직	45

우리가 이런 위기의식의 표에서 내릴 수 있는 한 가지 결론은, 가정 문제들은 우리 생활 속에서 가장 중요한 요소인 가정을 중요시 하는 것 때문에 생긴 스트레스라는 점이다. 가정생활을 활동적으로 잘 하고 있는 사람을 나에게 소개해주면, 나는 여러분에게 근본적으로 행복한 사람을 보여주겠다. 사실, 가정의 성취감은 인생의 성취감이다. 인생에서 가정의 성취감보다 더 중요한 문제는 없다.

세계에서 명성 있는 성공적인 사업가나 위대한 천재가 인생의 말년에 절망에 빠지는 것은 무엇 때문인가? 보통 그런 사람들은 가정생활이 원만하지 못하다. 간혹 그들은 좋지 않은 유명세를 얻기 위해서 가정을 희생시킨다. 그러나 가정은 인생투자에 있어서 값으로 따질 수 없는 가치가 있는 곳이다.

2. 가정은 어린이들에게도 기초가 된다

어린아이에게 있어서도 가정은 그의 생애의 가장 중요한 영향력을 행사한다. 여기에 준하는 두 번째 요소는 있을 수 없다. 가정은 인격과 성격으로 구성되어 있다. 확실히 유전적인 체질은 중요한 요소이나 유전이 취하는 방향은 개인적인 가정생활 훈련에 달려 있다. 예를 들면, 담즙질인 유아 두 명이 가족의 체질과 다르게 태어났다고 하자. 그들은 전적으로 다르게 자랄 것이다. 이 둘은 능동적이며 발랄하게 자랄 것이나 한 소년은 가정을 거부하고 아버지의 권위를 부정하게 되는데 곧 그는 그의 친구들과 모험을 좋아하는 갱들처럼 될 것이다. 가정에서 사랑을 받고 자란 소년은 좋은 인간관계를 가지며 법을 존중할 것이다. 또 그는 사회에 공헌하는 생산적인 어른이 될 것이다.

막스 주크스(Max Jukes ; 뉴욕 주에 실재했던 한 가문의 이름;빈곤, 범죄, 병 따위의 악질적인 유형)와 요나단 에드워드(미국의 전도자)의 가족의 역사는 대조적인 놀라운 모습을 보여주고 있다. 뉴욕 주에 살았던 막스 주크스는 기독교는 믿지 않았고 자기와 같은 유형의 여자와 결혼했다. 이 결혼에서 1,026명의 후손이 나왔는데 그 중 300명은 젊어서 요절했고, 100명은 평균 13세의 나이에 교도소에 들어갔다. 190명은 매춘부가 되었고 그 중 100명은 술주정뱅이가 되었다. 경제적인 측면에서 볼 때, 그의 가계가 미국 정부에 끼친 손해를 돈으로 환산하면 약 125(15억)만 달러 정도가 된다고 한다. 그 후손들이 사회에 긍정적인 공헌을 했다는 어떤 기록도 없다.

같은 주에서 살았던 요나단 에드워드는 그리스도인이었고 그리스도인 여성과 결혼을 했다. 이 결혼에서 729명의 후손들이 나왔는데, 30명은 목사가 되었다. 또한 65명의 대학교수, 13명의 대학 총장, 60명의 저술가들이 나왔다. 정치적으로도 3명의 하원의원과 한 명의 미국 부통령을 배출했다. 이 가족이 뉴욕 주와 미국에 공헌한 것을 경시할 수 없다. 에드워드의 가족은 "마땅히 행할 길을 아이에게 가르치라 그리하면 늙어도 그것을 떠나지 아니하리라"(잠 22:6)는 말씀의 놀랄 만한 모범을 보여주었다. TV와 교육이 어린이들의 도덕적인 가치와 인격을 지나치게 강조하므로 막대한 영향을 어린이들에게 미친다고는 하지만, 절대로 가정과 가족의 영향을 능가할 수는 없다.

위의 도표에서 보듯이 어린이의 생애의 여러 무대들이 있지만 가정보다 더 중요한 영향력을 끼치는 곳은 없다. 이 도표의 중앙에 있는 가정

은 아주 중요한 위치다. 왜냐하면 가정은 인격 형성의 좋은 점수를 주고 있기 때문이다. 이것은 그리스도인 부모들에게 용기를 주고 있고 또 그들은 자기의 자녀들을 죄와 타락에서 건질 수 있다는 것에 감탄할 것이다. "우리는 자녀를 갖지 않으려고 합니다. 모든 것들이 사회적으로 썩어서 죄악 된 세상에서 자녀들을 잃을까봐 무섭기도 하고… 여튼 우리는 자녀 갖는 것을 거부합니다."라고 말하는 젊은 부부도 있다. 우리는 그들이 하나님께서 권능으로 그리스도인 가정의 자녀들의 생애를 준비하고 계신다는 사실을 믿지 않는다는 것을 짐작할 수 있다. 1세기경의 생활은 좋지가 않았으나, 그리스도인들은 결혼을 해서 좋은 가족을 만들었다. 초기의 그리스도인들은 300년 이상 서양 세계에 퍼져 나갔다. 오늘날에도 많은 명석한 젊은이들이 능동적인 그리스도인의 가정에서 배출되고 있다. 물론 우리는 알려지지 않은 1세기경의 그리스도인들이 물려준 자산인 교회를 갖고 있는데, 이런 생명력 있는 교회는 부모와 젊은이 모두에게 좋은 영향을 끼치고 있다.

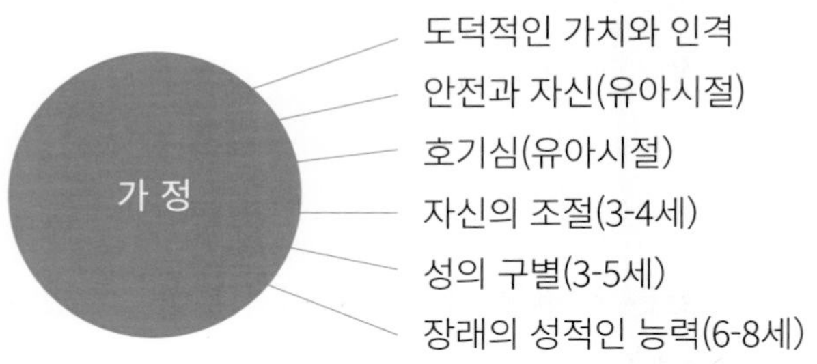

위의 도표는 유아시절의 전 과정을 보여주고 있다. 도덕적 가치와 인격은 배우지 않고 가정에서 '깨닫게 되는 것'이다. 부모들이 모범적인 집의 아이는 건강하게 잘 자라며 다른 사람의 권리를 존중하고 친구들과 좋은 관계를 유지한다. 만일 어린아이가 그의 부모들이 거짓말을 하거나 남을 속이는 것을 보게 되면, 그 역시 그렇게 할 것이다.

나면서부터 친밀히 사랑을 받은 아이는 그렇지 못한 아이보다 더 뛰어난 안정감이 있을 것이다. 아이들의 배움은 태어난 병원에서 그들의 어머니로부터 시작된다. 아이들은 젖을 먹기 시작한 지 여섯 시간부터는 본 것을 돌이킬 수 없게 된다. 엄마의 팔에 놓여 자랄 때보다 처음 한 달 사이에 아이는 세심한 주의를 한다. 어떤 의사들은 소독을 위해서 산모와 유아를 오랫동안 분리시켜놓는 것은 신생아에게 해롭다고 발표했다. 분명히, 하나님은 신생아가 어머니의 따뜻한 품에 안기는 권리가 있도록 하셨다.

이런 면에서 현대 의학은 자연적인 발전이 거의 없었다고 볼 수 있다. 왜냐하면 엄마의 가슴에서 모유를 먹고 자란 아이들이 우유를 먹고 자란 아이들보다 5~6세 정도 즈음에 말을 더 잘 한다는 것을 연구자들이 발견했기 때문이다. 그러나 연구를 한 의사들도 모유를 먹은 아이가 입 근육이 더 발달하는지, 또는 더 강하고 사랑에 더 감정적인지, 폐쇄적인지 그리고 폭력적인지를 잘 구별하지 못하고 있는 실정이다.

나는 상담실에서 나쁜 가정생활이 성적인 역기능을 가져온다는 사실을 자주 접하게 되었다. 어떤 불감증이 있는 부인을 상담했을 때, 나는 그녀가 유아시절 아버지를 싫어했었던 것을 찾아냈다. 아빠의 가슴에서 노는 5~6세의 여자 아이가 어느 때든지 아빠에게 뽀뽀하는 것을 볼 수 있다. 그러다가 15~20세 정도가 지나면 성적으로 책임 있는 숙녀가 된다. 본능적인 사랑의 표현으로 아버지를 거부한 그 소녀는 6~8세 이전에 아버지에 대한 불감증 같은 차가운 감정이 있었던 것이다.

가장 좋은 성교육은 초등학교 저학년 때에 이뤄져야 한다. 부모가 가정에서 서로 사랑하는 가정의 자녀들은 불감증이 있거나 동성연애 성향의 아이가 되지 않는다. 동성연애에 관한 「불행한 게이들」(Unhappy Gays)이라는 내 책에서, 나는 그들이 왜 그런 길에 빠질 수밖에 없는가를 밝혔다. 그런 경향은 생의 초기에 나타나므로 그들은 생의 결과로 그렇게 되었다고 생각한다. 실제적으로, 동성연애자들의 성의 방향은 3세 이전에 나타난 아버지에 대한 거부감과 오만하고 질식시키는 듯한 어머니에 의해서 형성된다. 소년 소녀가 동성연애에 빠지지 않도록 하는 가장 좋은 예방은 반대의 성을 가진 부모가 서로를 사랑하는 것이고, 같은 성의 부모가 모범을 보이는 것이다. 아들을 사랑하는 데에 많은 시간을 쓰는 강한 아버지들은 자기의 아들들이 동성연애에 빠지는 것을 결코 보지 못한다(오늘날 많은 전도와 격려는 많은 젊은이들이 교양 있는 행동을 갖도록 하는 결과가 되었다는 실험보고서들이 나왔다. 이러한 환경은 거의 누구나 영향을 받을 수 있는 것이다. 가장 좋은 예방책은 좋은 가정생활이다).

적개심이 있는 부모는 적개심이 있는 자녀들을 만든다는 연구도 나왔다. 정중하고 상냥한 부모들은 자기와 같은 아이들을 만든다. 내가 알고 있는 사려 깊고 정중한 젊은이들의 어머니가 평균적으로 상냥하다는 것은 의심할 것도 없다. “아버지를 그대로 닮은 아들”이란 표현은 적절하고, 진리다. '그 아버지'에서 '그 아들'이 나오는 법이다.

3. 결혼은 가정생활의 기초가 된다.

부모와 자녀의 관계가 가까운 것도 지극히 중요하지만, 그것이 좋은 가정을 위한 근본적인 원리는 아니다. 하나님은 사람에게 결혼해서 가정을 갖도록 가르치셨다. 오늘날의 가정들은 아이 중심으로 되어 있는데, 이것은 잘못되었다. 좋은 결혼은 좋은 가정을 위한 첫 번째 사항이다. 만일 여러분이 실수로 자녀들을 위해 결혼생활을 희생한다면, 여러분은 둘 다 망치게 된다. 자녀들은 자기들이 부모의 마음속에서 두 번째 서열에 있다는 것을 자연적으로 이해한다. 만일 우리가 그런 가정의 내부 상태를 분석한다면, 우리는 잘해야 일시적임을 발견할 수 있다. 자녀들이 부모를 의지해 양육되는 데에는 대략 5년 정도의 시간이 소비된다. 그런 다음에 15년 정도가 지나 성장하면 부모로부터 독립한다. 반대로, 부모들은 50년의 세월을 더 보내도록 되어 있고 그들의 여생을 여러 환경들과 연결해서 살아갈 것이다. 그리고 자녀들은 학위 과정을 마치게 될 것이다. 가정에서 자녀는 사랑 서열 순위 2위이며 자녀는 번성해 갈 것이다.

내가 만났던 젊은이들 중 가장 나쁜 최악의 감정적인 실례들은 그들 부모들에 의해서 거부된 경우들이다. 그러나 그런 경우들은, 불충분한 부부 간의 사랑 때문에 사랑하는 대상을 바꿔버린 결과다. 또 그런 경우들은 사랑에 굶주린 부모들에 의해서 사랑의 순위가 뒤바뀌는 결과다. 최근에 비극적인 모습이 우리 주의를 끌고 있다. 결혼생활이 8년째이고 두 아이의 엄마인 어떤 부인이 공중전화로 나에게 길게 상담했는데, 그 때 그녀의 남편은 침대에 가로로 누워있었다고 한다. 그는 그의 어머니에게 전화로 그날 일어난 일들을 자세히 말하고 있었다. 곧이어 그녀는 남편이 자기 방에서 나간 것을 발견했는데 다음과 같은 메모가 있었다.

"나는 더 이상 우리의 결혼생활이 지속되는 것을 원하지 않소. 어머니는 아직까지 내 생애의 제일가는 여자요." 질식시키는 듯한 그 어머니 사랑은 그녀 자신과 아들을 지키기 위해서 강제로 발동되었던 것이다.

동구가 자유화 되기 전 4년 동안 베브와 나는 동부 유럽의 여러 공산주의 국가들을 여행했는데, 거기에서도 그와 비슷한 것들을 보았다. 강한 공산당은 자유를 억제하고 단조롭고 강령적인 생활양식만을 강조하고 있었다. 러시아에서와 마찬가지로 그들은 고기 없이 다섯 달을 지냈으며, 추운 겨울날 품질이 나쁜 수제품 구두 한 켤레를 사기 위해서 줄을 서서 한 시간 이상씩 기다리고 있었다. 공산주의자 가족들까지 하나의 특수한 목적만 있었다.

그들의 아파트가 난방이 안 되거나 방이 좁더라도 그들은 서로의 삶을 이해하고 있었다. 공산주의자들은 자기들의 나라에서 혁명을 일으킬 수 있는 가장 폭발적인 요소들은 가정과 가족의 붕괴라는 것을 알고 있다.

수년 후, 우리 부부는 가정의 중요성을 느낄 수 있는 아름다운 광경을 보았다. 루마니아 어떤 호텔의 식당에서 우리의 시중을 들던 아름다운 초로의 여인이 언어가 다름에도 불구하고 우리와 아주 친하게 되었다. 그녀의 시선이 아주 어두운 식당 코너에서 걸어오는 20대 여인에게 향했고 곧 가서 그녀와 따뜻하게 포옹하는 것을 우리는 보았다. 그 젊은 여자는 웨이트레스 노부인과 팔짱을 끼고 웃으면서 우리에게 왔다. 그리고 자신 있게 소개하는 것이었다. “우리 엄마에요.” 이 얼마나 아름다운 소리인가! 당신을 사랑하는 사람이 있는 동안 당신이 살든지 죽든지 당신을 지켜주는 사람이 있다면 당신의 삶은 가치 있는 것이다-공산주의 치하에서라도 말이다.

하나님 다음으로 당신의 가정보다 더 중요한 것은 당신의 생애에 있을 수가 없다. 당신은 가정을 우선 순위에 두고 있는가?

2. 가정의 몰락

인류의 발전을 위해 연구하는 미국에서 널리 알려진 전문가들은 "만일 우리가 가정생활을 강화시키는 것과 자녀들을 돌보는 일을 시작하지 않으면 우리의 문명은 와해되고 말 것이다."라고 경고했다.

유명한 '메닝거 재단'(Menninger Foundation)의 헤롤드 보스(Harold Voth) 박사는 "우리가 알고 있는 대로 문명은 권력들을 동원해서 가정을 병들고 위태롭게 하고 있다. 사회적·경제적 스트레스 때문에 미국의 가정은 악화되고 있으며, 오늘날의 자녀들은 소외된 채 성장하고 좌절감 속에 빠져 있다."고 말했다. 그러나 그들 모두가 그런 것은 아니다. 어떤 사람은 우리의 문화를 파괴시키는 사조는 연쇄적 경향으로 순환된다고 다음과 같이 예언하기도 하였다. "만일 이런 경향이 멈추지 않는다면 오늘날 자라난 아이들이 장래에 계속되는 가정의 문제를 해결해야 하는 문제에 당면하게 될 것이다." 오늘날 미국이 직면하고 있는 문제들-에너지, 실업, 공해, 공산주의-과 마찬가지로 가정생활의 위기도 심각하다. "가정의 내부적 구조가 무너지면 여러분은 난파된 문명으로 가게 될 것이다."라고 그는 또한 말했다.

이런 염세적인 평가는 최근 이혼 통계와 관련이 없는 것이 아니다. 1976년에 미국인은 처음으로 100만 건의 이혼을 기록했다. 1977년에 미국은 그 기록을 초과해 3만 건을 더 증가시켰다.

1978년 이후 최근까지 수십만 건이 더 증가해 미국인의 이혼은 200만 건에 이르렀을 것이다. 공식적인 이혼 중 '가난한 남자의 이혼'이 있는데, 남자가 이혼한 배우자에게 책임을 다하지 못하게 되면 그는 그의 가정과 책임으로부터 도망할 것이라고 전문가들은 경고한다. 최근에 100만 명 내지 111만 명의 어린이들이 이혼한 한쪽 부모에 의해서 양육되고 있다고 사회학자들은 추정하고 있다. 250만 내지 300만 명이 10대의 시절을 이혼한 한쪽 부모 밑에서 양육될 것이라는 보고서도 나왔다. 오늘날 급변하는 생활의 압력들이 너무 심해서 미국의 50대들은 자기들의 결혼이 잘못되었다고 생각한다고 어떤 유명한 작가는 말했다. 또 그는 미국인의 결혼에서 이혼까지 평균 연수가 대략 10년이라고 말했다. 이혼율을 '변화'나 생활의 발전의 결과로만 돌릴 수 있을까?

우리 부부는 44개국을 여행했는데, 각 나라마다 놀랄 만한 생활 양식의 차이가 별로 없음을 보고서 놀랐다. 결국엔 가정이 가장 중요한 교육기관임을 믿을 수밖에 없다. 내 생각에 이혼은 전술한 도표의 27점~44.2점 사이에서 일어난다고 본다(27점 이하의 그룹에서도 50%의 이혼율이 있다). 부부의 불안정은 너무 일반적이어서 로스엔젤레스의 한 정신과학회는 급격한 이혼 증가율의 결과 때문에 결혼을 없애자고 주장하기도 했다.

이런 사회 설계사들은 한 가지 사실을 잊고 있다. 사람은 결혼을 자신의 것이라고 생각하지 않는다는 점이다. 결혼하지 않은 남자들과 여자들은 수세기 동안 공공그룹에 속한 생활을 하지 못했고, 동굴 같은 곳에서 만나거나 새로운 것을 시작하거나 결혼의 개념에 대해 흥분하기도 했다. 지상에서 오직 한 남자와 한 여자가 출연했을 때 이 부부는 하나님에 의해서 교육을 받았으므로 결혼은 사회의 기초라고 할 수 있다.

1. 도덕적 타락의 징조들

그리스와 로마가 몰락되기 이전의 사람들과 최근 미국의 상태를 비교해 보면 흥미롭다. 모든 것들이 비극적으로 비슷하게 일치하고 있다.

1. 종교적 신앙에서의 이탈
2. 오락과 쾌락의 추구
3. 가계를 위협하는 악성 인플레
4. 일반화된 성적 타락과 동성연애
5. 민주주의를 위한 끊임없는 데모
6. 유산으로 인구증가율 정체
   (미국의 인구 증가율은 10년 전보다 줄었다)

여러분은 성경적 원리들에 의해서 세워진 거대한 미국이 고대의 제국들이 멸망하는 전철을 그대로 밟고 있다는 점에 대해서 놀라움을 가졌는가? 여기에는 복합적인 요소들이 있다.

2. 오늘날의 가정을 파괴시키는 여덟 가지 원인들

① 무신론자들과 반기독교적인 인문주의자들이 장악한 학교와 방송매체

한때 미국은 세계적인 교육조직을 자랑했고, 그리스도인들에게 크게 감사했다. 하버드, 프린스턴 그리고 예일 등의 대학들은 위대한 복음 설교자들을 줄지어 배출했고, 미국 교육의 원류였다. 그리고 이런 대학들은 우수한 신앙의 헌신적인 교육자들을 배출하였다.

약 200년 전, 고등비평의 신앙을 갖고 있는 유니테리안 교도들이 하버드를 인수하였는데, 결과적으로 세상 선생들만을 위한 일차적인 교육기관으로 전락하였다. 19세기 말 경에 미국의 명석한 젊은 교육자들은 유럽으로 건너가 박사 학위를 받았고, 그들은 유럽의 이성주의, 사회주의 그리고 실존주의 사상을 가지고 귀국하였다.

20세기 초, 존 듀이(John Dewey)와 그의 군단은 콜럼비아 대학을 세상 교육자들을 위한 국가의 일차적인 교육기관으로 만드는 데에 성공했다. 적그리스도적인 무신론적 인문주의자들은 성경의 토대 위에 세워진 미국의 국립학교 조직을 곧 점령하였고, 국립학교에서 성경을 가르치지 못하도록 했다. 미국의 젊은이들은 진화론을 배워야만 했고 도덕적인 것은 배우지 못했으며, 대체로 고무적인 의로운 가치는 조롱거리로 떨어지게 되었다. 그 후부터 많은 교육자들은 사람을 '하나의 동물'이라고 믿

게 되었고, 그들은 사람을 하나의 동물처럼 살게 하려는 망상에 사로잡혔다. 결과적으로 자유연애, 마약복용 증가, 사회에 반대하는 폭동 그리고 사람들의 생각에 해로운 것 등이 만연하여 현재까지 이르게 되었다. 또한 이런 것은 사회가 '용납할 수 있는 행동'으로 받아들였다. 오늘날 미국의 공립학교는 도덕적, 사회적 그리고 교육적으로 파탄에 이르렀다.

내가 미국 교육의 현 상태를 조사할 때마다 교육수준이 낮은 부모들과 순진한 교육자들은 방관적이었고 오히려 나에게 이의를 제기하였다. 그러나 세속적인 조직 속의 학식 있는 그리스도인들은 내가 과장하지 않는다는 것을 확증하고 있다. 사실, 많은 사람들이 나에게 "당신은 절반도 말하지 못했다."고 격려의 말을 하기도 했다. 미국이나 캘리포니아에서 제일 큰 학교라고 추정되는 우리의 기독교 학교에서 최근에 그들의 자녀를 우리 학교에 보낸 부모들의 직업실태를 조사하였다. 여러분은 '세속적인 교육'이 제일이라고 믿는가? 그 학부모들은 세속적인 교육이 타락되었음을 알고 있기 때문에 그들은 자녀들을 우리 학교에 보내고 있는 것이다.

적그리스도적인 자유주의 대학들은 언론인, 작가, 언론계통 그리고 여러 언론매체-TV, 라디오, 신문 그리고 잡지들-에서 일하는 수많은 사람들을 배출하고 있다. 각 학교에서 우리들의 젊은이를 타락시키는 잘못된 철학의 속임수를 갖고서 언론이 우리의 가정들을 무차별적으로 폭격하는 것이 놀랄 만한 일인가? 하나의 동물적인 심성을 갖고 있는 사회는 조만간 스스로 멸망할 것이고, 우리는 그런 종류의 사회에 곧 동화될 것이다. 언론매체들은 돈을 버는 것보다 미국 국민을 타락시키는 데에 더 열을 올리고 있다는 적신호가 켜졌다. 마지막 타락물인 TV 방송은 여색을 강조하는 것, 아내를 바꿔 동침하기, 자유연애 그리고 다른 형태의 성도착 증세 같은 타락한 프로그램을 방영할 것이다. 방송 광고주들의 90%는 가정 쇼를 중단시키고 오직 자기들이 제작한 타락된 인기 프로만을 허락할 것이다. 그러면 방송사들은 겉으로 그런 광고주들을 혹평하면서 내심 그들이 원하는 프로들만을 즐거운 듯이 방영할 것이다. 비록 깨끗한 가정 쇼 프로그램이 인기가 있을지라도 방송사 사주들과 광고주들은 미국에서 지난 시대에 있었던 도덕과 예절의 흔적들을 파괴시키는 프로그램에 주로 관심을 가질 뿐이다. 근본적으로 기독교적인 가르침이 있는 미국에서 강한 도덕성이 없는 거짓말쟁이들은 자기들의 소유와 미국의 해로움을 위해서 타락된 연예 프로만 방영할 것이다.

② 외설과 혼음(混淫)

불신만큼 가정과 결혼생활을 황폐화시키는 것은 없다. 광고, 교육, 영화 그리고 다른 매체에 나타난 섹스의 망상은 하나님에 대한 불신을 조장하고 있으며, 그것은 위험 수위에 이르렀다.

③ 포르노의 합법화

미국의 대법원은 '언론과 출판의 자유'라는 미명하에 포르노 사진을 합법화했다. 그 결과 서점의 계산대 밑에 감춰져 있던 음란 서적들이 밖으로 나오게 되었고, 「플레이 보이」와 「플레이 걸」, 그리고 다른 도색 출판사들은 대기업으로 성장하였다. 이런 음란한 것들은 '계속 악한 것을 생각하는' 사고의 발상을 일으키고 있다. 타락을 조장하는 포르노 사진의 증가에 비례해서, 폭력적인 강간과 동성연애를 포함한 범죄율은 증가일로에 있다.

④ 여성들의 취업 강박관념

여성들의 취업에 대한 강박관념은 1차대전 후보다 대략 2%에서 49%로 증가하였다. 이것은 남자 여자 가리지 않는 어려운 시험이다. 결혼한 부부들이 자기 배우자보다 직장에서 다른 부부의 배우자들과 더 많은 시간을 보내는 것이 상식화 되었다. 물론 많은 부부는 이 시험을 잘 극복한다. 미국의 세태 중 하나는 직장인들에게 한두 시간 주어지는 점심시간 동안 호텔방을 빌려서 함께 보낸다는 것이다.

⑤ 쉬운 이혼

앨빈 토플러의 지적대로, '결혼생활을 버리는' 현대에는 이혼을 쉽게 하고 있다. 줄곧 법정은 '결점 없는 이혼'은 6개월의 유예기간을 두어 승인하곤 했었으나, 부부의 붕괴는 걱정될 만큼 증가하고 있다. 이혼 판결에 오랜 경험이 있는 한 판사는 다음과 같은 경고를 했다. "대부분의 사람들은 너무 조급하고 쉽게 이혼법정에 갑니다. 내 견해로는 이혼자들의 1/3 정도가 내 법정에 오기 전에 만일 여러 곳의 상담소를 미리 찾아갔다면 이혼을 피할 수 있었을 것입니다."

⑥ 지난 세대의 묵인된 철학

벤자민 스포크(Benjamin Spock) 박사와 그의 제자들-그들은 허용주의는 창조적이고, 그런 아이들은 자기표현을 할 수 있다는 주장을 했다-은 성경을 모르는 아이들은 음울한 실패를 당한다는 연구실험 결과를 발표했다. 그 아이들은 대체로 인정머리가 없고 이기적인 세대들이고 어른이 되었어도 덜 훈련되어 있다.

또 너무 미숙해서 결혼할 능력이 없으나 어쨌든 결혼을 했다면 자신들의 자녀들을 거부하고, 학대하고, 버린다. 그리고 나서 범죄자가 되어 보석금으로 석방되기도 한다. 이런 거친 아버지의 42% 정도는 보석금을 2년 내에 다 갚아야 하며, 20% 정도는 3년 내에 다 지불해야 한다. 스포크 박사는 그런 부모들은 훈련된 자녀들에게 돌아가야 한다고 변호하면서 1974년에 자기의 실수를 인정하였다. 그것은 훈련되지 않은 부모로서 부모 노릇을 하기에는 너무나 늦었다는 것이다. 필시 그들은 미래의 많은 어른들에게 감정적인 상처를 남길 것이고, 자기 자신보다도 굶는 것을 더 사랑하는 빈곤에 처할 것이다. 그들은 참되신 그리스도로부터만 도움을 받을 수 있고, 자녀들을 성경적 원리들로 양육하고 가정을 확고히 세우겠다는 열정을 갖고서 그리스도를 따라야 한다.

⑦ 도시화된 인간

전 세계 사람들은 도시를 향해 이주하고 있다. 어떤 사람은 자기의 아내가 대도시에 있다고 생각한 나머지 고향땅, 근거지, 친척들을 떠나 새로운 인생의 길인 도회지로 떠나간다. 이런 현상은 확고한 사회적 도덕을 버리고 뿌리 없는 가정생활을 갖게 한다. 더욱이 그런 삶은 자기들이 자라난 고향 풍습과 전혀 다른 타지의 환경에 젖게 한다. 대도시에서의 생활은 일시적으로 놀랄만한 편의를 주나 반드시 좋은 것은 아니다. 사람은 자연과 자기가 태어난 곳의 중요성을 종종 잊고 산다.

⑧ 여자들의 개방된 도덕성

여권신장으로 나타난 하나의 새로운 전체적인 생활양식은 미국 가정이 엉금엉금 기고 있는 현상이다. 그런 예들 중의 하나가 가정과 결혼생활에서 부권이 점점 약화되고 있는 점이다. 모권이 강한 가정들이 위험 수위에 도달할 정도로 증가되고 있으며, 이런 현상은 결혼생활과 가정의 비극적인 요소가 될 수 있다. 이것은 아이러니인데, 전 세계 여성들보다도 더 일찍 미국 여성들이 여권신장을 누리게 되었다. 남녀 평등법(ERA = Equal Rights Amendment)이 각 주의 필요에 의해서 통과되었을지라도 그것은 코미디와 비극이 동시에 될 수도 있다. 고용평등의 미명하에, 그 법은 실업, 부양비를 못받게 된 결손 가정을 구하기 위해서 통과되었고 끝내는 남녀고용 평등법이 되었다. 그 법은 결국 많은 어머니들이 자녀들을 아버지의 보호 하에 두지 못하는 원인이 되었다. 다른 아이러니는 남녀 평등법(ERA)이 독신녀에게 균등한 고용의 기회를 주지 못했다는 점이며, 또 일찍이 미국 국회에서 통과된 인권헌장(Civil Rights Act)에 명시된 권리를 놓치는 결과를 갖게 되었다. 그러나 그 법은 미국 가정이 붕괴되는 데에 공헌을 하기도 할 것이다.

출세제일주의 여성들은 어머니의 역할과 직업 사이에서 상당한 갈등을 이미 겪기 시작했다. 여성들이 과학적으로 임신을 연기하거나 불임할 수 있다고 하지만 그러는 동안 여성들은 심리적으로 매우 위험한 상태에 이른다. “우리는 지금 신비한 어머니의 역할을 죽이고 있다.”고 앨빈 토플러는 말했다. 이 세대는 언젠가는 무장해제된 50~60대의 여군들의 정열 같은 상태에 이를 것이다.

여성들은 자신들을 속이고 가정과 축복받은 생활에서 남편들을 추방할 것이다.

가정을 몰락시키는 다른 원인들에는 기동성, 기술 그리고 죄악 등도 있다. 많은 염세주의 사조는 미국 사람들의 생활을 비판적으로 만들었고, 어떤 가정문제 전문가는 “미국의 가정은 완전한 붕괴에 이르렀다.”고 어둡게 말했다. 또 다른 인기 작가는 “어린이를 낳지 않는 가정은 죽은 것이다.”라고 말하기도 했다. 물론 이런 말들은 지나치게 들리기도 한다. 그러나 가정의 붕괴에서 오는 미국 사회의 혼돈은 경보를 울리고 있고, 사람들로 하여금 사회를 위해서 일하게 하는 동기도 되고 있다. 윗글의 내용이 어둡긴 하지만, 그래도 미국은 소망이 있다.

3. 가정의 몰락을 막기 위한 대책들

가정의 몰락을 예언하는 사람들은 하나님의 권능을 고려하지 않고 있다. 미국 교회들에서 일어나고 있는 영적인 새 힘은 대체로 가정을 강조하는 것을 포함하는 새로운 생활양식 운동을 일으키고 있다. 가장 좋은 가정생활을 소개하는 서적들은 교회와 기독교 출판사에 의해서 출판되고 있다. 최근 미국 여러 지방의 서점에서는 가정생활을 소재로 하는 책들이 베스트셀러로 판매되고 있다. 많은 교회 밖의 사람들은 미국 사회에서 그리스도인들이 좋은 가정을 유지하고 있는 것을 깨닫고 필자 부부에게 도움을 요청하고 있다. 가정에 대한 새롭고 흥미로운 점은 지난 10년간 복음적인 교회들이 가정의 중요성을 주장한 사실들이다. 다음의 사항들은 가정의 몰락을 정지시키는 매우 실제적이며 단계적인 내용들이다.

① 잃어버린 그리스도를 다시 찾기

모든 복음적인 교회들은 개인이 그리스도를 영접할 수 있는 그림들을 부착하였다. 그것을 보고 집으로 돌아간 경우도 있었고, 하나님을 체험하고 집으로 간 사람도 있었다. 어느 주일 저녁에 나는 여러 자녀를 둔 한 아버지와 최근 18개월 동안 어떻게 해서 그리스도께서 자기 가정생활을 변화시키고 새롭게 해주었는가에 대해서 은혜를 나눈 적이 있다. 그는 사업문제까지도 그리스도께 고할 정도의 신앙인으로 변화되었다. 미국의 가정들을 회복시킬 수 있는 내가 알고 있는 최선의 길은 전도이다. 오직 예수 그리스도만이 상처를 치료하고 싸매 줄 것이며, 오직 그리스도만이 다음 세대에 강한 가정을 만드는 지금의 어린이들에게 필요한 신령한 지혜를 주신다.

② 새로운 기독교 학교 조직의 설립

현재 미국학교 조직은 연방정부에 의해서 운영되고 있는데 이것은 잘못되어 가고 있다. 구제할 길이 없는 썩은 교육자들에 의해서 운영되고 있기 때문이다. 내 견해로 유일한 치료는, 교회들과 그리스도인들을 위해 전 미국 모든 도시에 교회가 운영하는 학교 조직을 세우는 것이다. 나는 미국 취학아동의 51%가 성경적 원리들을 가르치는 기독교 사립학교나 교구학교에 입학하게 해달라고 기도하고 있다.

③ 모든 공공기관에 그리스도인들을 세우기

우리 미국인들은 정치적인 깊은 수렁에 빠져있다. 왜냐하면 그리스도인들은 30년 전부터 정치에 입후보하는 책임들을 버렸기 때문이다. 결과적으로 우리 미국의 그리스도인들은 불신자들에게 주정부와 연방정부를 넘겨주었다. 인문주의자들이 도덕적인 사회를 결코 세우지 못한다는 것을 우리 미국의 그리스도인들이 깨달을 때가 왔다. 오직 그리스도인들의 정부에 대한 의로운 권리 행사에 의해서만 우리 그리스도인들은 진실로 '세상의 소금'이 될 수 있을 것이다.

④ 새로운 텔레비전 프로와 방송망 세우기

미국인들은 적그리스도적인 자유주의의 현 텔레비전 방송망의 변화를 필요로 하고 있다. 미국이 자유국가가 된 이래, 수천만 또는 수억에 가까운 미국의 그리스도인들이 도덕적 감각을 해치지 않는 TV 채널을 선택할 권리가 왜 없는가? 그리고 비도덕적인 괴이한 채널만을 왜 보아야 하는가? 현재 미국의 방송망은 사주들에게 기울어져 있고 편견적인 방송을 자주 하고 있다. 우리 그리스도인들은 미국과 전 세계에 진실된 사실들을 보도하는 것을 목적으로 하는 방송망을 필요로 하고 있다. 현재 미국의 방송매체 조직은 너무나 색깔이 많아서 미국인들은 지난 30년 동안 대통령을 뽑을 수 있는 능력을 상실했다.

⑤ 기도

"이 세상의 꿈보다도 더 귀한 것은 기도를 통한 성취다."라고 시인 테니슨(Tennyson)은 읊었다. 수많은 우리 그리스도인들은 원죄의 사함과 가정들의 치유를 위해서 하나님께 기도해야 한다.

하나님은 당신을 떠난 인류의 문명을 구원하셨으므로 미국을 위해서 기도해야 한다. 아직도 하나님은 도덕적으로 타락해가는 우리 미국을 구원하시고 계신다. 때가 되면 성도들의 헌신적인 사역과 기도에 반드시 응답이 있을 것이다.

⑥ 교회는 가정생활이 성경 말씀으로 훈련되도록 인도해야 한다.

교회는 가정생활이 생산적이며 행복하게 하는 원리들을 훈련시키는 우리 시대의 가장 좋은 교육기관이다. 왜냐하면 교회는 시간을 초월하는 하나님의 말씀을 기초로 하고 있기 때문이다. 하나님께서는 최초로 제일 좋은 아담의 가정을 손수 만드셨다. 대통령은 가정이 있는 사람을 측근으로 임명해야 하는데, 불행하게도 교회의 지도자들이 추천한 큰 지도력이 있는 인물들을 측근으로 임명하는 일에 대해 미국의 대통령은 소홀히 하였다. 이런 공허를 채우기 위해서, 교회는 그리스도인 가정 원리를 근거로 더욱 훈련시키는 일에 적극적이어야 한다. 이런 주제는 가정 생활과 관계있는 사회의 불신자들을 교회로 끌어들여 효과적으로 훈련시킬 수 있게 된다. 우리는 이런 가정-생활훈련을 통해서 많은 가정-들이 그리스도에게 나아가는 것을 보아왔다.

3. 행복한 결혼생활의 열쇠

모든 부부들은 행복한 결혼생활을 바라고 있다. 나는 439쌍의 결혼 주례를 했는데, 그들 중 그 어느 누구도 나중 결혼생활에 대해서 묻지를 않았다. 왜냐하면 그들은 결혼한 후 더욱 불행해진 사람들을 보았기 때문이다. 일반적으로, 사람들은 결혼생활을 소설적인 상투어인 "그 후 그들은 행복하게 살았습니다"라는 문구를 기대했다. 앞장에서 통계적으로 인용된 급속히 이루어지는 이혼은 결혼이 현실적으로 계산된 위험임을 입증할 수 있다. 그러나 우리 부부는 행복한 삶이 계속될 수 있다는 것을 말하기 위해서 이 책을 집필하였다. 하나님의 권능과 여러분의 협력으로 여러분의 결혼생활은 지상의 천국이 될 수 있다.

우리 부부는 행복한 결혼생활의 초점을 가정에 맞추기 위해서 이 책의 이 부분에서 잠시 멈출까 한다. 왜냐하면 만일 이전 것이 없으면 여러분은 어떤 것을 가질 수 없기 때문이다. 생각 없이 충돌하여 싸우는 부부는 여러 자녀들을 가질 수 있으나, 만일 그들이 좋은 관계를 유지하지 못한다면 좋은 부모가 될 수 없다.

행복한 결혼생활 없이 행복한 가정생활이 있을 수 없다.

이 책을 쓰면서 50권 이상의 책을 참고하는 동안, 우리는 여러 저자들이 제시한 행복한 결혼생활에 이르는 여러 열쇠들을 저술했다. 나의 저서「행복한 결혼생활을 하는 법」(How to Be Happy Though Married)에서 '여섯 개의 열쇠들'을 제안했는데, 그것들은 신학교에서 강의한 기초적인 것들이다. 이런 열쇠들이 중요한 것같이, 독자는 그리스도인-이 책이 의도하는 대로 삶과 사고방식을 변화시키는-으로서의 선견을 가져야 한다. 매우 단순한 말이지만, 이 말은 성령의 충만이나 성령의 역사를 의미한다.

나는 상담목회를 하면서 결혼생활의 부조화로 고통을 겪고 있는 2,500쌍 이상의 부부들을 상담하였는데, 성령이 역사하는 부부들과는 결코 이런 상담을 갖질 못했다. 여러 상담 사례들에서 나는 그들이 어려움에 처했을 때 단지 다음과 같이 하는 말을 들었을 뿐이다. "우리는 그와 같이 살아 왔는데요 뭘….", "오늘날까지 우리 둘은 이런 문제를 겪지 못했어요." 솔직히 우리 교회에는 여러 증상들과 문제들을 상담하는 프로그램들이 없고, 그 대신에 우리는 성령의 역사에 집중하고 있다. 왜냐하면 만일 성령 안에서 걸어가는 부부가 자기들 둘이 살 수 있는지 또는 자기들의 문제를 해결할 수 있는지를 우리가 살펴야 하기 때문이다. 만일 교인들이 성령 안에서 살아가는 것을 거부한다면, 문제들의 영역과 증후군의 모든 상담은 부러진 다리에 부목을 대는 의사에 비유될 수 있다.

결혼한 부부에게만 다음과 같은 세 가지의 원리들이 필요하다.

(1) 성경의 교훈을 구하라, (2) 자기들의 문제에 대해서 성경이 가르치

고 있는 것에 순종할 수 있도록 하는 성령의 능력을 구하라, (3) 성경이 말하고 있는 것을 행하는 의지를 채택하라. 우리가 상담 신청자에게서 이런 세 가지 요소들을 발견하게 될 때, 성공은 필연적이다. 두 가지 요소만 있어도 우리는 가능성이 있는 걸로 본다. 만일 두 가지 이상이 못되면 그 결과는 실패일 뿐이다. 내 아내 베브와 나는 우리의 결혼생활을 변화시킨 성경적인 교훈들을 뒷장에서 소개하여 여러분들을 돕고자 한다. 성령은 여러분의 인생을 보다 더 힘 있고 아름답게 하실 것이다. 그 3단계가 여러분을 전적으로 향상시켜 줄 것이다.

1. 성령의 열매

"오직 성령의 열매는 사랑과 희락과 화평과 오래 참음과 자비와 양선과 충성과 온유와 절제니 이 같은 것을 금지할 법이 없느니라"(갈 5:22~23). 어떤 면에서 그리스도인이 성령 충만을 받는 것과 성령을 증거하는 것이 힘들 때가 있다. 사실, '불신자가 하나님의 성령의 초자연적인 것에 충만함을 받는다면, 그는 변화될 것이다'라는 것은 기독교의 근본적인 전제조건들 중의 하나다.

우리가 체질에 대해서 언급한 대로, 성령이 역사하는 개인의 체질은 증감되는 일 외에 변하지 않는다. 왜냐하면 개인의 약점은 성령의 권능으로 극복될 수 있기 때문이다. 인간들의 40여개나 되는 보편적인 약점들을 주의 깊게 연구한 후, 우리는 성령이 인간의 약점을 강하게 해준다는 것을 확신하였다. 앞에서 말한 성령의 아홉 가지 '열매들'이나 성령의 능력들을 시험해 보면, 여러분은 당신 생애의 약점을 극복할 수 있는 능력을 찾게 될 것이다. 하나님의 성령에 의해서 우리의 삶이 변화되는 것보다 매일 우리를 변화시켜주는 그 어떤 것은 결코 없다.

기혼 여성으로서, 당신은 오후 5시 30분경에 현관문을 여는 것을 기쁘게 생각하고 있는가?(남편의 퇴근 후 귀가) 여러분의 남편이 회사의 업무로 지쳐 현관문을 열 때에, 여러분이 사랑, 희락, 화평, 오래 참음, 자비, 양선, 충성, 온유, 절제(성령의 아홉 가지 열매)로 여러분의 남편을 맞이한다는 것을 생각해 보았는가?

"기쁘게 생각한다구요? 나는 아마 앞치마를 두르고 부츠를 신은 채 현관문으로 뛰어갈 거예요!"라고 앞의 여러 질문을 받은 한 부인은 나에게 대답했다.

남편으로서 당신은, 퇴근길에 차를 몰고 오면서 퇴근 시간인 오후 5시 30분경을 기쁘게 생각할 수 있는가? 당신은 온종일 아이들과 가사 일에 시달린 아내에게 현관문을 열면서 사랑, 희락, 화평 같은 성령의 아홉 가지 열매로 대할 수 있는가? 결혼한 지 5년 내지 그 이상이 되는 가정에서 주로 결혼생활이 파괴되고 있다. 성령이 가정을 다스리는 대신에, 불신자는 아직도 악의에 빠져 있으며, 원한을 불러일으키고, 자기연민에 빠지고 있는데, 이런 것들은 그가 퇴근하여 집 현관문에 이르기까지 튀어나오게 하고 결혼생활의 종지부를 찍게 한다.

2. 성령 충만과 가정생활

"그러므로 어리석은 자가 되지 말고 오직 주의 뜻이 무엇인가 이해하라 술 취하지 말라 이는 방탕한 것이니 오직 성령의 충만을 받으라"(엡 5:17~18).

위의 말씀은 성령 충만함과 관련된 성경말씀 중에서도 명령문이 들어 있는 가장 특별한 구절이다. 마치 주정뱅이가 술에 취하듯이, 그리스도인들은 성령의 인도하심을 받아야 한다. 특별히 흥미 있는 점은 이 같은 말씀 속에 신약성경 전체에서 찾아볼 수 있는 가정생활에 관한 말씀들이 포함되어 있다는 것이다. 왜냐하면 교회생활 이전에 우리가 성령 충만한 생활과 가정생활이 맞물려 있다는 것을 알아야 하기 때문이다.

5 : 18	성령의 역사를 받아야 하는 명령
5 : 19, 20	성령 역사의 세 가지 결과들
5 : 22~24	아내가 남편에게 복종해야 할 의무
6 : 1-3	자녀가 부모에게 순종해야 할 의무
6 : 4	아버지가 자녀를 양육해야 할 의무

그리스도인 가정이 성령의 역사를 받을 때, 아내는 남편에게 복종하고, 남편은 아내를 사랑하고, 자녀들은 부모에게 순종한다. 그리고 아버지는 주안에서 자녀들을 잘 양육할 것이다. 그와 같은 가정이 불행하리라고 생각되는가? 천만의 말씀이다! 우리는 성령이 충만한 부부와는 결코 상담해 보지 못했다. 분명히, 성령이 충만한 생활은 기쁨이 넘치는 가정생활의 열쇠다.

우리는 뒤에서 성령이 역사하시는 그리스도인들의 다른 양상을 소개하고자 한다. 그러나 이 상황에서 가정을 멀리 하지 아니하고, 우리가 살고 있는 가정을 성령 충만하게 하는 것을 보여주는 것이 중요하다고 생각한다. 만일 우리의 가정이 성령이 충만하다면, 어디에서나 잘 살 수 있다. 확실한 가정생활 형성을 위한 압박감들은 우리를 능가하고 있다.

이 사실을 잘 알지 못하는 한 숙녀가 나에게 다음과 같이 호소했다. "나는 교회 오는 것을 좋아합니다! 나는 교회에서 성령의 뜨거움을 느낄 수 있습니다. 불행하게도, 가정에서는 느끼지 못합니다. 내 남편과 나는 내가 가정에서 성령을 충만하게 받는 것이 불가능하다고 생각합니다." 나는 그녀에게 매우 점잖게 진리를 받아들일 것을 알려주었다. 만일 그녀가 남편에게 복종한다면 그녀는 가정에서 성령과 함께 동거할 것이며, 남편이 하나님께 순종하든 않든 간에 그는 곧 아내를 사랑하게 될 것이라고 알려주었다. 그녀는 가정에서 하나님과 그녀의 남편에 대한 반항심에 맞서게 되며, 가정에서도 자유롭게 되고, 교회생활을 잘하게 될 것이라고 말했다. 그녀의 경우, 가정 밖에서는 하나님께 잘 순종했으나, 가정에서는 하나님과 남편을 무시했었던 것이다. 결과적으로, 성령의 지배는 불가능했다. 그녀가 성령의 역사를 따르는 순종의 결핍증이 있다는 것을 깨달을 때-갈라디아서 5장 22절에 나타난 아홉 가지 열매-그녀는 남편에 대해서 죄책감을 느꼈고 곧 집으로 가서 성령의 인도하심을 받게 되었다. 그녀의 남편은 아내의 변화를 믿지 못할 정도였고, 수주 내에 그녀의 남편도 성령이 충만하게 되었다. 여러분들이 상상하는 대로, 그들의 가정은 변화되었다.

3. 성령의 인도하심을 받는 법

오늘날 성령 충만과 성령의 역사에 대해서 오해하는 불필요한 것들이 상당히 많다. 동양의 어떤 목사들은 보통 사람들이 이해하거나 체험할 수 없는 신비적인 것들을 주장한다. 또 다른 체험적인 동양인 신자들은 미국인들이 이해할 수 없는 만화 같은 야릇한 그들의 체험을 성령 충만이라고 말하기도 한다.

그 외에도, 동양인 신자들은(역자주 : 한국 교인들과 목사들) 사적이고 열광적인 체험들을 성령 충만과 역사로 연결시켜 말하려고 한다. 왜냐하면 그래야만 하나님의 말씀을 잘 이해할 수 있으며, 성경의 기록과 사적인 체험을 연결시켜 잘 믿게 할 수 있기 때문이다.

놀랍게도, 그리스도인이 성령 충만을 받는 것은 어렵지 않다(만일 어렵게 생각하면 성령 충만은 불가능하다). 하나님은 당신의 계명들을 어렵게 만드시지 않았고, 우리가 그의 명령을 지키기 위해서 간구할 필요가 없도록 하셨다. 우리는 거룩하신 하나님을 만나야 한다. 그러나 성령이 충만하거나 성령이 역사하는 상태는 하나님의 뜻에 완전히 항복하는 것만을 말한다.

간단히 요약하면, 성령 충만은 하나님의 모든 말씀에 순종하는 것이다. 그 이유는 성령이 역사하는 그리스도인들은 항상 성경 말씀에 순종하기 때문이다. 성경은 가장 명백한 하나님의 계시다. 어느 누구도 성령의 역사를 거스를 수 없다. 그래서 독자들과 같이 다음의 3단계를 나누고자 한다. 이 3단계는 여러분들에게 큰 도움이 될 것이다.

① 여러분의 죄를 고백하라(요일 1:9).

시편 기자는 만일 우리가 죄를 마음에 품으면 하나님은 우리의 기도를 들으시지 않는다고 우리에게 가르치고 있다(시 66:18).

그러므로 우리의 모든 죄를 주께 고백하는 것이 중요하다. 만일 사람이 죄를 끊지 못하고 마지못해 고백하면 그 어느 누구도 절대로 성령의 충만함을 받을 수 없다.

② 당신의 뜻을 온전히 하나님께 복종시키라(롬 6 : 11).

일단 속죄의 은총을 받으면, 당신이 할 수 있는 모든 것의 100%가 하나님의 것임을 고백해야 한다. 이 점에 대해서 우리가 도울 수 있는 사실은 기도하는 사람은 구약성서에 나오는 희생의 제단을 믿을 수 있다는 것이다. 당신의 마음에 아브라함이 그의 독자 이삭을 하나님께 자발적으로 드리는 모습이 그려질 것이다. "오, 주님, 나는 전적으로 당신의 역사하심에 순복하겠나이다."라는 완전한 헌신을 결심할 수 있을 것이다. "나의 생각, 재능, 가정, 직업, 돈 그리고 미래를 바칩니다. 당신의 영광을 위해 나를 사용하소서."라고 고백하라. 이것은 가장 단순한 효과 있는 고백의 순서다. 하나님이 당신에 대해 말씀하시는 모든 것-당신의 성품, 공포, 사고영역 그리고 야망들-을 상세히 고백하라.

③ 성령의 역사에 따를 수 있도록 구하라(눅 11:13).

자, 이제 여러분은 성령이 충만한 상태에 이르게 되었으므로, 하나님께 성령 충만을 구하라. "너희가 악할지라도 좋은 것을 자식에게 줄줄 알

거늘 하물며 너희 천부께서 구하는 자에게 성령을 주시지 않겠느냐?"라고 우리 주 예수 그리스도는 우리를 일깨우고 계신다.

많은 사람들이 어떻게 하면 성령의 충만을 받을 수 있는가를 알려달라고 나에게 편지로 물었다. 그러나 때로는, 신학자들은 그리스도 시대와 같이 성령이 임하지 않는다고 나를 설득시키려고 했다. 이러는 과정 속에서 그들은 주의 말씀을 망각하고 있음을 알 수 있다. 부모가 자녀에게 좋은 것을 주는 것보다, 하나님은 당신의 자녀인 그리스도인들에게 성령을 주시기를 더 원하고 계신다. 주님이 십자가에서 죽으시고, 오순절에 성령이 강림하여 모든 제자들이 성령으로 충만한 예수님의 약속의 말씀을 나는 깨달았다. 제자들이 필요했던 것은 성령이었고, 제자들은 주님께 성령 주시기를 구하도록 가르쳤다. 성령은 이미 우리 안에 거하고 계신다. 왜냐하면 우리가 예수 안에서 세례를 받을 때에 성령을 받았기 때문이다(고전 12:13). 그러나 우리가 곧 성령이 충만하지 못할 때에는, 주님의 제자들이 했던 것같이 기도로 성령 충만을 간구해야 한다.

"어떻게 하면 자주 당신에게 성령 충만함에 대해 물을 수 있을까요?"라고 어떤 사람들은 세미나가 끝날 즈음에 내게 묻곤 했다. "당신은 생각할 때마다 그렇게 해서는 안 됩니다!"라고 우리는 대답했다. 만일 당신의 신앙에 낙심이 찾아오면 아침 첫 시간에 성령 충만을 위해 기도해야 하며, 하루에 여러 차례 기도하고, 잠자리에 들기 전 밤에도 기도해야 한다. 얼마 안 되어 기도하는 습관은 호흡과 같이 여러분 생활의 한 부분이 될 것이다.

4. 성령과 동행하는 법

"술 취하지 말라 이는 방탕한 것이니 오직 성령의 충만을 받으라"(엡 5:18). "내가 이르노니 너희는 성령을 좇아 행하라 그리하면 육체의 욕심을 이루지 아니하리라"(갈 5:16). "'성령을 좇아 행하는 것'과 '성령의 충만을 받으라'의 차이점은 무엇입니까?"라고 여러분은 질문할 수 있을 것이다. 사실, 전자가 변하여 후자가 된다. 여러분이 '성령을 좇아 행하는' 일이 없거나 매일 성령의 역사를 받지 못한다면 여러분은 성령의 충만함이 없는 것이다. 그 경험은 물을 충분히 여러분 자신이 마시는 것과 같다.

물이 생명을 지켜주는 이치와 같다. 여러분이 오래 걷다 보면 탈진이 되어 결과적으로 물을 마셔야 하듯이 우리의 영도 이와 같은 것이다. 성령과 동행하는 다음의 3단계는 성경에 기록된 주요한 원리들이다.

① 매일 하나님의 말씀을 읽어 나가라(시 1:1~3).

하나님의 말씀은 사람에게 있어서 자동차의 휘발유와 같다. 기름이 없으면 세상의 값비싼 어떤 기계라도 돌아갈 수 없는 법이다. 우리 인간에게는 두 영적인 요소가 있는데, 하나는 옛 것인 '육체'요 또 하나는 새 것인 '영'이다. 전자는 우리가 가장 좋은 것으로 먹어야 하는 것이고, 후자는 우리를 감동시킨다. 만일 신자가 영적인 자로서 양육 받을 수 있는 성경 읽는 습관을 갖지 못한다면, 성령과 동행하는(성령을 좇아 행하는) 그리스도인이 될 수 없다고 우리는 믿는다. 신자는 말씀을 읽음으로써 하나님에 대한 안목을 가질 수 있다.

만일 여러분이 성경을 읽을 시간을 갖지 못한다면 내가 여러분을 위해 한 가지를 제안하겠다. 나의 다른 저작물들을 참고해 주기 바란다. 그것들 중의 하나인 「샌디에고 돌격대」(San Diego Chargers)는 내가 주말에 가졌던 성경공부만을 근거로 저술한 책이다. 이 내용들은 성경을 공부하면서 제기된 문제점들을 다루었고, 그것으로 나는 「스스로 성경공부 하는 법」(How to Study the Bible for Yourself)을 저술했다. 이것은 스스로 성경을 공부할 수 있도록 독특한 9개의 장으로 되어 있는데 많은 사람들에게 큰 도움이 되었다.

② 죄에 대해서 날카로운 감각을 갖게 하라(살전 4:3~8).

죄는 지극히 위장을 잘하므로 여러분으로 하여금 성령과 동행치 못하게 한다. 성경은 하나님께서 우리를 거룩하게 부르셨다고 가르치고 있다. 성령이 여러분을 죄로부터 인도해 내지 못했다면, 여러분이 아직 죄 가운데 있거나 죄를 생각하고 있다는 것을 깨달아야 한다. 그렇게 되면 여러분은 아직도 육적인 상태에 있고 영적인 상태에는 이르지 못한 것이다. 여러분이 성령을 좇아 행한다면, 여러분은 점진적으로 죄를 깨닫는 감각이 생겨 죄를 피하게 될 것이다.

③ 성령을 근심하게 하지 말라(엡 4:30~32).

확실한 죄들은 성령을 근심시키거나 성령을 소멸시킨다. 이런 것들은 분노와 두려움 같은 형태로 우리 일상생활에서 나타난다.

이런 것에 대한 치료는 다음 장에서 다루기로 한다. 여기에서 우리는 성령이 역사하는 그리스도인들은 아주 가치 있는 사랑, 희락(기쁨) 그리고 화평 등을 배울 수 있다는 것을 단지 지적하고 싶을 뿐이다. 이런 성령의 열매들은 성령을 소멸하지 않은 신자들에게 나타난다. 그래서 신자들은 분노 같은 보통의 감정이나 두려움 같은 세속적인 감정으로 성령을 소멸시키지 않도록 해야 한다.

4. 결혼생활의 여섯 가지 중요한 문제

인생에는 연습이 없다고 성경은 가르치고 있다. 현대 심리학의 일반적인 관념에서 인간은 백합화처럼 홀로 살 수 없다고 한다.

따라서 많은 사람들은 죄의 문제를 합리화시키려고 한다. 하지만 나는 상담 경험을 통해 죄는 모든 사람에게 있다는 성경의 가르침을 깨달을 수 있었다(고전 10:13). 결혼생활과 가정생활에는 여섯 가지의 적들이 있다. 다행스럽게도 대부분의 사람들은 여섯 가지 이 문제들에 대해서 걱정스럽게 여기지 않고 있다. 부가해서, 여러분은 성령님이 그 모든 문제들을 치유할 수-만일 여러분이 성령을 의지한다면-있기 때문에 기뻐해야 한다.

'일반인이 초자연적인 성령을 충만히 받게 될 때에 그는 변화될 수 있을까?'라는 우리의 전제조건을 여러분은 숙고해 본 적이 있는가? '어디에 그런 변화가 있어?'라고 생각하는가? 성령 충만은 확실하게 우리를 돋보이게 하거나 우리의 재능을 다양하게 또는 지능을 뛰어나게 하지는 않는다. 그러나 성령은 우리의 잠재력 있는 능력들을 사용하게 하여 개인에게 새로운 재능들을 주는 경우가 왕왕 있다. 실제로 성령은 죄악 된 습관에서 자유롭게 해주고 있다. 내 친구들 중에서 어떤 이는 피아노 레슨을 결코 받은 일이 없었는데, 그는 오르간과 피아노 연주를 아주 잘 한다.

그는 악보도 읽을 수 없으나, 누가 노래나 연주하는 것을 들으면, 즉각 그대로 연주해 낸다. 그는 성령을 충만히 체험할 때에 이런 음악적인 은사를 받았다고 간증했다. 실제적으로 그는 천부적으로 음악적 재능이 어느 정도 있으나, 음악에 대한 두려움이 사라져서 어떤 악기도 다룰 수 있게 되었다. 그는 성령을 충만히 받게 되고 나서 그의 본성적인 두려움들이 사라지고 '음악적인' 은사를 받게 되었다고 한다. 그는 무의식적으로 피아노를 만지는 순간, 본능적인 감정으로 감동을 받을 수 있는 연주를 한다. 그는 연습을 통해서 듣기 좋은 음악 연주를 하지 않는다. 사실, 그는 독자들에게는 없는 음악에 대한 특별한 '감정'을 갖고 있다. 그의 감정의 변화는 음악에 대해서 완전한 사람이 되게 했다.

이것은 우리가 성령 충만을 받을 때에 나타나는 한 실례다. 성령은 우리의 감정까지도 고치신다. 모든 사람들이 깨닫는 것보다 더 강하게 우리 주변에서 이런 일들이 비일비재하게 일어나고 있다. 감정적으로 인간은 어떤 존재인가! IQ 165인 사람에게 감정적인 요소가 없다면, 그는 실패자다. 사람의 잠재력을 키우는 능력은 인간 감정 조절에 달려 있다. 정신착란자들이 재능과 명석함은 있으나 감정 조절의 실패로 어려움을 겪고 있다는 것을 나는 상담을 통해서 깨달았다. 성령 충만을 받을 때 나타나는 성령의 열두 가지 결과나 열매들을 시험해 보라. '심령의 찬송', '감사하는 영혼' 등은 감정적인 반응이며, 이런 것들은 '사랑, 화평, 희락…'과 같은 성령의 아홉 가지 열매들이다. 우리는 이런 좋은 느낌들을 마음에 즉시 심어야 한다. 과학자들은 '마음'을 사람의 중심으로 보고 연구한다. 뒤에 나올 그림은 사람의 마음이 각 내장기관들과 신경적으로 어떤 관계가 있는가를 보여주고 있다. 감정적으로 연결되어 나타나는 정신의 혼란은 육체의 어떤 기관에 병을 일으킬 수도 있고, 약하게 할 수도 있다. 그것은 '감정이 병을 유발시킨다'는 것을 의미한다.

맥밀런 박사(S. I. McMillen, M. D.)는 「질병은 없다」 (None of These Diseases)라는 놀라운 책을 저술했다. 그는 책에서 감정의 격분으로 인해서 51가지의 질병이 유발될 수 있다고 썼다. 그 책을 읽은 그리스도인들은 박사가 말한 대로, 모든 병의 65~80%가 감정의 격분에서 나온다는 것을 이해할 수 있을 것이다. 그 말대로 모든 환자의 질병은 자신의 책임일 수도 있으나 사실 감정의 혼란이 질병을 가져다 주고 있다. 얼굴을 봄으로써 그 사람의 건강 상태와 질병의 유무를 감 잡을 수 있다고 한다.

나는 오하이오 주 콜럼버스 시에서, 가정에서 흔히 일어나는 적개심에 대한 성령의 치유와 분노에서 나오는 여러 질병들에 대해서 강연한 일이 있었다. 그 때 한 젊은 인턴 의사가 나의 강연에 대단한 흥미를 가졌다. 그는 난치병을 치료하기 위해서 다른 의사들과 같이 특별한 환자들의 동향을 연구하고 있다고 나에게 설명했다. "목사님이 말씀하신 대로 나는 오늘 오후 내 환자 다섯 명을 생각했는데, 그들은 모두 다 분노의 사람이었습니다."라고 그는 말했다.

감정들은 우리가 아는 것 이상으로 훨씬 더 많이 우리의 생활을 지배하고 있으므로, 우리는 성령의 치료를 받아야 한다. 격한 감정들이 여러분의 가장 중요한 자산들인 여러분의 가정생활과 육체를 파괴하기 전에, 성령을 모셔야 한다. 신자가 1년의 상당한 나날들을 병원에 입원했다고 가정하자. 많은 목사들이 병원에 문병을 가느라고 많은 시간을 뺏길 것이고, 또 많은 그리스도인 환자들이 불필요한 질병 때문에 수백만 달러를 허비할 것이다. 만일 오늘 믿는 자들이 성령 충만을 믿는다면, 우리들은 불원간에 모든 교회들을 튼튼히 세워나갈 수 있고, 병든 자들을 고칠 수 있을 것이다. 이런 것은 그리스도인의 가정에서 다른 것들과 비교할 수 없는 행복이다. 그리스도인 부모들을 망치게 하는 것보다 젊은이들을 그리스도와 교회로부터 빨리 떨어지게 하는 것은 없다. 젊은이들은 그리스도인인 자기의 부모들이 완벽할 것이라고 기대하지는 않으나, 감정을 잘 다스려 주기를 바라고 있다. 부모들이 성령이 충만하면, 젊은이들 역시 가정에서 성령이 충만하게 될 것이다.

신체적 건강에 관한 감정의 결과

이기주의 시기 질투 분개 미워함
걱정 지나친 염려 죄악된 감정
두려움 근심 욕망 좌절

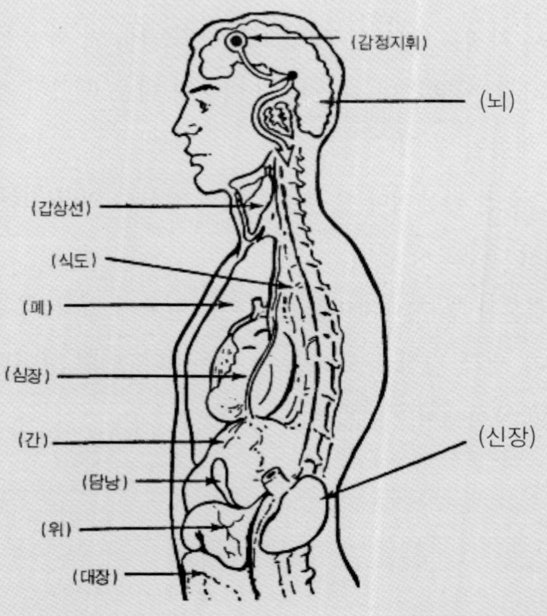

위궤양과 장경련 대장염 고혈압
심장병 뇌졸중 동맥경화증
신장병 두통 정신병 갑상선
당뇨병 관절염

1. 감정적 충돌들 — 부부 싸움의 원인

대부분의 부부들은 사랑에 들뜬 상태로 신혼여행에서 돌아온다. 그들은 첫 번째 부부 싸움을 할 때까지 이런 상태를 유지한다.

이것은 '연인들의 싸움'인 것이다. 이 싸움은 마음의 상처를 남기게 하나 운명적인 것은 아니다. 그렇지만 그것은 어리석은 짓이다. 다음의 감정의 대결이 있을 때까지 부부 싸움은 계속될 수 있다. 이 싸움은 점진적으로 발전해서 가정을 '지상의 지옥'으로 만드는데, 이 싸움은 부부간의 의견 마찰에서 기인된다. 이 싸움은 첫 아이가 나올 때까지 계속 되거나, 출산 후에도 계속될 수 있다.

이런 상습적인 싸움이나 분쟁을-성령의 역사로 이런 것들은 고칠 수 있다-본장에서 다루고자 한다.

아무도 결혼한 부부의 차이점을 거론할 필요가 없다. 부부는 성장 배경뿐만 아니라 생각, 감정 등도 다르기 때문이다. 이런 상이점은 성별의 차이나 성격의 차이에서 기인될 수도 있다.

2. 왜 당신은 다르게 행동하는가?

이런 점에서 네 가지 성격들의 매혹적인 심리적 상태를 분류할 수 있으며 우리는 이런 네 종류들을 언급한다.

네 종류의 기본적인 성격들

우리는 이 책에 각 사람의 성격의 장점과 약점을 다 그릴 수 없다. 여러분은 아마 그런 것은 다른 책을 통해서 알고 있을 것이다. 우리의 장점은 재능들과 욕망적인 인격을 만들고, 마찬가지로 약점은 우리의 삶을 무능하게 만든다는 사실을 지적하는 것이 중요하다. 성령이 충만하게 되면 하나님의 권능으로 우리의 약점이 장점으로 변하게 된다.

11년 전에 나는 천부적인 약점이 성령의 충만함으로 장점이 될 수 있다는 의도로 「성령이 역사하는 성격」(Spirit-Controlled Temperament)이라는 책을 썼다. 그 후 나는 적어도 3000명 이상을 상담했고, 나 자신도 그 당시보다 성령의 능력을 더 확신하였다. 결혼생활에서는 서로 반대의 성격이-성별적인 반대가 아닌 성격들-결혼생활을 잘 유지해 나간다. 네 종류의 기본적인 성격을 기준으로, 두 외향적인 사람은 다른 두 내성적인 사람의 성격과 일반적으로 더 적합하다고 볼 수 있다.

서로 잘 조화되는 결혼상대

이것은 주먹구구식이 아니다. 부모들이 자녀들의 결혼 대상자를 주선할 때에 깨달아야 할 중요한 것들이다. 성격은 천부적인 것이다. 개개인들이 결혼 대상자를 선택할 때, 일반적으로 성격이 반대인 배우자를 고른다. 우리는 약해졌을 때에 강한 사람을 열망한다. 좋은 환경 하에서 그 열망은 사랑과 결혼으로 이끈다.

믿을 만한 부부가 신혼여행 후에 부부는 결코 완전하지 못하다는 사실을 곧 깨닫는다. 그리고 좋든 나쁘든 간에, 부부 양쪽 모두는 배우자의 강점과 장점에 자기의 약점과 단점이 있다는 것을 알게 된다. 그 점에 있어서 유혹은 부부가 어느 한 쪽의 약점이나 단점을 엿보는 것인데, 이것은 부부 갈등이나 싸움의 요인이 될 수도 있다.

부부 한쪽이 자기의 장점을 통해서 배우자의 단점을 감싸는 것을 배우는 것은 아주 중요하다. 그것을 비판해서는 안 된다. 하나님은 개개인의 협력으로 서로 변화되길 원하시므로, 여러분의 배우자의 약점들을 좋아하든 말든 간에 배우자의 모든 성품이나 인격을 감싸는 것은 아주 중요한 일이다. 당신이 배우자의 약점들을 감싸고 받아들이는 법을 배우려면 「남성의 성격을 이해하는 법」(Understanding the Male Temperament)이란 책을 참고하기 바란다. 여기에서 우리가 명백하게 바라는 것은 가장 보편적인 여섯 가지의 감정적인 문제들이 확실하게 되어, 부부가 서로 의지하므로 성격 문제가 해결되는 것이다. 우리의 모든 생활 속에서 많은 사람들이 겪는 실제적인 약점들을 극복하기 위해서 우리는 성경적인 방법론들을 나누고자 한다. 물론 이런 약점들은 성령의 권능으로 극복할 수 있다.

3. 결혼생활의 여섯 가지 감정적인 문제들

(1) 분노, 적개심, 괴로움의 문제

오늘날 결혼문제 중 80% 이상이 분노 때문에 일어나고 있다고 한다. "개인적인 문제나 부부간의 문제로 당황할 때마다 내가 항상 분노하고 있음을 발견합니다. 그것들의 80% 이상이 분노 때문에 일어난다고 생각합니다."라고 어떤 유명한 상담가가 나에게 사적으로 말한 일이 있다. 세 가지의 성격-다혈질, 담즙질, 우울질-들이 분노에 반영된다고 우리는 결론을 내렸다. 사람들은 여러 형태로 감정을 표현하지만, 주된 것은 역시 분노다. 다혈질인 사람은 급하고 뜨거움을 잘 나타내나 곧 그들은 감정 폭발을 잊어버린다. 담즙질인 사람은 마찬가지로 화를 잘 내며 그들은 악의를 갖고 있어서 과거의 것을 잘 생각해 문제를 터뜨리곤 한다.

조급한 경향이 있는 우울질의 사람은 자주 위험에 빠지는 경향이 있다. 결론적으로 이 세 성격의 소유자들은 사물을 오랫동안 생각하고 속을 태우나, 감정 폭발을 잘 안 하는 편이다. 그들의 감정들은 행동적인 감각들과 판단과 구분되고 있다. 점액질의 사람은 두 번째 성질에 자극적인 강한 고통이 없는 한, 좀처럼 화를 내지 않는다(모든 사람은 두 성격들을 갖고 있다. 주된 성격과 두 번째 성격이 있다. 최근에 세 종류의 성격이 있다는 주장도 나왔다). 점액질의 사람은 두 번째 성격이 자극될 때만 화를 낸다.

우리가 말하는 분노인 화는 빈정되는 것, 보복, 분개, 공격, 그리고 다른 열 종류의 적개심의 표현 등을 말한다. 우리의 견해로는 분노하는 행동이나 혈기 내는 행동만큼 부부관계를 황폐케 하거나 가정생활을 망가뜨리고 자녀들의 심리를 파괴시키는 것은 없다.

가정에는 천국의 평화, 사랑, 부부의 기쁨 등의 감정이 있어야 한다. 그리고 그밖의 적개심과 자만심으로부터 자녀들을 보호해야 한다. 불행하게도 많은 사람들은 바깥보다 가정에서 더 많은 분노와 적개심을 불러 일으키고 있다.

분노는 그 악영향을 모르는 사람들에 의해 반복해서 일어나고 있다. "나는 남편 때문에 모든 것을 잃었어요."라고 불평하는 한 부인이 있었다. 나는 그 불만의 소리를 그녀로부터 들을 때마다, 그 부인을 바꿔놓을 수 있는 배우자의 특성을 찾으려고 했다. 남편의 특성은 결혼생활이 오래되어도 잘 드러나지 않고 있기 때문이다. 한번은 그녀가 58불 95센트짜리 음식찌꺼기 분쇄기(디스포자)를 사려고 했는데 남편이 허락을 안했다고 한다.

"우리 어머니는 음식찌꺼기 분쇄기를 한 번도 사본 적이 없단 말이야. 나는 당신이 그것을 사려고 하는 것이 이해가 안 돼."라고 자기 남편은 말한다고 나에게 푸념했다. 수주일 후 자기 남편에 대한 그녀의 나쁜 감정들은 사라지게 되었다. 이 부인은 주일학교 부장이었고 섬세한 그리스도인이었고 좋은 어머니였으나, 그녀는 자기 남편을 경멸하고 있다는 것을 깨닫지 못했었다. "남편들아, 아내를 사랑하며 괴롭게 하지 말라"(골 3:19)는 말씀이 그 가정에게 적합할 것이다. 다시 말해서 괴롭힘과 사랑은 표현될 수도 있으나 부부관계에 있어서 이 두 극단적인 것들을 동시적으로 나타내서는 안 된다. 그 후 그 부인은 성령 충만을 받고 그녀의 분노의 감정을 회개했고 가정에서 더욱 남편을 사랑하게 되었다. 3주 후 토요일 오전 그녀의 남편은 그녀를 위해 싱크대에 부착하는 음식찌꺼기 분쇄기인 디스포자를 사주었다.

내가 겪은 또 하나의 사례는 생후 3주일밖에 안 된 아기에게 분노를 터뜨린 한 젊은 그리스도인 어머니의 경우다. 그녀는 그 아이 위로 어린 두 딸을 두었는데, "나는 내 어린 아들이 다칠까봐 늘 걱정이 돼요."라고 눈물 흘리며 한탄하였다.

그녀에게는 5년 전 세상을 뜬 아버지에 대한 괴로움과 적개심이 감추어져 있었다. 그런 것을 잊기 위해서, 정상적인 사랑의 감정들을 잘라버리는 미워하는 분노의 감정을 그녀는 스스로 쌓아가고 있었다. 성령의 권능으로 그녀는 분노와 미워함의 죄에서 회개하고 그녀의 마음을 풀 수 있었다. 그 결과 그녀는 더 이상 돌아가신 아버지를 미워하지 않게 되었고 적개심도 사라졌다. 성령의 권능으로 그녀의 생각은 변화되었고, 망부(亡父)에 대한 미움도 사라졌다. 그 후 다시는 이런 불필요한 비극들이 일어나지 않게 되었다.

우리는 반복해서 사람의 내면에 있는 분노와 나타날 수 있는 분노를 다뤘다. 이런 것은 무기력, 파괴, 실연, 마음의 갈등, 정신 이상, 감정의 파괴를 동반하는 비극의 원인들이 될 수 있는데 이것은 모든 보통사람에게 나타날 수 있다. 만일 여러분이 내 책을 정규적으로 읽는 독자라고 한다면, 여러분은 아마 내가 자주 거론한 대로 내가 왜 분노를 해방하는가를 곧 이해할 것이다. 내가 수없이 말한 대로 분노는 긴장, 사랑, 가정, 자녀들, 휴가 그리고 영적인 잠재력을 파괴시킨다. 솔직히 말해서, 과거 한

때는 나도 분노 때문에 가정생활, 목회 그리고 건강에 상당한 타격을 받은 일이 있었다. 하나님을 찬양하는 생활을 하면 거기에 성령 충만함이 있을 것이다.

[1] 분노의 치료

많은 사람들은 지나치도록 분노의 감정을 갖고 있다. 명백히 에베소서 4장 26~27절은 정당한 분노의 세 가지 조건을 참작하고 있다. (1) 분을 내어도 죄를 짓지 말라, (2) 해가 지도록 분을 품지 말라, (3) 마귀로 틈을 타지 못하게 하라. 이런 정당한 분노는 공적인 것이며, 타인에게 나쁜 영향을 주지 않는다. 대부분의 사람이 체험한 분노는 우리가 말한 대로 가정생활의 조화를 이루지 못하고 이기적이고 교만함으로 가득 차 있다. 그래서 사람들은 그런 종류의 분노가 있는 사람을 싫어한다. 좋은 제안을 한다면 '분노를 다스리고', '분노를 억제해야 하고' 또는 '분노를 변화시키기 위해서 우리는 노력해야 한다.' 어떤 감정적인 여성 강사들은 '분노를 폭발시키라'고 제안하는데, 그들은 분노를 폭발시키면 더 나쁜 분노가 야기된다는 것을 모르는 것이다. 실제로 분노를 나타내는 것은 문제를 복잡하게 만드는 결과가 된다.

왜냐하면 분노는 잠재의식으로 깊게 침범하기 때문이다. 매일 매시 우리는 어떤 일들을 하면서 일의 반복을 통해서 능률을 올리고 있는 것과 마찬가지로 새로운 습관을 경험하고 있다. 그것은 독특한 감정의 표현으로 나타나고 있다. 의심할 여지없이 반복해서 나타나는 적개심은 위출혈, 위궤양과 다른 50가지 이상의 질병들을 일으키는 원인이 된다. 이 말은 맥밀런 박사의 지론이다. 그런데 여기에 보다 나은 치료법이 있다-그것을 고치면 된다! 다음에 나오는 효과적인 단계를 잘 적용시켜라. 여러분은 이런 단계를 통해서 분노로부터 승리할 수 있으며 다섯 가지의 감정적인 문제들을 극복할 수 있을 것이다.

① 분노를 죄악으로 보고 대면하라(엡 4:30~32).

만일 개인이 죄악으로서 죄를 대면하지 않으면 죄, 습관 또는 약점을 절대로 극복할 수 없다! 분노의 경우, 하나님은 죄를 싫어하시므로 죄와 맞서는 것이 치료를 향한 첫 걸음이다. 만일 당신이 죄악 된 것에 어떤 의문이 있다면, 성경에 나오는 분노에 대한 것을 참고하라. 여러분은 성경에 나오는 창세기의 가인으로부터 복음서의 베드로에 이르기까지 나타나는 분노와 혈기를 알 수 있을 것이다. 또한 모세의 경우도 마찬가지다. 이런 내용을 통해서 여러분은 분노와 혈기를 나타내는 것을 피해야 한다. 이런 혈기와 분노는 여러분 자신을 파멸시키므로 끝내는 치료의 가능성도 사라지고 만다. 만일 분노를 죄악으로 인정하지 않는다면 여러분은 결코 분노를 극복할 수 없다.

② 여러분의 분노를 죄로 고백하라(요일 1:9).

시시때때로 일어나는 여러분의 분노를 하나님으로부터 용서받기 위해서 뿐만 아니라 그것이 나쁘다는 것을 알기 위해서 언어로 표현하는 것도 필요하다. "하나님의 귀는 항상 죄인들의 부르짖음을 듣고 계신다." 고 시편 기자는 말했다. 그리고 하나님은 빨리 용서하신다.

③ 습관에서 벗어나기 위해서 하나님께 구하라(요일 5:14).

분노는 단순한 죄악이 아닌 습관이다. 여러분이 그리스도인으로서 나쁜 습관에서 아직 벗어나지 못했다면 성령의 새 힘으로 벗어나도록 하라. 죄악 된 분노가 일어날 때마다, 그것을 죄로 인식하고, 예수 그리스도의 이름으로 기도하면 하나님의 용서를 체험할 수 있다. 또한 여러분이 나쁜 습관에서 돌아서도록 기도하면, 여러분이 기도하는 것을 아신 하나님이 여러분을 지켜주실 것이다. 그렇게 되면 여러분은 점진적으로 나쁜 습관을 고쳐나갈 것이다. 그리스도인들에게도 나쁜 습관의 폐해가 있을 수 있으나 절대로 그 습관의 노예는 되지 않는다.

④ 성령의 충만함을 구하라(눅 11:13).

여러분은 매일 매 순간 죄를 범하고 있다는 것을 인정해야 한다.

어떤 성경학자들은 우리가 회개하는 순간 자동적으로 성령이 충만해진다고 가르치고 있다-그들의 주장은 옳다. 나는 그 사실을 깨달았고 또 그렇게 기도한다.

⑤ 당신의 불평을 감사로 돌려라(살전 5:18).

당신은 분노에 찬 사고방식을 바꾸는 것이 중요하다. 환경과 사람에 대해서 먼저 하나님께 감사를 드리고(엡 5 : 19, 20), 그런 것이 여러분에게 유익이 될 수 있다는 것(롬 8:28)을 깨달아야 한다. 여러분에게 좋지 않게 보이는 것도 오히려 복이 될 수 있다. 절대로 여러분의 생각을 옛 습관인 분노에 머물게 해서는 안 된다. 만일 여러분이 옛사람의 분노의 습관으로 돌아간다면, 하나님에 대한 감사는 사라지게 될 것이다.

⑥ 여러분은 자주 분노를 낼 수 있다는 것을 명심하라.

습관은 하루 아침에 생기는 것도 아니고, 하룻밤 사이에 없어지는 것도 아니다. 이런 교훈을 명심하면 여러분의 분노의 습관은 곧 사라질 것이다. 내 경우에 있어서 나 역시 한동안 분노를 낸 것을 늘 자주 하나님께 회개했었다고 정직히 고백한다. 16년 전만 해도 자주 분노했으나, 이제는 새로운 사람이 되었다.

[2] 어느 70세 노인의 경우

내가 성령의 충만을 받은 지 3년 후, 나는 이런 방식으로 분노를 치유하기에 이르렀고 놀랄 만한 결과가 나의 상담실에서 일어나기 시작했다. 그 즈음에 주님은 다른 교회 교우들까지 보내주셔서 나는 그들을 상담·치유하기 시작했는데 오늘날 내가 세미나에서 사용하는 그 방식을 사용했다. 나의 첫 상담은 아리조나 주의 아파치 경크션 읍에 있는 조그만 교회에서였다. 내가 설교를 거의 마칠 무렵에 허름하게 보이는 한 사나이가 교회 집사의 안내를 받아 교회로 들어왔다. 예배가 끝난 후 그는 다음과 같이 나에게 말했다. "라하이 목사님, 내가 이 설교를 40년 전에 들었으면 얼마나 좋았을까요! 나는 나의 일생을 분노 속에서 살아왔습니다. 지금이라도 70먹은 이 노인이 목사님이 가르쳐 준 방식대로 살 수 있겠습니까?" 솔직히 나는 그 당시에 어떻게 대답해야 할지 잘 몰랐다. 왜냐하면 그 때까지 그와 같은 노인을 상담해 보지 못했기 때문이다. '이 사람에게 이런 방법이 가능할까요? 그러나 하나님께는 불가능이 없는 줄 믿습니다.'라고 나는 그 순간 그 노인 앞에서 속으로 기도했다. 즉시 나에게 기도의 응답이 오는 것 같았다. 나는 "성경은 예수 그리스도의 영광을 위해서 하나님께서 당신의 원하는 바를 채워 주신다고 하셨습니다."라고 말했다. 내가 그 외에도 여러 성구들을 그에게 소개해 주며 상담해 주자, 그는 기쁜 마음으로 귀가했다.

그로부터 2년의 세월이 지났다. 내가 피닉스 근교에서 집회를 인도하고 있을 때였다. 저녁 예배 시간에 노신사 부부가 앉아 있는 것을 보았는데 어디서 많이 본 듯 싶었다. 저녁 예배 후, 그 사람은 자기가 아파치 정크션 교회에서 온 집사라고 소개했다.

"목사님, 저는 최근 2년이 내 인생에 있어서 가장 보람된 기간이었다는 것을 말씀드리기 위해서 찾아왔습니다. 제 아내도 알다시피 저는 이제 전혀 다른 새 사람이 되었습니다! 저는 스스로 제 자신의 변화를 체험했습니다! 우리의 가정은 진실하게 되었습니다."라는 것이 그의 외침이었다.

(2) 두려움, 걱정, 그리고 불안의 문제들

분노 다음으로, 가정생활의 주된 감정의 문제는 여러 형태로 나타나는 두려움이다. 아담과 하와의 타락 이후 성경에서 발견되는 최초의 부정적인 감정은 두려움이었다. 처음으로 사람은 인간을 창조하시고 사랑하시는 하나님을 두려워했다. 그 이후 두려움은 파괴적인 감정의 요인으로 계속 작용했다. 두려움은 분노와 같은 양상으로 나타나는데, 분노할 때에 나타나는 51가지의 질병이 두려움을 갖게 될 때에도 나타날 수 있다고 맥밀런 박사는 지적했다. 핵시대의 위협 속에서 살고 있는 우리는 증가일로에 있는 핵 사고에 대한 걱정과 핵 시설의 관리 허술함 때문에 상당한 압박을 받고 있다. 세계적으로 퍼지고 있는 도시로의 인구집중 때문에 일어나는 환경문제는 과거 전원생활 때보다 더 많은 두려움을 갖게 하였다.

두려움은 보통 단순한 경험으로만 국한되는 것이 아니라, 생의 한 부분이 될 수도 있다. 두려움이 있는 사람은 새롭거나 다른 것에 대해서 걱정을 하며, 심지어 친숙한 것도 잘 적응을 못해 안달하곤 한다. 두려움이 많은 사람들은 여가 선용, 사회생활, 교육 그리고 성 생활 등을 원활하게 스스로 잘 하지 못하는 경향이 있다. 부언한다면, 그의 가정생활과 영적인 신앙생활은 그에게 상당한 고통이 될 것이다. 친구와 내가 점심 식사를 하기 위해서 어떤 식당에서 자리가 날 때까지 기다리고 있던 중, 애처로운 광경을 보게 되었다. 위엄은 있으나 무기력하게 보이는 50대의 한 남자가 식당 구석 테이블에 앉아 있었다. 여자 종업원이 그의 식사를 배달하고 있을 때, 그는 주문하지 않은 것을 왜 가져왔느냐고 부드럽게 그녀에게 말했다. 그러나 그 여자 종업원은 그 손님에게 모든 책임을 전가시켰다. 그는 창피를 당하자 성질이 나 그 식당에서 나가 버렸다. "저분은 샌디에고 주립대학에서 나의 경제학 교수님이었어."라고 내 친구는 나에게 말했다. 아마도 그 교수는 그에게 잘 복종하는 한 여자와 결혼했을 것이다.

모든 사람은 위험하거나 새로운 것에 직면할 때에 두려움을 느끼는 경험을 하게 된다. 그러나 만일 우리의 강한 의지로 우리 자신을 지킨다면, 그 두려움은 별로 문제될 것이 없다. 의심할 것도 없이 운전을 배워

본 적이 없는 사람이 자동차 핸들을 잡는 것을 거부하는 일들을 여러분은 종종 보았을 것이다. 그들이 운전을 배우지 않았다는 것이 주된 이유인가? 아니다. 두려움 때문이다. 운전하는 데에는 많은 지식이나 기계조작 능력이 필요치 않다. 왜냐하면 전 세계의 수많은 사람들이 그런 것 없이도 운전을 잘 하기 때문이다. 그럼에도 불구하고 운전하는 데에는 많은 '신경'이 쓰인다. 오직 반복을 통해서 운전에 대한 두려움들이 사라질 뿐이다. 판에 박힌 듯한 일상생활의 많은 활동들은 새로운 것을 하고자 할 때 두려움의 원인이 될 수 있다. 또한 우리의 근심은 늘 우리를 자극하여 불안하게 한다. 겁을 쉽게 내는 사람들은 두려움이 생기는 일들을 잘 하지 않으려고 한다. 우리는 결혼을 두려워하거나 새 직업을 갖는 것과 모험을 두려워하는 여러 사람들을 만났다. 수년 전 나는 스키장에서 재미있게 스키를 탔었는데, 스키 타는 것을 겁내거나, 슬로프를 타고 올라가는 것을 겁내는 네댓 먹어 보이는 아이들을 보았다. 그들 마음속의 공포와 두려움이 그들로 하여금 겁을 먹게 한 것이다. 오늘날 교회에서는 교인들이 다 주일학교나 여름성경학교에서 아이들을 가르치지 않고, 특별히 교육을 받은 교사들만이 가르치고 있다. 그러면 왜 많은 교인들이 다 참여하지 못할까? 바로 두려움 때문이다. 내가 만난 대부분의 교인들은 자기의 신앙을 다른 사람과 나누고 싶고, 불신자들을 그리스도께로 인도하고 싶어 했으나 두려움이 그들의 입술을 막고 있었다.

두려움은 가정에서 대화와 의사소통을 질식시키고 있다. 또한 두려움은 원리 원칙을 주장하는 부모들을 방해한다. 간혹 그것 때문에 가정에서 사소한 싸움이 일어난다. 우리 부부는 좋은 부모들이 자기들의 10

대 자녀들을 훈련시키는 것을 두려워하는 운명적인 실수를 저지르는 것을 다년간 슬프게 지켜보았다. 사실, 내 아내 베브와 나는 10대 자녀를 둔 그리스도인 부모들이 가장 평범하게 범하는 실수는, 자기들의 자녀들을 또래의 친구들에게 악영향을 받도록 내버려 두는 것이라는 결론을 내렸다. 그것은 치명적인 일이다! 10대 청소년들이 세속적이고 불신앙적인 아이들을 친구로 사귀게 될 때, 동년배 아이들의 잘못된 가르침을 받아 타락의 길로 들어설 수 있다. 오래 전 그리스도인 가정의 10대들은 불신자 가정의 자녀들처럼 보였고 그대로 행동했다. 교회를 다니는 젊은이들은 자기들의 총명을 지금의 불신자 젊은이들에게 빼앗기고 있고, 심지어는 가장 친한 친구로서 불신자들과 같이 성장하고 있다는 데에 심각한 문제가 있다. 기독 청소년들은 불신자들과 영적인 차원이 다르다는 것을 모르고 있다. 비극적으로, 많은 그리스도인 부모들은 사탄은 악한 친구들을 통해서 선한 도덕을 파괴시키고 있다는 성경적인 원리들을 알고 있지만(고전 15:33), “안 돼, 그 친구와 사귀지 마.”라는 조언을 하기를 두려워하고 있다. 왜냐하면 부모들의 두려움 때문이다! 10대 자녀들이 그 조언 때문에 부모를 사랑하지 않거나 집을 나갈까 봐 부모들은 두려워하고 있는 것이다. 아이러니컬하게도 부모들은 두려움 때문에 자녀들을 죄와 악에서 구원하지 못하고 있다.

무엇이 어른들을 두려움으로 몰아넣는가? 논리적으로 모든 설명은 기본적인 성격으로 할 수 있다. 점액질의 사람은 무기력하여 걱정이 많으며, 우울질의 사람은 비평, 결과 그리고 공포 그 자체를 두려워한다. 물론, 우울질과 부분적으로나마 점액질의 소유자는 걱정과 두려움을 다 두려워한다. 화를 잘 내는 담즙질의 사람은 이차적으로 우울질과 점액질이 없는 한, 좀처럼 두려워하지 않는다. 남자들의 성격을 이해하는 데에 있어서, 나는 열두 가지 형의 성격을 분류해서 그런 사람들을 클로멜즈(CHLOR·MELS : 담즙질 + 우울질) 또는 클로산즈(CHLOR·SANS : 담즙질 + 다혈질)로 부르고 싶다. 다혈질의 사람은 담즙질같이 어떤 것이라도 두려워하지 않으며 겁까지도 없다. 그러나 그는 불안해 하면서도 그리고 다른 사람들을 기쁘게 하는 것을 너무나 좋아해서 타인들의 동의를 얻어 일을 성취하는 데 두려울 지경에까지 이르게 되기도 한다. 모든 성격이 절반 정도씩 있는 사람은 두려움과 두려움이 있는 성격의 경향이 있다.

성격만을 가지고는 사람의 두려움, 걱정 그리고 근심 등을 설명할 수 없다. 그러나 가정에 있는 사랑, 훈련 그리고 안전 등을 위협할 수 있는 경향으로 성격은 몰고 갈 수 있다. 이런 기본적인 성격은 영적인 발전의 도움이 없는 채로 소년 시절에 강제로 복종을 당하는 경험들을 하는데, 이 경험은 폭력적인 어른들이 되게 하는 요인이 된다. 또한 이런 소년 시절의 나쁜 경험은 부정적인 사고방식, 두려움 유발의 원인들이 되는데, 여러분들도 이런 것을 경험해 보았으리라 생각된다.

[1] 두려운 결혼생활에 대한 분노

우리는 이미 따뜻하고 인간적인 다혈질의 사람들이 자주 차갑고 완벽주의적인 우울질의 소유자와 결혼한다는 것을 살펴보았다.

한편으로는, 급하고 불같이 화를 잘 내는 담즙질 소유자는 조용하고 태평스런 점액질 소유자와 결혼하는 경향이 있다. 이런 것들은 피차 간에 불일치하는 두려움을 야기하여 충돌과 재앙이 결혼생활에서 일으키는 판에 박힌 듯한 공식이 된다. 소년 시절의 두려움은 자주 사랑, 성적인 욕구 그리고 경이감을 통해서 구혼의 연령기를 극복하기도 한다. 그러나 그들은 신혼여행 후 곧 일상 생활의 판에 박히는 생활로 되돌아간다. 그리고 수 주일이나 여러 달 후에 상대방에게 일치하지 않음에 대한 분노가 곧 터지게 된다. 만일 부부 양쪽들이 겸손한 사람들이 못된다면, 보통 그들은 그들의 관계가 '양립할 수 없는 성격적인 차이가 있다'고 막연하게 생각하여 이혼의 단계에 이르게 된다. 나는「남성의 성격을 이해하는 법」이라는 나의 책에서, 반대 성격의 부부들이 서로간의 성격 조절 등을 통해서 부부관계를 유지하는 방법을 제시하였다. 그러나 여기에서 나는 두려움에 대한 하나님의 치료방법을 제시하고 싶다. 남편이나 아내가 배우자의 분노와 두려움을 조절하는 법을 배운다 할지라도 그것은 배우자의 일생을 통해서 나타나는 두려움의 문제들을 해결해 주지 못한다.

[2] 두려움의 치료

만일 여러분이 분노하는 마음을 치유하다가 거의 똑같은 두려움을 치료해야 한다는 사실을 발견했다고 해도 실망하지 말라. 이 두 성격은, 생의 환경들을 통해서 깊게 변화될 수 있다. 하나님이 함께하시면 여러분은 두려움, 걱정 그리고 근심의 습관을 치유할 수 있다. 그리고 또 다른 잘못된 기본적인 습관도 고칠 수 있다.

1. 두려움, 걱정 그리고 근심 등을 죄로 여기고 대적하라(롬 14:23).

2. 걱정, 두려움 그리고 근심 등을 하나님께 죄로 고백하라(요일 1:9).
3. 이런 나쁜 습관들을 버리기 위해서 하나님께 기도하라(요일 5:14, 15).
4. 성령 충만을 받기 위해 기도하라(눅 11:13).
5. 이런 문제들을 직면할 때에 하나님이 해결해 주신다는 것을 믿고 감사하라(살전 5:18).
6. 여러분이 두려울 때마다 매번 이런 공식들을 반복해 적용하라.

[3] 베브의 이야기

앞에서 이미 밝혔지만 나의 부부 관계는 분노가 가득 찼었다.

독자들도 상상하다시피 내 아내 베브는 나에 대해서 두려움을 가지고 있었다. 다른 부부들과는 다르게, 우리 부부는 같은 주간에 성령 충만을 받았고, 거의 같은 시기에 변화되기 시작했다. 나의 분노적인 죄악들은 사랑과 평화 그리고 자제력으로 성령의 권능에 의해서 바뀌었고, 베브의 두려움과 걱정 등은 신앙, 평화, 사랑 그리고 자제력으로 변했다. 이런 과정은 우리의 결혼생활과 내 아내 베브의 사역을 변화시켰다. 그녀는 성령 충만을 통해서 6학년 이하의 아이들을 집중적으로 가르쳤다. 그녀는 학생부 최고 높은 반의 부장이었으나 그 반을 담당하지 않았다. 점차적으로 그녀는 여전도회 일을 보기 시작했고, 지금은 여전도회 대 집회나 가정생활 세미나 같은 큰 집회를 인도하게 되었다. 나는 그녀가 아름답게 변화된 과정을 지켜보았고, 그녀의 두려움과 분노심은 균형 잡힌 꽃봉오리처럼 성령의 역사로 그 꽃을 피우게 되었다. 하나님은 지금도 그녀와 함께 사역하시기를 원하고 계시는 것 같다.

한 외항선 선교사는 내 책 「성령이 역사하는 성격」을 읽고 편지를 보냈다.

"그 책은 선교사 지망생들이 읽어야 할 책입니다. 그런데 한 가지 문제가 있습니다. 목사님은 하나님께서 사모님을 두려움에서 이끌어 냈다고 말씀하셨는데, 사모님은 물을 무서워해서 용기를 내어 수상스키를 탔으나 타면서 가정들과 연결을 잘못했다고 했습니다. 문제는 우리같이 수영을 못하는 선교사 지망생들이 사모님이 수영을 배우지 않은 채 물에 대한 두려움을 이긴 것같이 어떻게 물에 대한 두려움을 이겨내느냐는 것입니다. 물에 대한 두려움과 죄악에 대한 두려움이 다르지 않을까요?"라고 정중하게 그는 질문을 했다.

나는 그 편지를 받고 이틀 동안 생각했고 그 편지를 집으로 가져가 베브에게 보여주었다.

"여보, 그것 좀 읽어보구려." 아내가 그 편지를 읽고 있는 동안에 나는 아내가 눈물을 닦을 수 있도록 그녀에게 크리넥스 상자를 갖다 주었다. 며칠 후, 나는 그녀가 수영교습소에 전화하는 것을 들었다. 그녀는 곧 안전 조끼를 입고 수영을 배우기 시작했다. 그녀는 신약성경 말씀 몇 구절들을 암송하면서 말씀으로 무장하고 수영을 배워 능숙한 수영선수가 되었다. 아내는 미국 수영 대표선수같이 물을 무서워하지 않게 되었다. 지난 여름 우리 가정은 파우웰 호수에서 수상스키를 즐길 수 있었고, 아내는 깊은 곳까지 혼자 수영하고 다녔다. 나는 생각했다. '예수 외에 그리고 성령님 외에 그 누가 우리를 두려움에서 신앙으로 이끌어 낼 수 있으랴?'

⑶ 이기주의의 문제

세 번째로 결혼생활 가운데 화약고의 폭탄과도 같은 문제는 모든 인류에게 해당되는 이기주의다. 우리 인간은 이기주의적인 본성을 가지고 태어났고 살아가면서 타인들에게 이 악영향을 끼치고 있다. 내 견해로는 부모의 책임들 중 하나가 자기 자녀들이 이기심을 버리도록 훈련시키는 일이다. 모든 아기들은 자기만이 지상에서 유일하다는 상태로 병원에서 태어나 가정으로 들어온다.

'나는 지금 보호를 원합니다!'라는 상태에서 아기들은 이유식을 먹고 잠자기도 하면서, 또는 울면서 저항하기도 한다. 우리 어른들은 아기들이 미숙하기 때문에 그들의 요구사항들을 정상으로 여기고 받아들인다. 만일 아기들이 커가면서 사상과 적응력의 훈련을 받지 않으면, 20대가 되어서도 응석받이로 남게 된다. 그리고 결혼한 후에도 그 습관이 그대로 남게 된다. 결혼 예비자는 부부관계에 대한 '이타적인 계산'을 마음속으로 단단히 해야 한다. 만일 그가 이타적인 사람이라면, 그의 분노심 또는 두려움은 저절로 제어될 것이며 욕심이 없는 인격들이 나타날 것이다. 시대를 초월해 사랑하기 가장 힘든 사람은 매력이 없거나 인품이 부족한 사람이 아니라 바로 이기주의자들이다.

자기 중심의 사람은 매사에 맨 먼저 자기만을 생각한다. 결론적으로, 그런 위인들은 자기의 습관을 고치기가 어렵다. 모든 성격들은 자기 중심으로만 형성되어 있고 천부적으로 이런 것들은 고쳐지지 않는다. 다혈질 소유자가 이기적이면 그의 강한 자아가 항상 자기가 주위의 중심이 되길 원한다. 담즙질 소유자가 이기적일 때는 자기의 목적을 위해서 타인을 무시

하기도 한다.

우울질 소유자가 이기적인 경향이 있을 때는 자신의 유익을 위해서 타인 위에 군림하려고 한다. 점액질 소유자가 그렇게 되면, 타인에게 해가 될까 봐 큰 걱정을 한다.

[1] 이기주의자는 실패자다

행복은 자기 자신, 자신의 시간, 자신의 재능 그리고 자신의 소유물을 타인들과 분배하는 법을 배우는 데에 달려 있다. 이상적으로, 사랑은 구혼 기간이나 신혼여행 사이에 이기심을 극복해야 한다. 그러나 곧 사람의 기본적인 이기심의 습관이 다시 살아나 사랑을 죽이게 된다. 그런 이유 때문에, 결혼생활에서 돈 문제가 빨리 등장하게 된다. 이 문제는 너무 흔해서 많은 상담자들은 결혼문제에서 조정해주기 너무 힘든 주된 문제라고들 자주 말한다.

돈을 정당하게 관리하는 것은 중요하나, 이기심을 고치지 않고는 어떤 발전도 없다. 부부들은 미스터(Mr.) '이기심'을 잘 조정해서 살아야 한다. 돈 문제는 이기심에 의해서 겉으로 나타난 단순한 문제일 뿐이다. 사람들은 그 밖의 다른 것들-자녀, 부모, 휴일, 스포츠, 취미, 사랑 만들기, 교회 가기, 주는 것 그리고 다른 삶의 요소 등--을 포함시켜야 한다.

성경은 다음과 같은 광범위한 이기심에 대한 계명들을 말씀하고 있다. 다음 성경구절은 예수님이 말씀하신 황금률을 말하고 있다.

"그러므로 무엇이든지 남에게 대접을 받고자 하는 대로 너희도 남을 대접하라" (마 7:12).

"주라 그리하면 너희에게 줄 것이니 곧 후히 되어 누르고 흔들어 넘치도록 하여 너희에게 안겨 주리라 너희의 헤아리는 그 헤아림으로 너희도 헤아림을 도로 받을 것이니라" (눅 6:38).

"누가 이 세상 재물을 가지고 형제의 궁핍함을 보고도 도와줄 마음을 막으면 하나님의 사랑이 어찌 그 속에 거할까 보냐?" (요일 3:17).

"아무 일에든지 다툼이나 허영으로 하지 말고 오직 겸손한 마음으로 각각 자기보다 남을 낫게 여기고 각각 자기 일을 돌아볼 뿐더러 또한 각각 다른 사람들의 일을 돌아보아 나의 기쁨을 충만케 하라" (빌 2:3,4).

진실한 사랑과 자기 자신과 소유물들을 사랑하는 자에게 주는 행위는 서로 분리될 수 없는 일체다. 사랑은 정체가 아니다. 그것은 사람들에게 주는 감정의 동인이다. 사랑은 이기적인 사람의 마음 한구석에 자리잡고 있으나, 그것은 이기적인 사랑을 구하지 않는다. 뒤에 나오겠지만, 고귀한 사랑은 (1) 하나님을 진심으로 사랑하는 것이고, (2) 배우자를 사랑하는 것이고, (3) 이웃을 자기 자신같이 사랑하는 것이다.

[2] 이기심의 치료

이기심의 치료는 분노와 두려움 치료의 원리와 같으므로, 나는 구체적인 말을 하지 않고 독자들이 스스로 깨닫기를 바란다. 자세한 설명은 생략하고 원칙적인 단계만 소개하도록 하겠다.

1. 이기심을 죄악으로 대하라.
2. 이기심을 하나님께 고백하라.
3. 그 나쁜 습관을 고치기 위해 하나님께 기도하라.
4. 성령 충만을 받기 위해 기도하라.
5. 하나님의 사랑을 통해서 여러분이 관용하는 사람이 될 수 있는 것에 대해 하나님께 감사하라.
6. 매일 매순간 이런 법칙들을 반복해서 실천하고, 말하며 여러분 속에 자리 잡고 있는 이기적인 것들을 깊이 생각하라.

그러면 점진적으로 이런 습관들은 사라지기 시작할 것이다. 그리고 성숙하고 관용하는 마음과 다른 사람들을 위한 참 사랑이 대신할 것이다. 다른 사람들을 향한 여러분의 인내는 또한 커져 갈 것이다. 여러분은 점차로 다른 사람들을 즐겁게 할 것이고 다른 사람들 역시 여러분을 즐겁게 해줄 것이다. 빌립보서 2장 3, 4절은 위에서 언급한 다른 사람인 '남'을 강조하고 있다. 성숙하고, 이타적인 사람은 친구를 잃어버리지 않는다. 왜냐하면 그런 사람은 너무나 남들을 생각하므로 사람들은 그런 사람을 인정하고 그에게 친근감을 느끼기 때문이다. 가정에서도 이런 사람은 집안 분위기를 밝게 한다. 자기 자신의 이익과 소유물 대신에, 그런 사람은 '다른 사람들'에 대한 인식을 발전시켜 나간다.

(4) 부정의 문제

하나님이 인간에게 성(sex)을 허락하신 이래 그것은 인간의 중요한 문제로 등장하였다. 성령님은 그런 사실을 밝히 알고 계신다. 왜냐하면 성령의 장인 갈라디아서 5장 19~21절에서 '육체의 일'을 언급함에 있어 성과 관련된 문제가 네 가지나 있기 때문이다. 즉 '음행, 더러운 것, 호색, 우상 숭배'가 그런 것들이다. 이 네 가지 문제들은 이스라엘에서도 있었고, 고린도교회에서도 나타났고, 또 이런 성과 관련된 맹렬한 죄악들은 마지막 때까지 계속 될 것이다.

나의 목회 초장기 시절에, 우리 부부는 자주 불신자 부부들을 상담했는데 그들 중 상당수가 근친상간, 동성연애 그리고 혼외 정사의 경험자들이었다-심지어는 교인들 중에도 그런 자들이 있었다. 이런 죄의 형태들은 많은 그리스도인을 타락시키고 있는데 이런 것은 우리에게 경고로 나타나고 있다. 많은 경우에 있어서 우리는 이런 부정에 의해서 파멸된 사람들의 생활을 보아 왔다.

하나님의 은혜는 이 같은 죄에서 돌이킬 수 있는 충분한 능력이 있다. 그러나 이런 부도덕은 신앙생활을 통해서 떨쳐버릴 수 있다.

하나님은 한 남자와 한 여자가 결합할 수 있도록 섭리하신다.

이것이 결여되어 있으면 하나님께 득죄할 수 있으며, 친한 친구의 배신자가 될 수도 있다. 우리가 말하는 신앙이 있는 부부는, 절대로 죄악의 시험을 받지 않는다. 대부분의 발랄한 사람들은 배우자를 속이는 기회가 있다. 그러나 사랑, 명예 그리고 직업은 그 가능성을 거부한다. 여러분은 이런 것들을 통해서 어떤 유익도 얻을 수 없으므로 이런 죄악의 짐에서 벗어나야 한다. 우리는 이런 죄들을 범한 지 육 개월 내지 그 이상이 되는 경험이 있는 많은 부부들과 상담을 자주 한다. 우리는 그들이 그 전에는 그런 죄를 전혀 범하지 않았다는 것도 발견했다. 죄의 삯은 대가가 너무 크다. 특별히 성(性)적인 죄는 더 그러하다.

[1] 부정의 치료

부도덕한 행위, 쾌락 추구-이런 요소들은 앞에서 열거한 감정적인 죄들보다 더 쉽게 범해지고 있다. 첫째로, 그것은 너무 죄악스러워서 육신적인 그리스도인들은 곧 죄를 범하게 된다. 지난 수년 동안 여러 그리스도인들은 나와 진지한 대화를 나누었는데 그들은 성령이 충만했지만, 형편상 아내를 떠났을 때에 다른 여자를 접했다고 했다. 물론 대부분의 그리스도인들은 이런 것을 죄악으로 간주하고 있었다. 자기 기만은 죄악의 형태의 단순한 결과다. 두 번째로, 죄악의 형태가 없는 음란한 성적인 죄는 다른 감정적인 죄보다 더 범하기 쉽다. 성욕은 두 사람으로 이뤄질 수 있는 육신적인 기능이다. 그러나 음란한 죄는 습관화되기 이전에 고쳐야 한다.

우리 주님은 인성(human nature)을 갖고 계셨으므로 "친히 사람의 속에 있는 것을 아시므로…"(요 2:25)라고 말씀하셨다.

"나는 너희에게 이르노니 여자를 보고 음욕을 품는 자마다 마음에 이미 간음하였으니라"(마 5:28)고 말씀하시므로 한계의 선을 그었다. 음란한 마음을 갖지 않는 그리스도인들은 결코 간음죄를 범하지 않을 것이다! 심리학에서 세속적이고 성적인 쾌락들이 정상적인 것이라고 말할지라도, 그것들은 다 죄악인 것이다. 이런 가증한 거짓말들은 예수님의 가르침을 통해서 죄악임이 곧 판별된다. 우리는 "하나님이 우리를 부르심은 부정케 하심이 아니요 거룩케 하심이니"라는 데살로니가전서 4장 7절 말씀을 통해서 성령의 가르침을 들을 수 있다.

노아시대의 사람들은 성적인 타락 때문에 멸망당했다. "여호와께서 사람의 죄악이 세상에 관영함과 그 마음의 생각의 모든 계획이 항상 악할 뿐임을 보시고"라고 창세기 6장 5절에 기록되었다. 이런 죄악들은 포르노 사진, 음란 비디오 등으로 크게 나타나고 있다. 또한 그리스도인 남녀들은 쉽게 이런 죄악에 접근할 수 있다. 우리 안에 거하신 성령님은 세상에 있는 자보다 더 위대하시다. 그러므로 우리는 죄의 노예가 될 필요가 없다. 음란한 생각으로 가득 차 있는 사람의 마음에 성령을 충만케 한다는 것은 절대적으로 필요한 일이다. 다음의 여섯 가지 단계는 부정-음란을 일으키는 죄-을 치료할 수 있는 내용들인데, 가정생활을 파괴시키는 격렬한 감정들이 나타나기 전에 치료를 잘해야 한다.

1. 모든 음란한 생각들과 음행을 받아들이는 것은 죄악이다(마 5 : 28).
2. 그런 죄들이 나타날 때마다 주님께 고백하라(요일 1:9).
3. 이런 죄악과 죄인 된 생각이 떠나도록 기도하라(요일 5 : 14,15).
4. 성령 충만을 받기 위해 기도하라(눅 11:13).
5. 하나님의 승리와 거룩한 생각을 위해 하나님께 감사하라(빌 4:8).

6. 자주 이 공식을 반복해 더러운 생각을 없애도록 하라.

많은 정신과 의사들과 인간학 학도들은 사람이 21일 간만 절제하면 나쁜 습관이 소멸된다고 나에게 말을 하였다. 나는 커피를 줄이려고 노력했는데, 그들의 충고는 옳았다(나는 지나치게 커피를 마시는 나쁜 습관이 있었다). 과연 22일째 되는 날부터 나는 커피의 양을 많이 줄일 수 있었다. 앞의 주장으로 보듯이 얼마든지 습관은 고칠 수 있다. 그러나 개인적으로, 우리의 생각과 자제력을 고치는 것보다 더 나은 것이 있다고 나는 생각한다.

우리의 생각들을 그리스도에게 복종시킬 수 있다는 사실은 고린도후서 10장 5절이 증명하고 있다. 어떤 사람이 음란한 생활습관을 고치려는 경우에 있어서 그의 뇌의 기억은(과거의 것을 생각해 내는 기억) 과거의 음란한 생활습관의 색깔에 젖어 있다. 음란한 생각과 환각적인 기억을 소멸시켜 정신을 새롭게 하려면 적어도 수개월의 시간이 걸릴 것이다.

나는 이런 음란함과 1년 이상 전투한 사람을 알고 있다. 그는 매일 매순간 자기 자신을 잘 다스려 그의 고질적인 문제를 치료하였다. 그는 129절의 성경암송 카드를 가지고 말씀을 암송하였다. 왜 그가 성공하였을까? 바로 자신의 부단한 노력 때문이었다.

[2] 기혼자들의 사랑 만들기

결혼생활의 주된 목적들 중의 하나가 배우자 상호간의 기쁨과 성적 유혹을 이기는 법을 배우는 일이라고 성경은 분명하게 가르치고 있다. 기혼자들은 친밀감, 따뜻함 그리고 충만함을 서로 나눠야 한다. 왜냐하면 하나님이 그렇게 말씀하셨기 때문이다. 성(性) 경험에 있어서는 비밀스런 사건이 없도록 하라. 만일 여러분이 결혼생활에 어려움이 있어서 만족감을 느끼지 못했으면, 우리의 책 「결혼의 행위」 (The Act of Marriage)를 참고하기 바란다.

(5) 자기 비하의 문제

최근 수년 간 우리 부부는 자기 비하의 일반적인 문제들을 경고해 왔다. 우리가 다룬 것들과는 달리 이 감정은 쉽사리 나타나지 않는다. 그것은 너무 깊게 심화되었으므로 깨닫지 못하고 있다. 왜냐하면 개인적으로나 공식적으로 다양한 양상들을 겪고 있기 때문이다. 자기 비하는 사회적으로 은퇴하거나 퇴직하는 사람들에게 잘 나타날 수 있어서, 개인의 표현을 억제시킬 수도 있다. 또한 이것은 암담함 속에 떨어지게 하기도 하고, 자기 타락에 굴복하게 하기도 하며, 열등의식에 양보하게도 하며, 다른 오해의 주인에게 굴복하게 하기도 하며, 또 다른 아주 괴이한 것에도 굴복하게 할 수도 있다. 결국, 그것은 능력 있는 사람들에게 스스로 자신의 능력을 짧은 인생 기간 중에 팔아버리도록 유도하고 있는 것이다. 우울증을 포함한, 자기 비하를 시키는 많은 요소들이 있으나 가장 중요한 것은 부모들이 안 된다고 말하는 부정적인 비판과 비하적인 말들이다. 보통 가정에서 따뜻한 사랑을 받고 성장한 아이는, 자기 인생의 무대에서, 만일 그가 우울한 성격의 소유자가 아니라면 결코 자기 비하의 문제로 고통을 겪지 않는다. 우울함의 약점들 중의 하나는 자기 비하이다. 자기 비하에 대한 유일한 치료는 성령 충만이다.

나는 우울함과 억압감을 극복하는 것에 대한 상세한 설명을 하고자 한다. 그래서 나는 일반적인 요인들과 치료의 항목 외에는, 여기에서 비난하지 않기로 한다. 대부분의 사람들은 자기들의 외모, 재능, 환경, 부모 또는 미래를 부정적으로 여긴다. 소수의 사람들은 이 다섯 가지를 거부한다. 만일 그들이 그렇게 한다면 심각한 문제다. 우리 부부가 저술한 책을 읽는 독자들은 비하의 영역을 한 가지 더 추가해 생각해야 한다. 물론 우울증도 포함된다. 사람들에게 우울증이 없다면, 그들이 행복하리라고 생각하는 대로 별다른 것 없이 행복해진다. 실제적으로, 내가 지면으로나 공식적으로 발표한 대로, 우울증과 그 비슷한 증세가 없는 사람은 다른 사람보다 더 낫다-다른 사람들이 확실한 것으로 기뻐하는 것보다 이런 사람들이 더 낫다. 예를 들면, 만일 나에게 나쁜 일이 있다고 생각되면 나는 다혈질 박사에게 갈 거라고 생각하지 않는다. 안내자로서 나는 공인된 다혈질 박사를 만나러 갈 것이다. 그러나 만일 내가 가벼운 병에 걸려 있다고 의심한다면, 나는 우울질 박사나 점액질 박사를 찾아갈 것이다. 담즙질 박사는 보통 매우 거칠다. 그는 아픈 부위를 찾기 위해서 침봉으로 부드러운 부분까지도 막 찔러댈 것이다. 그러다 보면 문제는 더 심각해진다. 그는 야전 군의관이나 종합병원 응급실 감독자 정도로서만 머무를 수밖에 없다.

[1] 자기 비하의 치료

자기 비하에 빠진 개인은 먼저 자기가 하나님께 도전하고 있다는 것을 깨달아야 한다. 우리가 우리의 외모, 육체의 모습, 성격 또는 재능을 싫어할 때에 누가 우리를 좋아하겠는가? 물론, 하나님도 좋아하지 않을 것이다. 하나님은 인체 내에서 좋은 유전자를 생산시키시는 분이시다. "나는 당신의 말에 관심이 없어. 만일 하나님이 나를 사랑하신다면, 나를 이렇게 만들지 않으셨을 텐데."라고 많은 사람들은 원망조로 말한다. 이런 생각은 죄악스러울 뿐만 아니라 질병으로 인도한다. 하나님을 대적하는 이런 배은망덕, 불신, 그리고 반란을 사람들 스스로 배우고 있다. 다음 단계들은 자기 비하를 치료하는 방법들이다.

1. 자기 비하를 죄로 보고 고백하라.
2. 자기 비하의 습관이 없어지도록 하나님께 기도하라.
3. 성령 충만을 받기 위해 하나님께 기도하라(눅 11:13).
4. 당신 스스로 하나님께 감사하라(살전 5:18)
5. 자기 비하가 일어날 때마다 이런 방식을 반복하라.
6. 하나님과 다른 사람을 위해 봉사하라(롬 12:1, 2).

자기 비하를 하는 그리스도인이 공식적으로 한 번 정도라도 하나님께 감사하는 것은 아주 중요하다. 만일 외모가 여러분의 자기 비하의 주된 이유라면, 먼저 거울 속의 여러분의 모습을 보면서 하나님께 감사하되 특별히 못난 부분에 대해서 더욱 감사하라. 또한 재능과 여러 가지에 대해서 하나님께 감사하라. 비록 당신의 재능들이 하찮은 것일지라도 하나님께서 함께하시면 보통 사람도 특출난 사람이 될 수 있다는 것을 명심해야 한다. 나는 그런 것을 확실하게 단언할 수 있다. 만일 내가 여러분에게 나의 중 고등학교와 대학의 영어 학점에 대해서 말한다면 여러분은 아마 이 책 읽기를 멈출 것이다. 만일 여러분이 나의 학창시절의 영문 글씨를 본다면 절반도 못 읽을 것이다. 그러나 우리 하나님은 나의 재능을 결코 제한시키지 않으셨고, 오히려 나의 능력이 되셨다. 그러므로 하나님이 여러분에게 역사하도록 기도해야 한다. 그러면 모든 사람은 그 결과에 대해서 놀라게 될 것이다.

내가 왜 가정을 대적하는 것들 속에 '자기 비하'를 포함시켰는가를 여러분은 곧 이해할 것이다. "사람의 태도는 하나님의 영향을 받으며, 모든 행위도 그렇다"고 말한 빌 고싸드(Bill Gothard)의 말에 나는 동의한다. 당신의 최대의 효과적인 기능을 위해서 여러분은 하나님께서 여러분 자신을 위해 독생자 예수를 십자가에 못 박아 죽게 했다는 사실을 전적으로 깨달아야 한다. 그리고 하나님은 여러분의 생애를 사용하기를 원하시는데, 그 시작점이 여러분 자신의 가정임을 깨달아야 한다.

많은 신앙 있는 그리스도인들은 자신을 위하거나 자신을 사랑하는 것이 영적인 것이 아니라는 잘못된 개념들을 갖고 있다. 부언해서, 성령의 열매 중의 하나는 '온유'이며, 우리 주님은 자신을 위하라는 의미로 "네 이웃을 네 몸같이 사랑하라."고 말씀하셨다.

하나님의 속성은 최고의 사랑이므로 여러분은 배우자, 자녀 그리고 이웃과 여러분 자신을 동등하게 사랑해야 한다. 만일 여러분이 자신을 비하시키면 당신이 사랑해야만 하는 가족을 사랑할 수가 없게 된다. 이런 것에 대해서는 제임스 돕슨(James Dobson)의 저서 「숨기와 찾기」(Hide or Seek)를 참조하기 바란다.

⑹ 우울증

인류는 다양한 우울증 때문에 매년 수많은 자살자들을 만들어 냈다. 어떤 기독교 상담가는 자살은 자기가 해결할 수 없는 것들 중의 하나라고 고백했다. 왜냐하면 많은 그리스도인은 상담가의 도움을 받기를 거부하기 때문이라고 한다. 그들은 자기가 받고 있는 고통을 마치 생의 필요한 한 부분이라고 잘못 오해하고 있는 것이다.

그러나 우울증에서 벗어나야 한다. 왜냐하면 우울증은 결코 중요한 것이 아닌 분노, 두려움 그리고 자기 비하의 결과이기 때문이다. 그것에 대한 많은 징조들과 원인들은 「우울증을 이기는 법」(How to Win Over Depression)에 상세히 소개되었으므로, 그 책은 행복한 가정생활에 많은 도움이 될 것이므로 참조하기 바란다. 나는 성령이 충만하지 못한 그리스도인들은 우울해질 수밖에 없다고 단정한다. 사실, 우울증은 성령이 충만하지 못한 그리스도인 자신의 내면에서 일어난다고 경고하고 있다. 만일 사람이 우울증의 원인을 찾아 해결하려고 한다면, 우울증의 문제는 쉽게 치료될 수도 있다. 가장 중요한 문제는 '자신에 대한 연민'이다(만일 그것이 심리적인 문제가 아닐 수도 있다-그것은 상대적으로 귀하지만). 자주 타인을 위해 자신의 연민을 희생시키면, 그때부터 우울증이 시작된다. 실제로 자신의 우울증에 대한 표를 작성해 보라. 왜냐하면 우울증의 강도는 자신의 우울증의 정도에 의하여 변하기 때문이다. 시간의 결과도 또한 중요하다. 보통 자신의 연민이 시작된 지 24시간 이내에, 그 사람은 자기의 우울증을 알게 된다. 수년간 자신의 연민을 잘 양육시킨 사람은(그들이 숙련되기까지) 수 분 내에 그 효과를 곧 깨달을 수 있다.

우울증은 결코 짜증 없이는 일어나지 않는다. 행복하며 잘 훈련된 사람에게는 설사 나쁜 영향이 있더라도, 우울증이 욱하고 일어나지 않는다. 그런 사람은 자기에게 나타날 특별한 사건이나 불쾌한 일을 잘 예견한다. 그는 사랑으로 수치감을 이겨낸다. 아래의 우울증을 일으키는 공식을 유의하기 바란다. 어느 때를 막론하고 여러분은 우울증에 빠질 수 있으므로, 그럴 때마다 이 공식을 생각하고 치료하기를 바란다.

비하심
수치심 ┤ 자신의 연민 = 우울증
모욕감

우울증의 치료

1. 자신의 연민을 정식적인 죄로 대하라.
2. 이런 마음의 죄를 고백하라.
3. 이런 생각이 떠나도록 하나님께 기도하라.
4. 성령 충만을 위해 하나님께 기도하라.
5. 비하심, 수치심, 모욕감 가운데도 하나님께 감사하라. 그리고 하나님이 함께하셔서 당신이 필요로 하는 것을 공급해 주신다는 것에 대해서도 감사하라.
6. 우울증이 나타날 때마다 이런 공식을 반복하라.

4. 성령이 충만한 행복한 가정

마침내 우리는 오늘날 그리스도인 가정들이 직면하고 있는 여러 가지 문제들을 다 다루어 보았다. 잘못된 모든 문제들은 성령을 근심하게 해서 성령님의 능력을 제한시키고 있다. 만일 이런 잘못된 문제들이 계속 일어난다면, 배우자와 즉시 의논하며 또 전술한 공식을 통해서 치료하기 바란다. 성령이 충만한 가정은 이런 문제의 적들로부터 승리할 수 있으며, 찬송을 부르며, 감사하며, 성령이 충만하며, 사랑하며, 기쁨이 넘치며 그리고 평화가 있게 된다. 그리고 예수 중심의 은혜가 있어서 행복한 가정이 된다.

5. 개인적인 조언

본 장에는 우리 부부의 다른 저서에서 나오는 여러 제안들이 수록되었다. 우리는 독자 여러분이 불쾌하지 않기를 소망한다. 왜냐하면 우리는 상업적으로 저술하지 않았기 때문이다. 우리의 목적은 독자들이 겪을 수 있는 문제들을 상세히 해결할 수 있도록 돕는 데에 있다. 많은 사람들이 우리의 저서에서 깨닫지 못하는 것은 그들이 상담할 때에 우리가 말하고 있는 것에서 벗어나고 있다는 점이다. 왜냐하면 상담자 개개인의 문제가 특별하기 때문이다. 그러나 대부분의 가정에서는 대동소이한 문제만 일어나고 있다. 우리 부부는 독자들이 이 책을 읽는 동안 성령이 도와주시리라고 확신한다. 왜냐하면 우리는 다른 사람들의 저서를 통해서 그런 체험을 했기 때문이다. 또한 우리는 성령의 권능이 위대하다고 확신한다. 남자나 여자나 할 것 없이 생애에 죄악 된 문제를 만났을 때에, 모두들 잘 극복할 수 있다. 내 경우 분노가 있었는데, 그것은 내 아내 베브에게 두려움으로 나타났다. 만일 여러분의 가정에 감춰진 문제가 있다면, 성령이 그것을 드러내어, 여러분이 그것을 죄악으로 여겨서 하나님께 회개하므로 새로운 생활을 할 수 있도록 우리 부부는 소망하며 기도한다.

5. 아내의 역할들

성령이 역사하는 가정은 행복, 자녀들 또는 재물을 최고의 목표로 삼지 않는다. 오직 하나님의 말씀에 순종하는 것이 그들의 목표인 것이다. 가정이 행복해지는 것과 성령이 충만하게 되는 것은 말씀 순종의 결과다. "하나님의 말씀을 듣고 지키는 자가 복이 있느니라(행복하다)."고 예수님은 말씀하셨다(시 119:1; 눅 11:28; 요 13:7). 행복을 위해서는 말씀을 듣는 것과 말씀을 지키는 것–이 두 가지가 필요하다. 다음의 공식은 말씀을 근거로 형성된 것이다.

말씀 듣는 것 + 말씀 지키는 것 = 행복

모든 사람은 맨 나중에 있는 행복만 찾으려고 한다. 행복은 결코 희망사항으로만 얻어지는 것이 아니고, 오직 하나님의 말씀의 순종의 결과로 얻어지는 것이다. 이것은 가정에 대한 명백한 진리다. 그런 이유 때문에 우리는 결혼생활의 여섯 가지의 큰 적들을 성경을 근거로 설명했다. 가정에 대해서 가장 길게 설명한 신약 성경 말씀으로 돌아가자(엡 5:17~6:4). 그리고 성령이 역사하는 생활의 세 가지 결과들을 시험해 보라. (1) 심령의 노래, (2) 감사하는 자세, (3) 복종하는 심령(엡 5 : 19~21). 이런 결과들은 가장 의미 있는 주제들의 무대를 만든다. 그것들은 남편과 아내가 각각 지켜야 할 역할들이다.

하나님은 여자와 남자가 해야 할 일들의 선을 분명하게 그으셨다. 사람들이 독립된 육체의 성(性)을 갖고 있는 대로, 자기의 역할을 잘 감당해야 한다. 남녀 역할의 성공은 배우자의 협동에 의해서 결정된다. 에베소서 5장 21절에 "그리스도를 경외함으로 피차 복종하라"고 기록되었다. 서로 복종하는 부부들은 역할들을 말하는 성경적인 가르침을 받아들이거나 순종하는 것에 어려움이 없으며, 그들은 서로를 도와 부부의 역할들을 잘 한다. 아내의 역할들은 다재다능한 여자가 되게 하는 도전으로 가득 차게 된다. 좋은 어머니, 연인, 배필 그리고 성공을 추구하는 젊은 여성으로서 다른 전문가들이 흉내 낼 수 없는 전문 영역을 갖게 된다. 다음의 도표에서 아내의 다양한 역할들을 볼 수 있는데 이 내용들을 본장에서 다루도록 하겠다.

1. 배필과 순종자로서의 아내

'한 배필'은 여자의 배우자로서 평등하게 욕구를 채워주는 자를 말한다. "아내들이여 자기 남편에게 복종하기를 주께 하듯 하라"고 에베소서 5장 22절에 기록되었다. 이 말씀은 아내가 남편보다 못하거나 불평등하다는 의미가 아니고, 아내가 남편의 권위에 따라야 한다는 말이다. 아내는, 가정을 책임지는 남편을 돕는 차원에서 순종자나 가정의 부대통령이 되어야 한다. 왜냐하면 이것이 하나님의 섭리이기 때문이다. 또 이런 하나님의 명령에 대해 순종함이 없이는 영적인 여자가 될 수 없기 때문이다. 에베소서 5장 18~22절을 보면 아내들이 성령 충만 받는 내용이 기록되어 있다. 아내들의 진정한 성령 충만은 사랑 안에서 남편에게 순종하는 것에 달려 있는 것이다.

20세기 여성에 대한 경고는 질서에 대한 문제이다. 우리나라를 소멸시키는 거짓된 가르침에 미혹 받지 말고 현혹되어서는 안 된다. 오늘날 숨

김없이 말하는 여성운동가들은 여자들은 남편에게 순종해서는 안 된다고 주장하고 있다. 여자는 '여자 고유의 것을 위해 행동'해야 하며 자유로운 사상가처럼 행동해야 한다고 주장하고 있다. 그리고 이제는 남자와 여자의 역할이 바뀌어야 한다고 서슴없이 말하고 있다. NOW, ERA 또는 IWY 같은 단체들은 전 미국 여성들에게 남녀평등권과 여권신장을 선전하고 있다. 그러나 대부분의 여성운동가나 여권신장주의자들은 불행한 결혼생활을 했거나, 이혼을 했거나, 그들 상당수가 레즈비언(여자 동성연애자)들이다. 그리고 '여권운동'권에는 파괴적인 인격의 소유자들이 간혹 있다고 한다. 남편과 가정생활을 반대하면서, 그들은 하나님을 부정하고 있다. 지금의 그리스도인 여성들은 과격한 여권운동가들을 반대한다고 만장일치로 발표해야 하며, 이런 반격을 위해서 일어나야 한다. 여권운동은 하나님이 부여하신 여성에 대한 섭리와 일치하지 않으므로, 성령이 역사하는 그리스도인 여성들이 이 여권신장 운동에 따르는 것은 불가능한 일이다.

성경은 아내가 남편을 따르고, 존경하고, 순종해야 한다고 가르치고 있다. 순종은 아내가 자기의 권리를 버리고 '노예'처럼 산다는 것을 의미하지 않는다. 반대로, 순종은 아내에게 보다 많은 자유를 안겨준다-왜냐하면 아내의 순종은 곧 하나님의 법에 대한 순종을 의미하고 또 의로운 길을 따르는 것이기 때문이다. 우리 국민이 누리는 자유는 우리가 국법에 순종할 때에 나타나므로, 이같이 개인이 하나님의 말씀에 순종할 때 진정한 자유를 누릴 수 있다. 자유를 외치는 불행한 여권운동가들이 예수를 만나지 못했거나 여성에 대한 하나님의 섭리를 따르지 못한다면 결코 참된 자유를 경험하지 못할 것이다.

순종은 억압이나 침묵을 의미하지 않는다. 순종은 여성을 정신교육 캠프에 감금시키는 것도 아니다. 신실한 배필이 되는 것은 여러분의 생각, 안목 그리고 감정을 제공하여 돕는 것을 의미한다. 모든 아내는 자기들의 확실한 주장이나 견해가 있어서 자기 남편과 잘 맞지 않을 수도 있다. 순종은 아내의 입을 닫는 것이 아니고, 뇌의 활동을 중지시키는 것이 아니며, 아내의 개성을 포기하게 하는 것도 아니다. 지혜로운 남편의 사랑은 자기가 최종 결정을 내리기 직전에 아내에게 안목을 구하는 일이다. 우리 부부는 어려운 환경을 해결하려고 할 때에 서로에게 반복적으로 거의 동의를 구하지 않으려고 했음을 결혼생활에서 찾아냈다. 왜냐하면 남편 팀이 내 생각과 감정을 발전시키려는 것을 용납해서 나를 독자적인 사람으로만 두려고 했기 때문이다. 남편 팀은 나의 상담을 존경스럽게 받아들였고, 최종 결정 전에 나의 의견을 깊게 숙고하기도 했다. 때로는 나는 지나치게 남편에게 영향력을 행사했고 그는 틀린 결정을 내리기도 했다. 이것 때문에 나는 더욱 조심했고, 내 표현을 자중했다. 그것들은 곧 지혜 그 자체가 되었고 또한 남편을 자중하게 하였다. 남편이 성령이 충만한 길을 갈 때 성령은 남편에게 신령한 지혜를 주신다는 것을 나는 배웠다. 아내가 남편에게 주장과 관점을 제공할 때 아내는 순종하게 된다-남편이 최종 결정을 내릴 때 하나님이 그를 도와 주신다. 아내는 자기의 관점이 남편과 다르더라도 남편의 의견에 따라 순종하게 된다. 결국, 한 권위-협력하여 하나가 되는-만 있게 된다. 아내가 남편에게 위임하여 하나님의 결정에 따르게 될 때, 아내는 온전히 순종하는 것이며 그리고 그 결과가 좋든 나쁘든 간에 하나님께 나아가는 것이다.

참된 순종은 충실해야 하며 그럴 때에 아내의 태도와 행동이 일치된다. 순종하는 데에 가식적인 것은 문제가 되지 않는다. 왜냐하면 변화된 아내의 천부적인 자세와 욕망이 순종하게 하기 때문이다. 덧붙여 말하자면, 아내는 남편에게 강제로 복종해서는 안 된다. 왜냐하면 남편은 '훌륭하며, 당연히 아내를 사랑하고 하나님께 끊임없이 순종하는' 사람이어야 하기 때문이다. "나는 남편이 영적인 확신에 서 있을 때에 순종하겠어요."라고 아내가 반박해서도 안 된다. 왜냐하면 아내는 하나님께 순종하여 하나님과 더욱 좋은 관계를 유지해야 하기 때문이다. 아내의 순종의 태도와 행동은 그리스도와의 관계에 있어서의 척도이며, 지표이다.

에베소서 5장 22절은 아내가 남편을 '주'로 대할 것을 가르치고 있다. 23, 24절은 아내와 남편과의 관계를 교회와 그리스도와의 관계로 비유하고 있다. 교회가 그리스도의 권위에 순종하는 것같이, 아내도 남편의 권위에 순종해야 한다.

기억하라, 아내는 형식적으로 남편에게 순종해서는 안 된다는 것을. 아내의 진실한 복종은 배필로서의 순종을 낳고, 하나님께 가까이 가는 결과가 된다. "제 남편이 하나님께 순종하지 않는데, 제가 어떻게 남편에게 순종하나요?"라고 어떤 여성은 나에게 질문했다. "당신 남편 신앙과 행동의 여하를 떠나서 순종하세요. 그리고 그를 성령님께 맡기세요." 라고 나는 대답했다.

다른 여성은 남편의 권위에 대한 가르침을 거부했다. "왜 남편에게 그렇게 순종해야 하며, 아내의 권리를 요구해서는 안 됩니까?"라고 그녀는 따졌다. 왜냐하면 그녀의 반항심은 하나님께 향하고 있었기 때문인데, 이런 여성은 온전히 예수 그리스도께 순종할 수 없다. 그녀는 자기의 모든 것을 잃을지라도 자기의 고집된 길을 가고 싶어 했다. 여러분은 하나님의 말씀을 떠나서는 승리할 수 없다.

어느 날 여성 성경공부반에서, "왜 여성은 가장 어려운 결혼을 해야 하며, 순종해야 하는가?"라고 투덜거리는 여자 교우들과 아내의 문제에 대해서 의견을 나눈 적이 있었다. "나는 당신들의 의견에 동의할 수 없어요. 남편은 가장 어려운 자리에요. 남편은 아내와 자녀들 그리고 미래에 대해서 큰 책임이 있어요. 내가 원하는 것을 남편에게 복종시켜 아내는 남편을 배필로서 도와야 합니다. 남편의 결정이 영광이 되든지 부끄럼이 되든지 전적으로 그에게 책임이 있습니다."라고 나는 일방적으로 말했다. 그 말은 상당한 자극이 되어 즉시 토의에 들어갔다. 아내와 남편에 대한 하나님의 지시들은 부부 개개인의 능력을 의존하는 것이 아니라, 하나님을 더욱 의존하여 하나님이 계시하신 부부의 역할들을 따르는 것이라는 결론을 우리는 내렸다. 하나님의 눈은 부부가 자기의 역할을 분담하는가를 보고 계신다. "그러나 주 안에는 남자 없이 여자만 있지 않고 여자 없이 남자만 있지 아니하니라"(고전 11:11). 남자는 여자의 머리이나, 여자는 남자에게 탄생을 주는 자다. 사람은 배우자가 없이는 어떤 것도 할 수가 없다. 아내는 남편을 주께 대하듯 해야 한다는 소리를 듣는다. 왜냐하면 남편은 권위와 책임감을 갖고서 가정에서 그리스도의 자리에 앉아 있기 때문이다. 남편은 가정의 머리요, 하나님의 영광의 형상이기 때문이다. "남자는 하나님의 형상과 영광이니… 여자는 남자의 영광이니라"(고

전 11:7). 단순한 지시가 아닌, 성령이 충만한 부부의 역할은 하나님께 순종하는 척도가 된다.

순종은 '여러분 남편에게' 있어야 한다. 여성들은 일반적으로 남자에게 복종할 수 없다고 생각하고 있다. 어떤 극단적인 가르침들은 여자들이 모든 남자에게 복종하거나 독신 여성들이 데이트 상대자에게까지도 복종해야 한다고 가르치고 있으나 이것은 거짓된 가르침이다. 물론 이런 가르침 역시 성경 구절들을 갖고 나오고 있다. 이 가르침은 성경의 영적인 명령의 뚜렷한 제한을 잘못 해석하고 있다. 아내는 '자기의 남편만을' 공경하고 존경해야 한다. 그리고 결혼을 계획 중인 미혼 여성들은 결혼한 후 자기 남편에게만 순종해야 한다. 남편이 인격적으로 아내에게 존경받을 만한 자격이 있는가? 아내가 남편의 권위를 꼭 따라야 하는가? 따라야 한다. 만일 그렇지 않으면, 결혼은 아주 위험한 모험이 된다. 왜냐하면 만일 하나님의 축복이 없다면, 그렇게 될 수도 있기 때문이다.

아내들은 다른 사람들과 구별되는 자기 남편의 사랑의 질을 원한다. 아내들은 남편의 남성다움과 가정에서 가장으로서의 지도력에 매력을 느끼고 있다. 만일 한 가정에서 아내가 남편에게 순종하기를 거부하거나 남편을 지배하기 시작하면, 그때부터 아내는 하나님의 창조질서, 통일성 그리고 남편의 지도력을 파괴하기 시작한다. 이런 파멸에서, 아내는 남편을 사랑하고 존경하는 희생의 길로 나와야 한다. 바가지를 긁는 아내는 자기 남편에 대해서 다음과 같은 두 가지 책임 중 하나를 져야 한다. (1) 남편은 완고하고, 화를 잘 내며 그리고 고집이 센 성격으로 변하게 되거나, (2) 비록 그의 마음속에 아내에 대해 화를 내고 싶거나 마음의 소리를 내고 싶어도 남편은 모든 것을 체념하고 입을 다물고 침묵을 지킨다. 어느 결과이든 간에, 남편은 신혼시절보다 못한 사람이 된다. 결과적으로, 아내가 바라는 남편의 남성상은 시들게 되고 부부 사이는 사랑이 빠지고 불행해지게 되는 상황에 이른다.

신혼부터, 미혼시절에 순종하는 행동과 태도를 교육받지 못한 신부는 곧 여러 가지 문제에 봉착하게 된다. 아이를 양육하는 동안, 아내는 아이들을 지배하고 군림하려고 한다. 자녀들이 성장한 후에도, 아내는 아이들을 지배했던 자기 확신으로 계속 남편을 지배하려고 한다. 왜냐하면 아이들을 키우면서 생긴 기지들과 숙련들이 발전했기 때문이다. 그러면 남편은 아내에게 사로잡혀 주눅이 들어 아내를 섬기게 된다. 그런 부부의 인생의 말년은 '휴식과 휴약' 대신에 '거친 것과 험악함'으로 남게 된다. 인생의 말년은 아내 된 여러분들이 심은 그대로의 열매를 거둘 것이다.

(1) 왜 아내는 남편에게 순종해야 하는가?

① 만일 순종하지 않으면 아내는 성령의 충만함을 받지 못한다.

남편에 대해 순종함이 없는 여자는 하나님의 사람이 될 수 없다. 성령이 충만한 생활에 대한 반대적인 말들은 불법이다.

② 아내는 항상 남편을 의지하려는 감정을 갖도록 해야 한다.

아내의 성격은 신혼 초기에 남편을 의지하고 그를 따르느냐 또는 그런 경지에 도달하느냐에 의해서 결정된다. 점액질과 우울질의 아내들은 신혼 초부터 남편을 의지하고 따르는 훈련을 해야 한다. 이런 성격의 여자들은 곧잘 부끄러워하며 배우자들을 의지하고 싶어 한다. 그러나 다혈질과 담즙질의 아내들은 훨씬 더 독립적이고 지도력과 책임감이 강하다. 그렇지만 그런 아내들은 생활 무대에서 사랑하는 남편의 강함과 보호를 의지하는 것이 필요하다. 그런 아내들이 신혼 초에 남편에게 잘 순종하면 인생의 말년에 남편으로부터 큰 사랑을 받을 수 있게 된다.

③ 남편에게는 아내의 순종이 필요하다.

이 말은 남편에게 해당되는 말이 아니다. 하나님은 남자를 위해 여자를 창조하셨다. 여자에게 사랑받는 것이 필요하듯이 남자에게는 존경받는 것이 필요하다는 것이다. 이런 두 원리를 따라서 남편은 한 집의 가장이 될 수 있는 것이다. 그 첫째는 아내의 선택에 의해서 결정된다. 아내는 마음속으로 옳은 것을 결정하고, 그녀가 '선택한' 대로 남편을 가정의 권위자로 여기고 순종한다. 두 번째는 남편이 가정의 머리가 되고 감독자가 되려고 할 때에 결정된다. 첫 번째 선택은 부부가 성령의 인도함을 받아 서로 사랑하고 좋은 관계를 이룰 수 있다. 두 번째 선택은 성령의 인도함보다는 부부 스스로가 만들어 내는 것이다. 아내가 남편에게 전적으로 순종하지 않으면 남편은 아내를 사랑하는 권위자가 될 수 없다.

④ 자녀들은 성장해서 자기들의 역할을 잘 해내기 위해 어머니의 순종을 원하고 있다.

자녀들의 잠재된 큰 행복은 아빠와 엄마가 보여준 정상적인 결혼 관계에서 시작된다. 자녀는 아빠가 가정의 머리로서 자기의 역할을 잘하고, 엄마가 돕는 배필로서 순종하는 것을 가정에서 보고 배우며 자란다.

(2) 불신자 남편에게 순종하기

"우리 남편은 불신자인데, 그에게도 순종해야 되나요?"라는 질문이 종종 있다. 수많은 그리스도인 자매들이 예수 그리스도를 영접하지 않은 불신자 청년들과 결혼한다. 그 결과 중요한 질문들이 나온다.

베드로전서 3장 1,2절은 다음과 같이 명령하고 있다. "아내 된 자들아 이와 같이 자기 남편에게 순복하라 이는 혹 도를 순종치 않는 자라도 말로 말미암지 않고 그 아내의 행위로 말미암아 구원을 얻게 하려 함이니 너희의 두려워하며 정결한 행위를 봄이라." 이 말씀은 명백한 대답이 될 줄 안다. '이와 같이'에 대해서는 베드로전서 2장 21~25절을 참고하기 바라는데, 그 말씀 역시 그리스도를 따르는 우리에게 좋은 예를 보여주고 있다. 비록 우리가 양같이 흩어졌을지라도 지금 목자에게 되돌아 가야 한다.

사랑하는 아내 된, 당신은 당신 안에 계신 그리스도를 따라야 한다. 가정에서의 당신의 모범적인 태도와 행동은 당신의 불신자 남편을 그리스도에게로 인도하게 할 것이다. 아내 된 여러분의 잔소리나 남편을 볶는 소리가 아닌 헌신적인 행동과 순종만이 불신자 남편을 그리스도에게로 인도할 수 있다. 당신이 자신을 남편의 권위 아래에 두고 그를 존경하고 사랑할 때에, 예수 그리스도는 어떤 말보다 더 분명하게 당신의 생애에 자기 모습을 보여줄 것이다. 잔소리와 바가지는 당신의 남편과 예수 그리스도를 더욱 멀리하게 한다. 어떤 가정에서는 아내가 남편에게 목사가 하는 설교보다 더 진부한 잔소리 같은 설교를 하고 있다. 그러나 이 같은 아내의 군주적인 잔소리는 불신자 남편이 교회에 와서 구원받게 하기에 상당한 장애물이 된다. 만일 아내들이 가정에서 자기의 잔소리를 남편들에게 사과하고, 자기 자신들을 '남편의 권위' 아래에 두면, 아내는 더욱 빛나게 될 것이다. 그러면 세상의 어떤 교회 못지않게 아내가 변화된 가정에게 예수 그리스도께서는 당신의 모습을 보여줄 것이다. 만일 자기 남편들이 그리스도에게로 가기 원한다면 여성들은 교회생활과 교회기관 생활 못지않은 순종을 불신자 남편에게도 해서 그리스도와 좋은 관계를 갖게 해야 한다. "주여, 내 남편을 구원하소서!"라는 기도 이전에 "주여, 나를 먼저 변화시키소서!"라는 기도를 그리스도인 여성들은 해야 한다. 남편이 아직 구원받지 못했다면, '아마 그이가 내 속에 있는 그리스도를 충분히 보지 못했구나!'라는 마음을 가져야 한다.

순종은 중요한 단어이다. 이런 절대적인 규칙에도 예외가 있는데, 만일 남편이 아내에게 성경에 정반대되는 도둑질이나 간음죄를 행하라고 요구하면 순종할 필요가 없다. 그렇게 되면 남편은 하나님 권위의 대리자가 아니다. 하나님은 그런 것을 시키지도 않으실 뿐더러 용납하지도 않으신다. "사람보다 하나님을 순종하는 것이 마땅하리라"고 사도행전 5장 29절은 말씀하고 있다.

2. 가정의 관리자로서의 아내

남편이 가정의 감독자라면, 아내는 실제적인 관리자다. 이 말은 가정에서 아내가 모든 것을 결정하라는 것을 의미하지는 않는다. 오히려, 아내는 자기 주위의 결정권을 포함해서 감독자와 관리자에 의해서 결정된 것이라도 남편에게 위임해야 한다.

노만 V. 윌리암스(Norman V. Williams)의 저서「그리스도인 가정」(Christian Home)을 보면 '남편'과 '아내'의 어원이 나온다. '남편'(husband)이란 말은 집 띠(house band)를 의미한다.

남편은 가정을 함께 지키는 띠(band)나 끈(bind)인 것이다. 강하고 견고한 띠가 가정을 굳게 지키는데 이것은 곧 남편을 의미한다. 반대로 아내라는 말은 '직조공'(weaver)을 의미한다. 아내는 기쁨과 축복을 만들고자 창조된 가정을 숙련된 손기술로 만드는 사람이다.

많은 여성들은 "나는 단순한 가정 주부에요."라고 자주 말하는데, 생의 소명자라는 것을 망각하고 하는 말이다. 우리 부부는 아내들을 가정 관리자(home manager)라고 이름을 붙였다. 그러나 도전이 하도 많아서 아내의 위치는 관리자 이상의 수준으로 올라가고 있다. 솔로몬이 잠언 31장에서 '현숙한 여인'을 기록했기 때문에, 오늘날 우리가 규정하는 가정 관리자로서의 아내들은 왜소하게 보일지도 모른다. 나는 그런 여자와 한 번도 말한 적이 없다. 사실, 누군가 그런 여자에 대해 말하면 나는 귀를 막았다. 나는 잠언 31장에서 나오는 여자의 경지에 이를 수 없고 또 그런 것은 비현실적이라고 생각했었다. 그러나 오늘, 내가 성숙해지고 영적으로 성장한 후, 모든 그리스도인 여성들에게 그녀가 훌륭한 모범을 보인 인물임을 확실하게 깨달았다. 그녀의 능력들은 오늘날에도 활동적으로 소개되고 있고, 사람들은 그녀를 목표로 노력하고 있다. '단순한 가정 주부'에서 벗어나야 한다.

잠언 31장 10~31절 말씀은 20세기를 살아가는 여성들에게도 적용되는 특권이라고 나는 확신한다.

[1] 20세기 여성을 위한 잠언 말씀들

31:10 누가 현숙한 여인을 찾아 얻겠느냐 그 값은 진주보다 더하니라.

31:11 그런 자의 남편의 마음은 그를 믿나니 산업이 핍절치 아니하겠으며

31:12 그런 자는 살아 있는 동안에 그 남편에게 선을 행하고 악을 행치 아니하느니라.

31:13 그는 양털과 삼을 구하여 부지런히 손으로 일하며

31:14 상고의 배와 같아서 먼 데서 양식을 가져오며

31:15 밤이 새기 전에 일어나서 그 집 사람에게 식물을 나눠주며 여종에게 일을 정하여 맡기며

31:16 밭을 간품하여 사며 그 손으로 번 것을 가지고 포도원을 심으며

31:17 힘으로 허리를 묶으며 그 팔을 강하게 하며

31:18 자기의 무역하는 것이 이로운 줄을 깨닫고 밤에 등불을 끄지 아니하고

31:19 손으로 솜뭉치를 들고 손가락으로 가락을 잡으며

31:20 그는 간곤한 자에게 손을 펴며 궁핍한 자를 위하여 손을 내밀며

31:21 그 집 사람들은 다홍색 옷을 입었으므로 눈이 와도 그는 집 사람

을 위하여 두려워하지 아니하며

31:22 그는 자기를 위하여 아름다운 방석을 지으며 세마포와 자색 옷을 입으며

31:23 그 남편은 그 땅의 장로로 더불어 성문에 앉으며 사람의 아는 바가 되며

31:24 그는 베로 옷을 지어 팔며 띠를 만들어 상고에게 맡기며

31:25 능력과 존귀로 옷을 삼고 후일을 웃으며

31:26 입을 열어 지혜를 베풀며 그 혀로 인애의 법을 말하며

31:27 그 집안 일을 보살피고 게을리 얻은 양식을 먹지 아니하나니

31:28 그 자식들은 일어나 사례하며 그 남편은 칭찬하기를

31:29 덕행 있는 여자가 많으나 그대는 여러 여자보다 뛰어나다 하느니라

31:30 고운 것도 거짓 되고 아름다운 것도 헛되나 오직 여호와를 경외하는 여자는 칭찬을 받을 것이라

31:31 그 손의 열매가 그에게로 돌아갈 것이요 그 행한 일로 인하여 성문에서 칭찬을 받으리라

당신은 잠언 31장에 나오는 여인의 행동을 통해서 어떤 사실을 깨달을 수 있는가? 그녀의 경력은 가정과 가정 중심이었다.

그녀는 가정을 위해서 보다 좋은 일을 했고, 가정을 위해서 증진된 일을 하였다. 아름다운 직물-그녀의 가정-을 완성하는 직조공처럼, 그녀는 여러 종류의 실들로 직물을 만드는 직조공이다.

가정들은 그녀의 놀라운 업적을 일어서서 칭찬했다.

여기에 가정 관리자로서 아내의 업무가 있다. 하나님과 동행하는 자로서 아내는 가정의 미를 가꾸는 남편의 반영자다. 아내는 가치 있는 배우자, 돈을 낭비하기보다는 아끼는 예산가, 순종하는 아내, 협력하는 돕는 배필, 든든한 주부, 든든한 집의 수문장, 집을 가꾸는 자, 구매계 주임, 빈틈없는 시간 관리자, 창조적인 요리사, 운전사, 여성 사업가, 재정 관리자, 육체적인 건강 관리자, 재봉사, 자원 봉사자, 좋은 이웃, 창조적인 침모, 바쁜 남편의 아내, 하나님 말씀의 학생 또한 하나님과 동행하는 영광적인 모델이다. 이러한 아내의 남편은 그녀의 가정관리-그녀의 예리한 기지와 결정으로 만들어진-를 크게 칭찬할 것이다. 그런 아내는 결코 못한다는 소리를 듣지 않고 압박도 안 받는다. 사실, 그런 아내는 손보다 머리가 팍팍 돌아가거나 스스로 할 수 있는 일들을 찾아낼 것이다.

가정관리의 성공은 아내의 자리가 직업이라고 생각하는 자세에 달려 있다. 잠언에는 여성의 능력을 계발시키는 많은 내용들이 있다. "나는 내 가정에서 죄인입니다"라고 잠언 31장에 나오는 어진 아내는 말할 것이다. 성령이 충만한 가정관리자인 아내는 자기의 능력을 계발할 것이며, 마음속으로 "당신이 하는 일마다, 마음으로 주님과 동행하세요."라고 말할 것이다.

3. 연인으로서 아내

성경은 아내들에게 남편들을 사랑하라고는 말하지 않으나, 남편들에게는 아내들을 사랑하라고 여러 번 명령하고 있다. 여성은 사랑하기에 너무 감정적이다. 남편은 분명하게 사업, 스포츠 다른 행위들을 일방적으로 하겠다는 정신을 갖고 있고 결국 그는 아내를 사랑하겠다는 정신도 갖고 있다. 아내는 가능한 주의를 끌어 남편에게 사랑을 받겠다는 마음으로 그를 보필한다. 사랑은 일방적인 문제가 아니다. 사랑은 서로간의 열망과 상호간의 친밀감으로 발전한다.

사랑이 발전하면서, 결혼으로 아름답게 표현된다. 아내는 남편과의 관계를 두려워할 필요가 없다. 왜냐하면 그 관계는 하나님의 섭리이기 때문이다. 창조자 하나님은 아담이 독처하는 것을 좋지 않게 보셨으므로 하와를 창조하시고 둘이 한 몸이 되게 하셨다. 정상적으로 여자는 남편의 사랑에 대한 '응답자'다. 그러나 시간이 지나면서 아내가 선창자가 되는 것은 하나님의 질서였다. "남편은 그 아내에게 대한 의무를 다하고 아내도 그 남편에게 그렇게 할지라 아내가 자기 몸을 주장하지 못하고 오직 그 남편이 하며 남편도 이와 같이 자기 몸을 주장하지 못하고 오직 아내가 하나니"라고 고린도전서 7장 3,4절에 기록되었다. 5절에서는 "서로 분방하지 말라…"라고 기록되었다. 우리들 중 많은 사람들과 숙녀들은 결혼을 즐겁게 여겨서는 안 된다는 잘못된 생각을 갖고 있는 시대의 배경 속에서 성장했다-그것은 분명히 잘못됐다. 그러나 여자들이 즐기든 즐기지 않든 간에 하나님은 남편의 육체에게 아내의 권위를 주시지 않으셨다. 그렇다. 아내는 남편의 사랑을 받는 연인으로서 자기의 역할을 잘 해야 한다.

사랑은 여자가 남편에게 관심을 갖고 배울 때에 성장하고 발전한다. 사랑은 자기 몫을 잘해야 하는 풋볼 게임을 통해서 충분히 그 의미를 알 수 있다. 아내는 남편이 하는 일의 종류를 많이 배워 더 얻을 수 있어서, 남편의 업무의 말벗이 될 수도 있다. 아내가 남편의 관심을 이해하므로, 아내는 남편과 더욱 돈독한 관계가 맺어진다. 결국, 결혼생활은 그 어느 때보다 깊어만 간다.

매력적인 여성은 자신의 사랑을 볼 수 있는 능력이 있다. 숙녀들이 자신의 발전을 위해 모든 방법을 갖는 것은 곧 싸구려 세일과 같다. 여성이 머리를 잘 가꾸면 눈에서 번쩍거리는 빛이 난다.

그러면 아내는 아주 신선하게 보여서 문전에서 남편의 따뜻한 키스를 받는다. 단정하고 아름다운 외모는 남편에게 자기는 행복하다고 말하고 있다는 의미이다. 그리고 만일 남편이 부엌의 요리 냄새를 맡으면 그는 더욱 아내의 사랑을 확신할 것이다.

아내에 대한 사랑 외에도 여러 다른 유익들이 생긴다. 자녀들이 엄마와 아빠가 서로 사랑을 표현하는 것을 볼 때, 확실한 신뢰감을 갖게 된다. 반대로, 가정에서 긍정적인 사랑이 실종되면, 흥분, 싸움 그리고 분쟁 등 부정적인 영향을 끼쳐 성장하는 자녀들은 불안하게 된다. 자녀들의 미래를 행복하게 하는 최선의 방법은 가정에서 엄마와 아빠가 사랑하는 연인들이 되는 일이다.

그러나 만일 엄마와 아빠가 사랑을 잃어 버렸다면, 사랑을 다시 회복해야 한다. 또 사랑이 완전히 시들어 버렸다면, 사랑을 다시 회복해야 한다. 여러분이 예수 그리스도를 의지한다면, 그리스도께서 배우자에 대한 여러분의 사랑을 다시 증가시켜 주실 것이다. 자기들의 사랑이 완전히 떠났다고 주장하는 많은 부부들을 상담하면서, 남편 팀과 나는 많은 기적이 일어나는 것을 보았다.

그들은 본능적으로 사랑을 저장해 주기를 원했고 그들은 하나님께서 다시 사랑하는 것을 도와주기를 원했는데, 그것이 원하는 그대로 나타났다. 물론, 기도하면서 상담할 때에 그런 기적들이 일어났다. 일반적으로 비난, 옥신각신, 불평 그리고 부정적인 경향들은 사랑하는 배우자에게 큰 장애물이 된다. 이런 부정적인 것들 대신 찬사, 칭찬 같은 긍정적인 요인들은 부부간의 사랑을 연인의 관계로 발전시켜 나가는 결과가 되게 한다.

4. 아름다운 여성으로서의 아내

이 역할은 최고로 중요하다! 여기에 여성의 참된 힘이 감추어져 있다. 그것은 곧 '여성의 신비'로 불리고 있다. 나는 여성의 육체에 관한 말을 하는 것이 아니고 '여성의 마음에 감춰어진' 미를 말하는 것이다. 여성의 육체는 나이가 들면 쇠하고 곧 시들어 버리나, 여성 내면의 미는 그리스도 안에서 성숙된 아름다움이 될 수 있다. 이런 내면의 미는 오직 하나님과 동행할 때에 나타난다. 우리 여성미는, 내면적인 것이든 외면적인 것이든 간에, 예수 그리스도를 믿는 증거로 나타나야 한다. 여성의 외적인 미에는 마음이 진실 그대로 나타나고 있다.

[1] 외모 가꾸기

이 주제는 매우 논쟁적인 것이다. 내가 계속 말한다는 것은 아직도 강제적으로 느끼고 있기 때문이다-왜냐하면 그것은 여자의 일생에 있어서 가장 중요하지만 곧잘 오해될 수도 있기 때문이다. 만일 독자 여러분이 내 의견에 완전히 동의하지 않는다 해도, 최소한 끝까지 잘 지켜 봐주기 바란다. 나는 모든 여성이 하나님께 응답 받기를 바란다. 또 하나님께서 응답해 주시리라 믿는다.

① 육체의 훈련

외모 가꾸는 것이 중요한가? 여성에게 있어서는 문제가 되고, 그녀 자신과 그리스도에게도 중요하다. 이 말은 역겹게 느껴지겠지만 나는 나에 관한 이야기를 하고자 한다. 나의 몸무게가 엄청 늘어나 스스로 실망한 때가 있었는데, 그 때는 하나님 아버지도 내 몸무게를 조정해 주시지 못할 것이라 여겼다. 그러나 나 자신의 훈련의 결여, 무관심 등으로 체중이 불어났던 것이다. 여러분은 여러분 자신과 여러분이 변화될 수 있도록 돕는 하나님을 받아들이고 믿어야 한다. 다음 목욕 후, 거울 속의 몸매를 보고 예수 그리스도께 원하는 바를 기도하라. 몸매를 가꿀 수 있는 지혜와 훈련의 마음이 있도록 기도하라. 우리가 말씀을 끊임없이 공부하는 식으로 모든 방법과 훈련을 동원하면 체중 조절을 잘 할 수 있다. 식사 전에 '뚱뚱보 퇴치'라고 기도한 어떤 사람을 나는 알고 있다. 처음에는 감사의 기도가 아닌 것 같았으나 나중에는 예수 그리스도께 자기의 몸을 맡기는 기도였고 식욕을 조절하는 기도였는데 얼마 후에는 그 기도대로 되었다.

지나친 흡연, 과음, 과식에는 어떤 차이가 있을까? 성경은 폭식, 과식, 음주 그리고 육체의 더럽힘을 비난하고 있다. 담배를 끊지 못한 내 친구가 있었다. 담배를 끊기 위해서 별짓 다 해보았으나 허사였다. 그녀는 내 친구였기 때문에 나는 그녀에게 큰 관심을 갖고, 자주 그녀를 위해 기도했다. 그 뒤 그녀는 좋아졌고 금연하게 되었다. 그러나 다른 나쁜 습관에 빠진 친구들을 위해서는 기도하지 못했다. 흡연, 음주, 과식은 몸에 해롭고 모두 다 죄악이다. 여성이 그리스도의 말씀을 따르게 되면, 훈련된 생활을 잘 할 수 있고 외모도 아름답게 나타난다. 천부적으로 몸매가 예쁘거나 체중조절 같은 것은 신경 쓰지 않는 여성도 내 말을 귀담아 잘 들어야 한다-왜냐하면 날씬하다는 교만을 영적으로 제어해야 하기 때문이다.

② 청사진 만들기

우리들의 외모 가꾸기가 지나치거나 타인의 눈길을 끌기 위함이어서는 안 된다. 모든 화장을 나쁘다고 생각하는 사람도 있고, 보석도 치장해서는 안 된다고 생각하는 사람도 있다. 화장품을 사용하거나 액세서리를 달면서, '이것이 옳은가'라고 생각하는 사람들도 있다. "너희 단장은 머리를 꾸미고 금을 차고 아름다운 옷을 입은 외모로 하지 말고 오직 마음에 숨은 사람을 온유하고 안정한 심령의 썩지 아니할 것으로 하라 이는 하나님 앞에 값진 것이니라"(벧전 3:3,4). 이 말씀은 모든 외모의 치장이 다 나쁘다는 말이 아니다. 그러나 외모의 치장이 내면의 장식보다 더 지나칠 때는 죄악이 된다. 머리 가꾸는 것, 보석 치장, 드레스를 호화롭게 걸치는 것은 사실 로마인들과 그리스인들의 전통적인 관습이었다. 이들은 머리를 호사스럽게 가꾸었고, 금과 가공한 보석을 머리 위에 장식해 사치하였다. 그 시대의 드레스는 값비싼 비단들과 능라였다. 그 시대의 이런 장식물이나 장구들은 영적인 것과 마음의 자세보다 더 뛰어났고 비쌌으므로, 그 시대의 외부 치장은 잘못 되었던 것이다.

그러나 우리 시대에 와서는 옷 입는 것, 미장원에 가는 것, 보석을 차는 것이 죄악이 아니라는 것이 명백해졌다. 베드로전서의 구절들은 시대를 뛰어넘어 우리가 지나친 외모의 장식에 낭비하지 말고 말씀을 깊게 공부할 것을 가르치고 있다. 치장은 겉에만 해서는 안 된다. 바꿔 말해서, 겉 모습 치장은 어느 정도 도움이 되나 그것은 감춰진 여성의 내면의 모습을 나타나게 해주지 못한다. 우리 모든 사람들은 다른 사람들의 겉 모습만 보는 실수를 범하고 반면에 내면을 보지 못하는 경우도 왕왕 있다. 조개 속을 볼 수 없는 것같이 인간의 내면을 보기가 아주 힘들 수밖에 없다. 우리의 외모는 허둥지둥 준비되는 좋은 저녁식사와 유사하다고 볼 수 있다. 건강하게 하고 몸에 좋은 영양분은 좋은 식사에서 나온다. 만일 그런 식사가 없다면 편중된 영양분만 얻게 된다.

왜 적당한 균형이 없을까? 외모의 멋은 그림에 감추어진 구도와 같은 것이며, 구도는 오히려 보는 사람으로 하여금 그림의 중심을 잘 보게 해준다. 우리 인간도 그와 같다. 우리의 외면의 구도는 절대로 내면의 모습의 질을 떨어뜨리지 않는다. 그 대신, 외모를 참된 인간상-감추어진 여성의 내면-에 초점을 맞추도록 해야 한다.

나는 스스로 신앙을 발전시킨 구약의 왕비 에스더를 생각한다.

하나님은 당신의 선한 목적을 위해서 에스더에게 아름다움을 주셨다. 그녀는 '수산궁 육체 관리 온천'에서 1년 간 외모를 가꾸게 되었고, 바벨론의 수산궁에서 제공하는 모든 아름답게 하는 과정을 거치게 되었다. 처음 6개월 간 에스더는 몰약이 섞인 오일로 화장을 받았고, 그 다음 6개월 간은 향수와 화장품으로 피부 화장을 받았다. 만일 내가 그런 코스의 화장을 받았다면, 나는 곧 달라졌을 것이다. 에스더가 왕비 선발대회에서 뽑힌 것은 당연한 일이다. 그러나 그녀는 놀랍게도 하나님께 순종하였고, 하나님의 섭리에 인내로 순종하였다. 그리고 어려운 역경에는 용기를 갖고서-'죽으면 죽으리라'-극복하여 유대 종족을 구하였다.

오늘의 젊은 여성들은 '아름다운 외모'로 나라를 건지겠다는 자세를 가져야 한다. 만일 이런 좋은 일이 있다면, 그것은 매우 매력적인 일일 것이다. 그러나 어떤 사람들은 후천적으로 자기의 몸매관리를 잘못해서 이런 기회를 놓치고 있는 것이다. 빗질이 없는 헝클어진 머리, 뚱뚱한 몸매, 늘어진 주름살의 외모는 말씀대로 살아가는 하나님의 사람의 모습이 아니다. 실제로, 나는 이런 종류의 외모는 말씀이 충만한 그리스도인의 모습이 아니라고 확고히 믿는다. "나의 하나님이 그리스도 예수 안에서 영광 가운데 그 풍성한 대로 너희 모든 쓸 것을 채우리라"는 빌립보서 4장 19절의 말씀과 부합되는 일이 아니다. 잠언 31장에 나오는 그 근면하고 지혜로운 여인은 아름답고 좋은 옷을 가족들에게 입혔다고 기록되었고, 또 하나님을 두려워하고 경외하는 신앙의 여인이었다고 상술되었다. 그녀의 외모는 값비싼 보석으로 치장되지 않았고 오직 내면에 감춰진 인간성이 나타난 아름다움으로 가득 차 있었다.

[2] 내면의 아름다움

내면의 아름다움을 "마음에 숨은 사람"이라고 베드로전서 3장 4절은 기록하고 있다. 성경은 우리가 먼저 이런 속사람을 발전시켜야 한다고 강조하고 있다. 이것은 신사의 도이며, 하나님 보시기에 아름다운 영적인 일이다. 그렇다고 모든 영적인 여성들이 무기력한 행동을 하라는 말이 아니다. 이와 반대로 하나님은 우리 모든 인간들을 네 종류의 성격을 가진 자들이 서로 조화를 이루어 하나가 되도록 창조하셨다. 그렇다면 왜 하나님은 우리에게 얌전하며 조용하되 마치 무기력한 성격의 소유자같이 되라고 말씀하시는가? 얌전하고 조용한 정신은 평화로운 환경에서만 형성된다.

화를 잘 내는 담즙질과 쾌활한 다혈질은 둘 다 시끄럽고 폭발적인 요인이 있다고 알려져 있다. 얌전하고 조용한 성격은 우리가 성령과 동행하거나 성령을 모시는 자세에서 나온다. "주께서 심지가 견고한 자를 평강에 평강으로 지키시리니…"라고 이사야 26장 3절에 기록되었다.

여기에서 우리는 우리 마음의 우선 순위를 구별해야 한다. 대부분의 우리는 우리가 원하는 것을 선택하는 시간의 양을 제한시키고 있다. 어떤 소수의 여성들은 볼링을 치고, 테니스를 배우며, 성경공부에 나가고,

가든 클럽에 나가기도 한다. 그리고 교회 각 기관에서 봉사를 하기도 한다. 우리는 이 중에서 우리가 먼저 해야 할 일들을 선택해야 한다. 우린 모든 일들을 다 할 수가 없다.

그렇다면 무엇을 해야 하나? '나는 나 자신을 소유할 수 있다' 또는 '나는 재주 있는 여성이 될 수 있다'라는 사실을 우리는 여성들에게 말할 수 있다. 그러나 우리는 여성들의 마음속에 숨어 있는 능력을 깊게 생각해야 한다. 하나님 보시기에 값진 얌전함과 조용한 성격은 계발될 수 있는가?

여성의 내면 속에 있는 아름다움은 성령의 열매로 나타난다. 예수 그리스도와 동행하는 예수의 제자 된 여성들은 다음의 말씀을 생각해야 한다. "내가 이르노니 너희는 성령은 좇아 행하라 그리하면 육체의 욕심을 이루지 아니하리라"(갈 5:16). 성령과 동행하는 기독 여성들은 사랑, 희락, 화평, 오래 참음, 자비, 양선, 충성, 온유, 절제 등 성령의 아홉 가지의 열매를 맺는다. 여성의 외모도 이와 같다. 여성의 내면에 감추어진 아름다움은 성장하여 외모의 빛으로 나타난다. 여성의 매일의 삶은 내면에서 나와야 한다. 만일 여성이 육신의 소욕대로 살면, 파멸로 떨어지게 된다.

그러나 만일 여성이 성령과 동행하면, 성령의 열매를 맺게 된다.

말씀을 공부하며, 기도로 주님과 대화하며, 매일 하나님의 인도를 받는 여성의 생애는 빛나게 될 것이다. 이런 것들은 여성의 태도, 행동 그리고 행동반경을 변화시킬 것이다. 이런 삶의 행동은 우리 인간의 노력대로 되지 않는다. 하나님의 뜻대로 살아가는 여성은 파리의 모델들같이 아름다운 외모를 가질 수 있다.

물론 그렇지 못한 경우도 있다. 나는 매일 주님과 동행하는 신앙생활을 하는 한 여성을 알고 있는데, 그녀의 외모는 엉성했다. 나는 그 여성을 보고서 여성의 내면의 아름다움은 좋은 육체와 상관이 없고, 오직 주님과의 좋은 관계에 있다는 것도 확신했다.

5. 엄마와 교사로서의 아내

한번은 어떤 젊은 엄마가 마치 자기는 일주일 내내 또는 24시간 내내 활동하는 유치원이나 탁아소의 보모 같다고 내게 호소하였다. 이 말의 일부분은 맞다. 엄마의 일은 시종이 없으며, 그녀의 노력에 비해 결과도 없게 보인다. 그러나 만일 그 엄마가 멀리 서서 가정이라는 그림 전체를 본다면, 그녀의 마음은 격려와 위로를 받게 될 것이다. 안타깝게도 대부분의 엄마들은 그러지 못한다-그래서 나는 눈으로 그림을 보는 법을 말하고자 한다.

자녀들은 엄마들보다 삶을 더 잘 받아들이고 있다. 그것은 작은 시작이다. 이것은 작은 창조가 시작되는 장면이고, 아이를 둘러싸고 있는 신비스런 기(氣)의 시작이다. 아이는 어른의 모습이고 동시에 어른의 축소판이다. 신생아들은 팡파르의 소리와 기대를 갖고 세상에 나오지만 다시 모태의 사랑으로 돌아가지 못한다. 신생아들은 외부의 도움을 받고 자랄지언정 다시 모태로 들어가지 못한다. 그러면 무엇이 어머니의 도전이며 헌신인가! 유아들은 자기를 돕는 엄마가 필요하며 또 이 때에는 유아가 자존심이 필요 없는 도움을 받아야 한다.

"자식은 여호와의 주신 기업이요 태의 열매는 그의 상급이로다"라고 시편 127편 3절에 기록되었다. 나는 종종 이 말씀에 위배되는 젊은 엄마들의 한탄하는 소리를 듣는다. 왜냐하면 아이를 낳아 양육하는 데에는 많은 시간이 걸리기 때문이다. 한밤중에 보채는 아이의 소리, 학교에서 아이의 성적이 안 좋다는 소리, 한밤에 아이를 약국이나 병원에 데려가야 하는 일 등 때문에 엄마들은 많은 아이를 낳기 꺼려 한다. 그러나 자녀들은 하나님의 선물이고, 선물을 주시는 하나님이 우리의 인생을 훈련시키고 준비시키는 책과 같다.

[1] 완전한 교육 지침서

우리 부부가 한번은 아들들에게 아주 복잡한 장난감 블록세트를 선물한 적이 있었다. 그 안에는 장난감을 잘 조립할 수 있도록 돕는 지침서가 있었는데, 우리 애들은 그 지침서대로 복잡한 블록들을 잘 만들곤 했다. 그 지침서가 없었다면, 그 값비싼 블록 장난감 세트는 가치 없는 폐물이 되었을 것이다. 그 귀중한 소책자 때문에 우리 아이들은 아주 복잡다단한 형태의 블록을 잘 조립할 수 있었다. 장난감 제조업자는 그 블록의 용도를 잘 알고 있었으므로, 그는 모든 어린이들이 잘 조립할 수 있도록 지침서인 메뉴얼(manual)을 삽입시켰던 것이다. 모든 어린이의 창조자이신 하나님은 당신이 영광을 받으실 수 있도록 당신의 선물인 지침서와 같은 어린이들을 세상에 보내셨다. 그래서 어른들은 인생의 지침서와 같은 어린이들을 잘 양육시킬 수 있다. 블록 조립에 숙달된 우리 두 아들은 자주 지침서를 읽으면서 자기들이 만들 것에 대해서 의견 일치가 되지 않을 때도 있었다. 그러다가 일단 의견의 일치가 이루어지면 복잡한 것도 순서에 따라 잘 만들어냈다. 이와 같이 엄마와 아빠도 어떤 결정을 내리기 전에 의견의 일치를 하여 하나가 되어야 한다. 잠언은 자녀들을 훈련시키기에 뛰어난 책이다. 잠언의 어떤 내용들은 매일 부모들이 읽을 필요가 있다-반복해서 반드시 읽어야 한다.

엄마와 교사의 역할을 분리하는 것은 어렵다. 왜냐하면 엄마의 역할들에는 가르쳐야 하는 책임이 있기 때문이다. 에베소서 6장은 아버지가 자녀들의 감독자와 지침서가 되어야 한다고 가르치고 있다. 그러나 돕는 배필로서 엄마는 아버지의 계획에 참여하고, 일치하는 기준을 같이 세우고 따라가야 한다. 엄마는 아버지보다 더 많은 시간을 자녀들과 같이 있어야 하며, 그렇게 되면 부부는 자녀들을 위한 일종의 팀(team) 사역을 하게 된다.

[2] 부모들의 연합

우리가 상담했던 대부분의 사람들은 어린 시절 자기의 부모들이 연합하여 자녀들을 교육시키는 것과 훈련시키는 일에 실패한 가정의 출신들이었다. 부모들의 교육의 방법이 분산되고 갈라져 황폐하고 파괴되었을 때부터 그들의 유아시절의 마음에서 반항심이 생겼으므로, 그것을 치유하기 위해서 우리에게 상담하러 오곤 한다. 만일 젊은 부모들이 연합하여 자녀들을 가르치고 훈련시키게 되면, 그들은 이런 정신적인 문제들의 얼마를 포기하곤 한다. 자녀들은 부모들이 하나가 되지 못하고 자주 분쟁한다는 것을 너무 어려서부터 알게 된다. 만일 부모들이 확고히 하나가 된다면 매우 좋은 효과들과 기능들이 나타나게 된다.

「자녀의 성격을 발전시키는 법」(How to Develop Your Child's Temperament)라는 책에 모든 어머니에게 해당된 내용들이 있다.

지침서 + 사랑 + 권고 = 효과적인 훈련

이 세 가지 요소를 근거로 효과적인 훈련의 결과를 얻을 수 있다. 이 세 가지 중 어느 하나라도 빠지면 불균형을 이룬다. 여러분은 좋은 훈련의 결과를 바라보고 시작하면 훈련의 즐거움이 있을 것이다. 거기에는 수개월 또는 수년의 세월이 필요하다. 왜냐하면 교사의 역할은 그리 쉽지가 않기 때문이다. 만일 부모가 이 역할을 쉽게 포기한다면, 나중에 자녀가 엉뚱한 길로 나가게 되고 부모된 당신들은 평생을 후회하며 살게 될 것이다. 모든 사람은 완전하지 못하다. 우리 부부 역시 지난 29년 간의 결혼생활을 회고해보면 실수투성이다. 그러나 만일 우리 자녀들이 부모에게 먼저 순종하는 법을 배우지 않았다면 예수 그리스도에게 순종하지 않으려고 했을 것이다. 어쨌든 우리는 하나님을 향하도록 잘 가르쳤다. 이런 순종의 강한 원리가 우리 부부의 실수를 덮어 자녀들이 잘 자라게 해 주신 하나님께 감사드린다. 우리의 네 아이들은 주님과 동행하고 있으며, 주님의 가르침을 잘 따르고 있다. 그것은 그 아이들의 부모 된 우리 때문이 아니고 '완전한 지침서'인 성경의 가르침을 따랐기 때문이다.

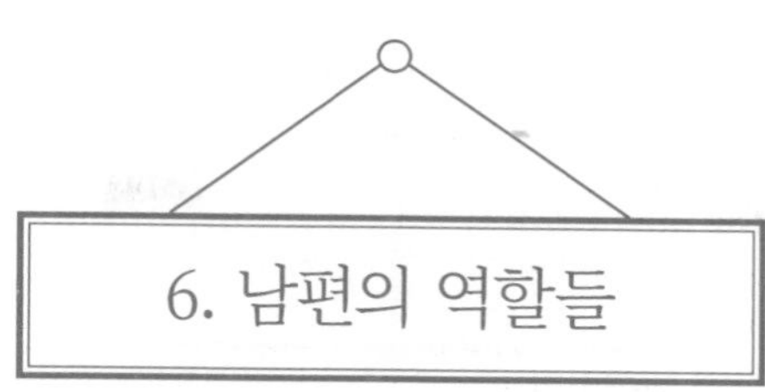

6. 남편의 역할들

좋은 남편이 되는 것은 쉽지가 않다. 그러나 어떤 면에서 보면 결혼생활을 하면서 스포츠나 학문을 하는 것도 어렵다. 만일 여러분이 무언가를 하고자 한다면, 숙달된 사람이 되어야 한다. 다행히, 우리 그리스도인은 세속적인 이 시대의 궤변론자들이 아니며 또 모든 세대가 살기 위해서 추구해 온 세속적인 삶의 방식을 거부하고 있다. 만일 계속해서 자동화 문명사회가 전개된다 해도, 우리 그리스도인들은 그런 삶을 추구해서는 안 된다. 의심할 것도 없이 그런 삶은 가정생활의 불행의 원인이 된다. 가정의 구성원들은 이런 자동화 문명에 걸려 넘어지거나 또는 옳은 삶을 살기 위해서 힘쓸 것이다. 성령이 충만한 가정은 인간이 지켜야 할 규범인 성경 말씀에 주의를 기울여야 한다. 성경은 가정생활을 잘 할 수 있도록 하는 지침서이다. 다음의 그림표는 하나님이 남편에게 계획하는 다양한 역할들을 소개하고 있다.

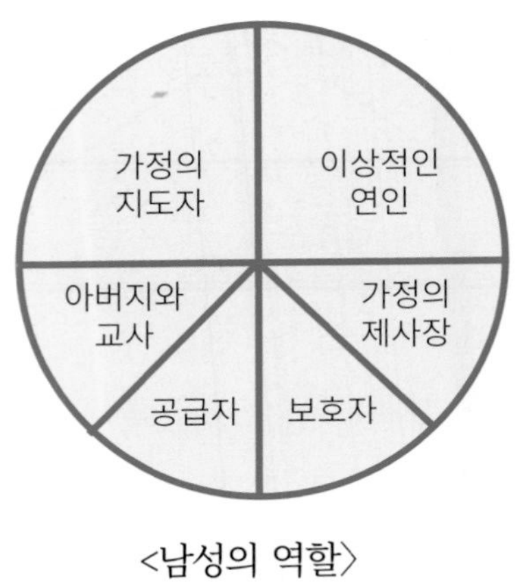

<남성의 역할>

1. 가정의 지도자로서의 남편

하나님이 남편에게 처음으로 할당하신 일은 가정의 지도자가 되게 하는 것이었다. 이것에 대해 에베소서 5장 23절은 분명하게 기록하고 있다. "이는 남편이 아내의 머리 됨이 그리스도께서 교회의 머리 됨과 같음이니 그가 친히 몸의 구주시라." 이런 내용은 창세기 3장 16절의 말씀을 근거로 하고 있다. "또 여자에 이르시되… 너는 남편을 사모하고 남편은 너를 다스릴 것이니라." 이런 내용은 또한 고린도전서 11장 3절에도 기록되어 있다.

"그러나 나는 너희가 알기를 원하노니 각 남자의 머리는 그리스도요 여자의 머리는 남자요…."

어떤 젊은이는 처가에서 신부를 데려오기도 전에, 남자의 리더십을 나타내려고 한다. 그런 경우 여자가 급히 화를 잘 내는 담즙질이고 남자가 무기력한 점액질일 때는 문제가 되지 않는다. 그런 형의 여자에게는 오히려 지도자가 필요하다. 오늘날 좌절을 잘 하는 여성들은 남편을 지배하려는 단체의 자문을 따르는 여성들이다. '시작의 책'인 창세기에서, 하나님은 사람들이 섭리의 트랙을 따라 살도록 하셨다. 하나님은 여자들에게 남편을 사모하라고 말씀하셨다. 그것은 여자의 심리적 구조가 남편의 생애와 가정을 따르도록 되어 있고, 또 남편이 아내를 다스린다는 의미다.

일단 여자가 결혼하면, 당연히 남편을 따라야 한다. 만일 남편이 남편의 역할을 소홀히 하거나, 남편의 역할에 무지하거나(자기 아버지가 남편의 역할을 제대로 안 했거나 성경에 기록된 남편의 역할을 모를 경우), 또는 개인적으로 연약하다면, 그는 자기 아내를 좌절시키는 결과를 갖게 된다. 이런 여성들은 점차적으로 육신적이고 독선적이며 신경질적으로 변하게 된다. 여자가 남편의 리더십을 포기한 남자에게 순종하는 것은 어려운 문제다. 하나님을 잘 섬기는 젊은 남자는 자기 가정과 아내를 잘 이끌어 나갈 수 있다. 의지가 강한 여성이 담즙질 소유자가 될 기회는 많이 있다. 그러나 남편이 좋은 리더가 된다면, 그런 일은 일어나지 않는다.

존경심은 천부적인 것이 아니고, 사랑할 때 나타난다. 모든 남편들은 이런 사실을 명심해야 한다. 만일 당신의 자녀들이 가정에서 당신을 가장으로서 존경하지 않으면, 당신의 가정은 상당한 문제가 있다. 나는 많은 자녀들이 그들의 부모를 사랑하는 것을 보았다. 그러나 가정에서 아버지가 리더십을 지키지 못해 가정의 권위를 상실하는 것도 보았다. 심리학을 전공하고 테니스 스타가 된 24살의 여자가 자기 남편과 좋은 관계를 유지하지 못한 일이 있었다. 왜냐하면 그녀는 자기 어머니를 미워하고 싫어하는 성장 배경이 있었기 때문이다. 그 이유는 뻔했다. 그녀의 아빠는 인자하고 친절했으나 리더십이 없어서 아내의 지배를 받고 살았던 것이다. “나의 학창시절의 강한 욕망은 아빠의 주먹과 혁대를 빌려 엄마의 입을 때리고 싶은 것이었어요.”라고 그녀는 이를 갈면서 말했다. 가정에서 남편의 리더십 부재는 가족들에게도 대단히 나쁜 영향을 미친다.

가정의 리더십을 말할 때마다, 우리는 부권이 강한 유럽식 가정을 생각한다. 북구에서는 이런 부권이 강한 경향이 있으나, 그것은 성경의 가르침과는 일치하지 않는다. 하나님의 리더십은 항상 사랑 속에서 나오는데, 우리는 이것을 본 장 뒤에서 거론할 것이다. 남편은 아내의 지도자로서 ‘그리스도가 교회의 머리인 것같이’ 아내에게 봉사해야 한다. 이것은 끊임없는 사랑의 결과다.

우리 주님은 이것을 감독하고, 지도하고, 우리가 좋은 결정을 하도록 계도하고 계신다. 또한 주님은 영적인 사랑과 관심을 갖고서 우리가 이런 관계를 유지하도록 돕는 책임도 지고 계신다.

가정에서 남편의 리더십과 리더십에 대한 사랑의 차이점은 아내와 자녀들을 잘 다스리고자 하는 결정에 있다. 남편은 가정에서 사랑의 대권을 행사해야 한다. “가정들이 어떻게 그것을 확신할 수 있는가?”라고 여러분은 물을 수 있다. 그것은 아주 간단하다. 결정을 내리는 데 누구의 관심이 가장 큰가? 남편인가? 성령이 충만한 가정에는 교만이 없다. '}랑이 있는 지도자는 가정의 유익을 위해 최종 결정을 내린다. 남편도 인간인지라 항상 옳을 수만은 없으나, 가정 모두를 위해 남편은 결정을 해야만 하는 법이다.

남편의 리더십의 역할은 대통령의 협조와 같다. 미국 행정부 직원들이 대통령을 돕는 것같이, 아내는 최선을 다해 남편을 도와야 한다. 카네기는 혼자서는 성공할 수 없다고 했다. 카네기가 고용한 사람들은 자기보다 더 뛰어난 사람들이었다고 한다. 이런 성공자는 다른 사람보다 더 월등한가? 천만의 말씀이다. 다른 사람의 위대한 생산성을 얻기 위해서, 성공자는 다른 사람들이 잘 협력할 수 있도록 많은 재량권을 그들에게 주어서 좋은 결정을 내리도록 하며, 그들의 생각들과 의견들을 빌리는 것이다. 이와 같이 가정에서도 남편은 아내와 자녀들의 중지(衆知)를 빌려야 한다. 그렇게 되면 가정들의 중지를 하나로 만들 수 있으나, 그렇지 못하면 남편의 리더십은 줄어든다. 경우에 따라서, 남편이 가정의 지지를 얻지 못하면 가장의 권위를 잃게 된다. 나는 이런 경우에 대한 다섯 가지 조언을 하고 싶다.

1. 아내의 조언 없이 남편 독단적으로 결코 결정하지 말라.
2. 하나님이 약속하신 지혜를 얻기 위하여 항상 기도하라.
3. 항상 동기를 점검하여 당신의 결정이 가정에 유익이 되는지, 또는 자만심과 편견에서 나오는가를 판단하라.
4. 당신의 결정을 효과적으로 재치 있게 사용하라-민감한 아버지는 사랑하는 가정을 따돌리지 않는다.
5. 일단 결정된 일은 포기하지 말라(어떤 압력, 시험, 냉담 또는 다른 육신적인 방해가 있어도). 그러나 당신의 결정이 쓸모가 없어지거나 변화되는가를 잘 살펴야 한다. 하나님의 계획 속에서 남편은 최종적인 결정들을 해야 한다.

리더십은 결코 쉬운 역할이 아니다. 경우에 따라서 결정을 내리기까지 지도자는 외로울 수밖에 없다. 솔직히 말해서, 나는 항상 나의 가정의 구성원과 의논하여 결정하지는 않으나, 어떤 부분만은 그렇게 한다-그 이유는 내가 남편이기 때문이다. 여러분도 마찬가지다. 하나님은 여러분을 가정의 머리로 세우셨으므로, 여러분은 정정 당당하고, 이성적이어야 하고, 사랑해야 한다-반드시 그런 지도자가 되어야 한다.

가정들이 성장할 경우, 복잡한 결정을 해야 할 때도 있다. 다음의 도표에 나오는 대로, 어머니는 아버지보다 더 많이 자녀들과 접하는 일을 하는 관리자로서의 기능이 있다. 사실 어머니가 일차적으로 결정을 내리기 쉽다. 아버지는 어머니의 제안들을 인정해야 하되 서로가 지켜야 할 사선(dead line)의 영역을 넘어서는 안 된다. 만일 휴가를 즐길 수 없다든지, 자녀들의 새옷을 살 수 없다든지 또는 새 가구를 구매할 수 없다면, 현명한 아내는 남편의 결정에 따라야 한다. 항상 남편은 미래의 지출, 세금 그리고 주택 수리 등을 미리 예견하고 있다. 부부가 제각기 자기만의 안목으로 사물을 볼 때, 인간관계의 하나인 부부관계는 더욱 복잡해진다. 성격 차이가 있을지라도 이상적인 부부는 사랑하는 동반자로서 모든 것을 함께 결정해야 한다.

권위에 관한 하나님의 선

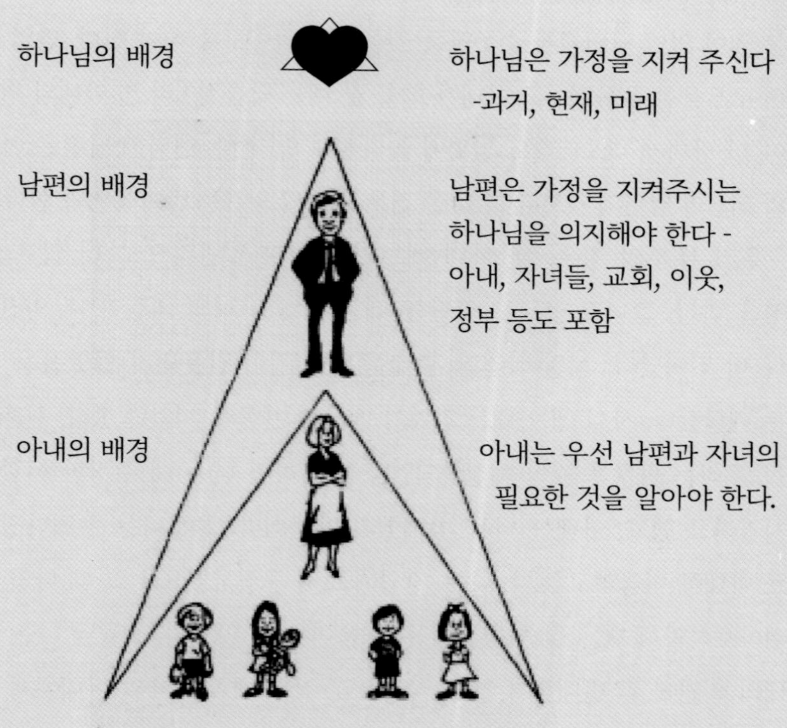
하나님의 배경
하나님은 가정을 지켜 주신다
-과거, 현재, 미래
남편의 배경
남편은 가정을 지켜주시는
하나님을 의지해야 한다 -
아내, 자녀들, 교회, 이웃,
정부 등도 포함
아내의 배경
아내는 우선 남편과 자녀의
필요한 것을 알아야 한다.

(1) 남편들을 위한 글-순종의 다른 면

이러한 주제에 들어가기 전에, 남편들이 주목해야 할 간단한 두 가지 사실이 있다. 그 첫째는 여성의 안목에서 보는 순종이다.

선천적으로 의지가 강한 여성이 남편에게 '매사에' 순종하는 것은 결코 쉽지 않다. 특히 성령이 충만하더라도 담즙질의 여성에게는 더욱 그렇다. 남편은 공정하고 주의깊게 아내를 도와주어, 아내가 남편과 비교하는 일이 없이 남편에게 순종하는 것을 받아들이도록 해야 한다. 만일 남편이 우울한 우울질이고 아내가 화를 잘 내는 담즙질이라면, 아내의 의견이 더 강하게 나오더라도 남편이 놀라서는 안 된다. 현명한 남편은 아내의 의견이 남편의 것보다 더 나을 경우 아내의 의견을 받아들여야 한다.

우리 부부의 경우, 내 아내 베브가 나보다 일반적으로 더 많은 결정을 한다. 그녀가 옳다고 판단할 때는 사실 그녀의 의견이 내 의견보다 더 뛰어났다. 세월이 지난 후 그녀의 결정이 잘못되지 않았음을 나는 깨달았다. 사실 내 아내는 갑자기 매사에 찬물을 끼얹곤 했다. 신혼시절, 우리는 싸우는 것이 체질화되었다. 왜냐하면 나는 내 주장만을 관철시키려고 했고, 아내는 나를 방해했기 때문이다-그때 나는 우격다짐으로 아내를 이끌려고 했다. 나는 '강압자'로서 군림하였으나 그 때 나의 게쉬타포식의 독재는 결혼 생활에 큰 도움이 되지 않았다. 오늘날 나는 아내의 의견에 곧 반대하지 않고, 사랑으로 장기 계획을 세워 아내에게 일할 충분한 시간을 준다. 사실, 좋은 접근은 다음과 같다. "여보, 나에게 좋은 생각이 있어요. 하지만 지금 결정은 안 해요. 깊게 생각해봐요." 계획을 분담하면 나는 다시 며칠 전의 상태로 되돌아가곤 했다. 아내는 내 의견의 85% 정도는 동의했고, 그 문제들이 이뤄지기까지 토의하곤 했다. 나머지 15% 정도는 포기해 버렸는데 그 때마다 아내는 매우 기뻐했고, 곧 성령이 충만한 생활을 계속하였다.

그 점을 여러분의 리더십에 적용시켜 여러분의 아내의 개성과 성품을 잘 조정해 이끌어 나가야 한다. 아내의 동의와 순종은 그녀의 희생의 대가에 이르지 않도록 해야 한다-강제로 아내에게 당신의 의견에 순종하도록 윽박질러서는 안 된다는 말이다. 예를들어, 아내가 자녀들에게 있어서 남편보다 더 권위가 있다는 것을 잊어서는 안 된다. 아내는 자녀들이 성장할 때까지 최소한 하루에 10시간 이상을 자녀들과 같이 지내므로, 아내는 남편보다 더 아이들과 가깝고 남편보다 자녀들을 더 잘 알고 있다. 나는 모든 남편들이 내 상담실에 앉아서 고등교육을 받은 지적이며 사랑스런 아내들이 뭐라고 외치는가를 들어보았으면 좋겠다. "내 남편이 나를 가장 미치게 하는 것은요, 나의 말을 잘 안 들어주는 것이에요."라고 아내들은 호소하고 있다. 아내들은 자기들의 관점을 떠벌리는 것을 원치 않고 있다. 우리는 브루셀에 있는 <대가정 기구>(the League of Large Families)의 연구결과를 통해서 몇 가지의 결과들을 배울 수 있다. 그 내용은 미국 내에서도 공식적으로 발표되었는데, 아내의 입장에서 본 남편의 실패한 점의 일곱 가지 내용들이다.

1. 상냥함의 결여
2. 공손함의 결여
3. 사교성의 결여

4. 아내의 성품과 개성 이해의 실패
5. 최종 결정에서 부리는 억지
6. 동료나 자녀들 앞에서 아내를 자주 험담하거나 비웃는 행위
7. 정직성과 진실성의 결여

① 불일치 속에서 성령 충만하기

성령 충만한 부부가 매사에 일치하지 못하는 경험을 할 때가 종종 있다. 나의 경우에도 아내 베브와 다를 때가 있다. 왜냐하면 우리 두 사람의 관점이 다르기 때문이다. 나는 휴가 기간 중 시간을 쪼개기를 좋아해서 지도를 따라 3,000마일 이상 여행하기를 원했다. 그래서 나는 "여보, 당신 운전대 옆의 사물함에 있는 지도로 여행하기를 원해요?"라고 묻곤 했다. 베브는 여행을 위해서 두 달 전부터 자동차 클럽에 자문을 구하는 타입이다. 그것이 우리 부부의 관점의 차이였다-때로는 아침 식사의 선택도 달랐다. 그러다가 우리의 의견이 일치할 때 우리는 서로가 놀랐다.

성령의 충만함을 받은 후부터, 우리는 서로의 의견 차이를 점점 줄여 나갔다. '평안하게' 될 때에, 우리의 다른 의견이 일치하게 되었다(의견의 40%는 피차 양보했다). 남은 불일치의 60%는 서로가 '기도하자'고 제안하곤 했다. 하나님은 당신의 자녀들에게 지혜를 주신다고 했는데, 실제로 그랬다. 하나님은 우리에게 상대의 의견을 기쁘게 이해하도록 하셨고, 우리가 더 새로운 결정을 하도록 하는 방향으로 인도하셨다. 베브의 입장에서 원치 않은 것이라도 나는 여러 차례 결정을 할 수 있었다.

② 좋은 지도자가 되는 법

아내의 관점에서 순종하는 두 번째 관점은, 아내는 남편이 굳게 서서 좋은 지도자가 되면 그를 쉽게 존경한다는 사실이다. 남편의 약점을 강하게 보강하면 좋은 리더십의 요소가 될 수 있다.

담즙질의 소유자들은 다른 사람의 사정과 형편을 잘 고려하면 강하고 활동적인 지도자가 될 수 있다. 다혈질의 지도자는 모순된 지도자가 될 수 있다. 이런 남편들은 아내가 결정해 주길 바라면서 조급히 결정해 버린다. 이들은 상세하고 꼼꼼한 결정을 하도록 노력해야 한다. 우울질의 소유자는 바리새인이나 구약의 율법사같이 가정을 범죄자 취급하려는 법률적인 경향이 있으며, 조그마한 것이라도 비판하려고 한다. 이런 성격의 지도자는 '차분한 이성적 판단'의 능력을 배양해야 한다. 점액질의 지도자는 적극적인 지도자가 되는 것이 필요하다. 이런 성격의 소유자는 차고에서 일하는 것 같은 작업을 더 좋아하며, 그의 10대 자녀들이 서둘러 결정을 내리려고 할 때 자기의 리더십을 아내에게 양보하려고 한다.

아시아에서 세미나를 했을 때, 그 곳에서 선교활동을 하고 있던 어느 선교사 부인이 눈물을 머금고 세미나 후에 우리 부부를 찾아 왔다. "나는 내 남편에 대한 존경심을 다 잃어버렸어요. 그이는 십대인 세 자녀의 양육을 다 나에게 맡겼어요."라고 그녀는 말했다. 그녀의 남편은 사실 유능한 선교사였다. 그러나 그는 성령의 역사로 나타나는 자신을 조절하는 힘과 하나님이 약속하신 말씀을 잘 믿는 것보다, 가정을 잘 이끌어 가는 리더십을 발휘하는 것이 더 어려웠던 것 같았다. 그는 자신의 10

대 아이들의 생활을 지도하는 일에 있어서 자포자기하고 있었다. 그녀가 말한 경우는 가끔 TV 시청 문제에서 나타났다. 만일 이 문제들이 자녀들의 나이가 다섯 살이 되기 전에 해결되지 않으면, 그리스도인 가정들이 겪고 있는 큰 문제들 중의 하나로 남게 된다. TV의 인기 프로(타락이란 말이 더 합당)에서 느닷없이 도덕적 기준의 프로를 방영하자 시청률은 사상 최저로 떨어졌다. 그 즈음에 그 선교사는 비도덕적인 프로는 외면했으나 자녀들은 유독 그런 것을 더 좋아했다. 그래서 그는 교육권을 아내에게 넘겨 버렸다. 만일 가정에서 자녀들이 그가 원치 않은 TV 프로그램을 시청하는 것을 보게 되면, "당신은 말야, 애들이 제멋대로 TV만 보게 하고 있군."이라고 그 선교사는 아내에게 불평하곤 했다. "아, 글쎄 그러면 당신이 애들한테 TV 끄라고 말하세요."라고 아내가 응수하면, "그것이 아내 된 당신의 일이야."라고 그 선교사는 말했다. 그렇게 해서 그는 가정의 영적인 머리가 되는 자기의 역할을 유기하고 오로지 아내에게만 떠넘기려고 했다. 남편의 역할은 하나님이 남성들에게 수여하신 남성의 상징과 명령이므로, 남편들은 아내들보다 더 쉽게 나이든 자녀라도 잘 교육시킬 수 있다. 나는 그와 유사한 상황에 처한 남편들에게 낮은 목소리로 다음과 같이 말하라고 권하고 싶다. "애들아 다른 데로 돌릴래? 아니면 내가 다른 곳으로 돌릴까?" 이 말에는 두 가지 선택의 의미가 있다. 자녀들이 다른 유익한 프로를 보든지, 안 그러면 다같이 TV를 보지 않도록 내가 TV를 끄는 것이다.

사랑과 존경은 평행선으로 같이 달리고 있다. 하나는 다른 것 없이 존재할 수 없다. 남편은 아내의 사랑을 지키기 위해서 존경을 받도록 행동하고 남편을 신뢰하도록 만들어야 한다. 그리고 당신의 아내를 존중하는 것이 필요하다!

2. 이상적인 연인으로서의 남편

하나님 다음으로 인간사에서 남편이 가장 사랑해야 할 사람은 자기 아내다. 하나님은 남편들에게 이웃보다도 더 아내를 사랑해야 한다고 명령하셨다. 왜냐하면 에베소서 5장 25절은 그리스도가 교회를 사랑함같이 남편은 아내를 사랑해야 한다고 말씀하고 있기 때문이다. 하나님은 자기 이웃을 '자신과 같이' 사랑할 것을 말씀하셨다. 에베소서 5장 25절에 나오는 사랑의 의미는 요한복음 3장 16절의 사랑의 의미와 같은데, 이 말은 하나님이 독생자를 희생시킨 사랑의 의미인 것이다. 이런 까닭에 남편들이 자기 아내들을 희생적으로 사랑해야 한다고 우리 부부는 말한다.

지금은 돌아가셨지만 내가 존경했던 성경 교수 해리 아이론 싸이드 박사는 자기가 아내를 사랑하는 것이 하나님을 사랑하는 것에 방해가 되는 건지를 물으러 온 한 젊은 남편에게 조언을 한 일이 있었다. 그 젊은 남편은 아내가 아침부터 저녁 때까지 자기 마음의 중심이 되었다고 말했다. 또한 그는 하루에도 수차례씩 아내에게 전화를 했다고 한다. 기도할 때조차도, 그의 머리에서 아내가 떠나지 않았다고 한다. 지혜로운 아이론 싸이드 박사는 "젊은이, 죽을 때까지 아내를 잘 사랑하겠는가?"라고 물었다. 그 말을 들은 그 젊은이는 "박사님, 잘 모르겠는데요."라고 대답했다. 노 상담가는 "자네의 문제는 말야, 자네가 아직도 그녀를 잘 사랑하지 않고 있다는 점이야!"라고 알려주었다.

감정에 필요한 것은 이해가 아닌 사랑 그 자체다. 많은 시가 사랑을 노래했고, 소설, 연주 그리고 영화들이 사랑을 묘사했다.

인류는 지금까지 사랑의 이야기를 듣는 것에 결코 싫증내지 않고 있다. 그 중에서 어머니의 사랑만한 것은 없다. 진실한 남편의 사랑은 초자연적인 것이며, 성령 충만한 열매의 결과다. 그런 사랑은 세월을 통해 성장하고 무르익은 보물과 같고, 짧은 시간에 나타나는 것이 아니고 전 인생의 긴 시간을 통해서 요구되고 있다.

부부가 무조건적으로 자기들의 사랑을 완전히 나누게 될 때 사랑은 다툼, 분쟁, 낙심, 슬픔 그리고 이기심까지도 흡수할 수 있다.

이런 것은 부부 두 사람이 따로 존재할 때가 아닌, 두 사람이 성령이 충만할 때에 나타난다. 사랑은 불확실한 미래의 험로에 대한 것을 잘 알 수 있는 이상적인 길이다. 결혼은 자동차가 진동을 흡수하는 것과 같은 인생의 쿠션의 기능이 있다. 사랑을 양육하는 남편은 자기 발명품의 품질 보증서와 같다(갈 6:7,8 참고). 사랑은 인생에 있어서 아주 귀중한 것이다.

(1) 사랑의 테스트

다년간 결혼생활을 하고 있는 부부는 아내에 대한 남편의 사랑을 테스트 해 볼 필요가 있다. 다음과 같은 설문이 그 내용들이다. 각 문항마다 여러분은 0~10점까지 점수를 내고, 10문항 전체의 합산을 하면 총 점수가 나온다. 주의 깊게 읽고 채점하라.

1. ______ 당신은 아내가 필요로 하며 바라는 것에 대해 자신을 희생해 가면서 강한 애정의 마음으로 채워 줄 수 있는가?
2. ______ 당신은 아내를 인격적 동반자로서, 친구로서 충분히 이해하는가?
3. ______ 당신은 자유롭게 아내와 의논하며 공동 목적과 흥미를 갖고 있는가?
4. ______ 당신은 아내의 약점과 그녀가 필요로 하는 것을 존중하는가?
5. ______ 당신은 결혼생활을 성숙시키고 배우자를 잘 이끌 수 있는 성적 매력이 있는가?
6. ______ 당신은 당신을 닮은 자녀들을 도덕적이고 영적인 생활로 잘 인도하는가?
7. ______ 당신은 아내를 잘 이끌 수 있는 신실한 신앙이 있는가?
8. ______ 당신은 아내에게서 다른 여성들에게는 없다고 여겨지는 매력을 자주 느끼는가?
9. ______ 당신은 아내와 같이 있기를 바라는가?
10. ______ 당신은 아내의 성공을 참으로 존중하는가?

총점수 ______________

90~100점이 나오면 아주 잘된 것이고, 80점 정도는 더욱 사랑에 분발해야 하고, 70점 정도는 애정의 결핍이라고 할 수 있다. 그리고 70점 이하는 도움을 받아야 한다! 성령의 도움은 물론 담임 목사의 자문을 반드시 받아야 한다.

(2) 사랑은 무엇인가?

많은 사람들이 사랑은 감정이라고 생각한다. 여기에는 여러 가지 대답이 있을 수가 있다. 감정으로서 사랑은 행위적인 동기며 그런 사랑을 증명하는 최선책은 행위를 시험하는 일이다. 다음에 나오는 도표는 고린도전서 13장 4~8절을 근거로 작성되었고, 남편의 아내에 대한 사랑을 적용시킬 수 있다. 왜냐하면 성령의 역사로 남편은 아내를 잘 사랑할 수 있다는 의미가 포함되어 있기 때문이다. 사실, 사랑을 향한 아홉 가지 요소가 똑같지는 않다.

하지만 이 도표는 성령의 역사로 남편이 아내에 대해서 희생적인 사랑을 할 수 있다는 것을 보여준다.

<고린도전서 13:4~8>

사랑의 특색들

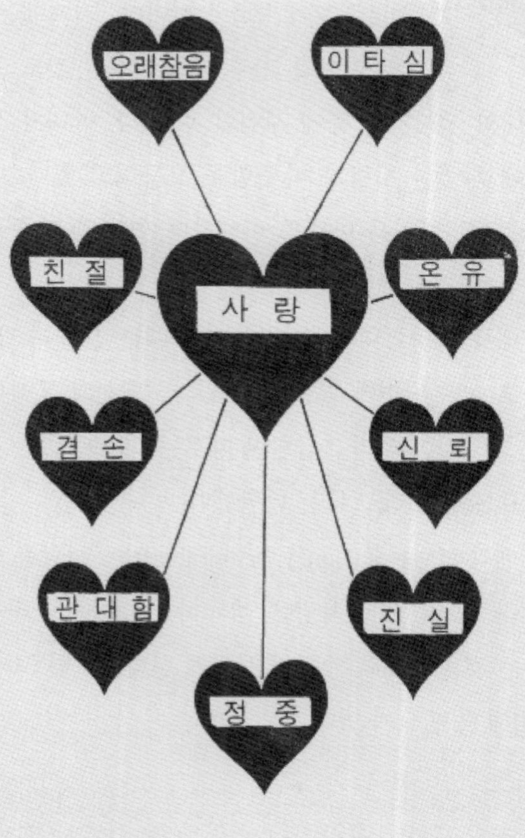

사랑의 특색들

오래 참음

진실한 사랑은 참고 견디는 것이다. 이것은 헬라어 단어에 그 내용이 잘 포함되어 있다. 이 의미는 '오래 참는' 것이다. 거기에는, 사랑스러운 퇴짜나 거부, 무조건적인 것도 포함되어 있다. 이것은 아내의 생리기간 중에 시험할 수 있다. 아내가 사랑이 약해졌을 때, 한번에 특별한 사랑과 따뜻함을 요구하고 있다. 아내의 생리기간 중에 지혜로운 남편은 아내를 이해하며, 아내의 짜증을 받아들이고 변함 없이 사랑한다.

"나는 내 아내를 사랑합니다. 그러나 어떤 때는 참을 수가 없어요. 잘못 됐나요?"라고 어떤 남편이 말한 적이 있다. "당신의 문제는 당신이 아내를 사랑하는 것보다 당신의 조급함을 때로는 더 사랑하는 것입니다. 지금부터라도 참으십시오."라고 나는 대답했다.

여러 해 전, 헨리 드럼몬드(Henry Drummond)는 "사랑은 이해하는 것이므로 기다리라."고 말했다. "욕망은 얻게 하는 것을 기다리지 못하게 하고, 사랑은 주는 것을 기다리게 하지 못하게 한다."고 빌 고싸드가 한 말을 오늘날 음미해 볼 필요가 있다.

여성에게 있어서, 모든 사랑의 표현 중 최상의 것은 친절이다.

여성들은 남성들이 생각하는 것보다 더 감정이 강하다. 여성은 남성들보다 훨씬 더 많은 고통을 겪을 수도 있다. 그리고 가정에서 남편과 자녀들의 불친절로 인해서 상처를 받을 수도 있다. 그런 것은 말씨에서 나타난다. 남편들은 시각적으로 자극을 받고 있고, 남편들은 자기 말에 책임이 있다는 것을 대부분 깨닫지 못하고 있다. 가정에서 가사를 돕다가 밖에서는 불평하는 남성들은 육신적인 사람일 뿐만 아니라 성별적으로 자멸하는 사람이다. 밤에 사랑과 기쁨 그리고 평화가 충만한 여인은 친절하고 부드러운 말을 하는 법이다. 그런 남성은 사랑의 동기가 강하고, 아내를 존중한다. 오직 결혼생활에서 이 두 가지가 극치에 이르도록 남성들은 최선을 다해야 한다. 사랑은 보답으로 나타나기 때문이다.

사랑은 여러 방법으로 표현된다-선물, 꽃, 예기치 않은 추억들 그리고 아내를 사랑한다고 표현하는 멋있는 제스처들로 나타난다. 모든 아내의 성격은 똑같지가 않다. 어떤 집의 아내가 필요한 것이 다른 집의 아내에게 있어서는 의미 없는 것이 될 수도 있다. 그러므로 여러분은 아내가 필요로 하는 것을 찾아서 여러분의 사랑을 잘 표현해 보도록 하라. 내 경우를 예로 든다면, 내 아내는 꽃을 아주 좋아한다. 그러나 개인적으로 그것들은 얼마나 낭비적인가! 내 생각 같으면, 인조 플라스틱 꽃을 집에 두면 물을 줄 필요도 없고, 오래 가고, 관상적이고 그리고 항시 좋게 보일 것이다. 그러나 나의 생각이 내 아내 베브에게는 아무런 의미가 없다-그녀는 인조 꽃을 아주 싫어한다. 결

과적으로, 나는 꽃가게에서 꽃을 사서 아내의 마음을 밝게 해주고 있다. 나는 다른 강사들과 연합집회를 5년 동안 하면서, 샌디에고 공항에서 매주 토요일 오후에 노란 장미 부케를 집으로 배달시키곤 했다. 그 부케들은 나에겐 아무런 의미가 없었으나 내 아내 베브에겐 큰 기쁨이 되었다. 그러므로 여러분도 아내 취향에 맞는 선물을 골라 꼭 해보시길 바란다. 물론 나는 지금도 변함이 없다. 생일, 성탄절, 결혼기념일, 발렌타인데이 때 여러분의 창조적인 선물을 아내들에게 해보시길 바란다. 친절은 부부관계를 돈독하게 해준다.

나는 내 딸 린다의 손을 잡고 식장에 들어가 사위 머프에게 넘겨줄 때-내 딸을 시집 보낼 때-목사 아버지로서 기쁨을 감추지 못했다. 나는 젊은 이들의 눈을 볼 때마다 깜짝 놀라곤 한다.

그들의 청순함이 나를 사로잡는 것 같기 때문이다. 나는 20년 이상 키워 온 내 가정의 보배인 첫 딸 린다를 세상의 경험이 없는 사위의 손에 넘겨 주었다(나는 오래 전 내 장인이 나에게 똑같이 해주신 것을 본능적으로 잊고 있었다). "여보게, 머프, 린다의 엄마와 나는 자네가 내 딸을 부유하게 또는 유명하게 해주라고 말하고 싶지 않네. 그러나 우리 부부는 자네가 우리 가정과 같이 그대로 해주길 바랄 뿐이네."라고 나는 내 새 아들인 사위에게 말했다. 나는 그 후 내 딸의 가정이 잘 되어가는 것에 대해서 하나님께 감사를 드렸다.

진실한 사랑은 매우 관대해서 배우자 한쪽을 참된 성공의 길로 이끈다. 우리 교회의 어떤 남편은 음치인데, 그의 아내의 목소리는 매우 아름다웠다. 나는 그녀가 노래할 때 그녀 남편도 같이 성가 연습하는 것을 보고 싶었다.

교인들은 그가 노래를 못한다는 것을 다 알고 있었다. 노래를 못하는 남편은 미성숙해서 아내에게 성가대에 앉지 말기를 요구했다. 그 후 그녀는 성가대에서 빠졌는데, 그것은 현명치 못한 판단이었다. 관대한 사랑은 부부 간의 금전문제, 좋은 일에의 투자 또는 재원의 활용 등을 좋게 감쌀 것이다. 사랑은 주는 것이다! 가장 좋은 사랑을 얻는 것은 곧 아낌없이 주는 것이다.

겸 손

교만은 살아가는 동안 많은 적을 만들어 낸다. 베드로전서 5장과 야고보서 4장은 마귀가 우는 사자같이 삼킬 자를 두루 찾고 있다고 묘사하고 있는데, 바로 교만한 자를 찾고 있는 것이다. 교만한 정신은 진실한 사랑의 파괴자이며 남편으로 하여금 성령의 충만을 받지 못하게 한다. 사랑이 있는 남편은 가정을 위해서 자기의 권리를 잊어버린다. 차고에서 최신 공구 세트를 갖고 일하거나 가장 성능 좋은 이동식 장비를 갖고 야단스럽게 일하는 남편들에게서 나는 감동을 받지 않는다. 오히려 아내를 위해 결혼 기념품을 주거나 완성품의 부엌 세간을 사주는 것에 더 감동을 받는다.

정 중

전자 문이나 자동문 같은 고안물들은 우리 시대의 풍요의 상징이나, 이런 것들 때문에 예의와 정중함의 행동들이 사라지고 있다. 나는 세계를 돌아보면서 사람들이 예의범절을 소홀히 하고 있음을 실감했다. 많은 남자들은 자기 아내를 위해 문을 열어주지 않으며, 길을 갈 때에도 아내를 에스코트 하는 법을 잊어버렸다. 물론 여성은 스스로 문을 열 수 있으나, 남성은 여성을 아끼는 마음으로 예의바른 행동을 하는 것을 연습해야 한다. 모든 여성은 나이를 초월해서 '특별한' 대우를 받아야 한다.

나는 아마도 특별한 여성인 내 아내를 위해서 25,000번 이상 문을 열어주었을 것이다(여기에는 내 세 딸들도 포함된다). 또 나는 나를 찾아 오는 교인들을 위해 25,000번 이상 즐거운 마음으로 문을 열어주었다. 나는 교인들을 숙녀들같이 대해 주었을 뿐만 아니라 여성으로서 대우하듯 기쁘게 해주었다. 내 딸아이 중 하나가 우리가 찬성하지 않은 어떤 기독청년과 데이트를 하게 되었다. 그 청년은 데이트를 하면서 우리 가정의 상태를 알았으나 그는 미숙했으므로 나를 감동시키지 못했다. 그런데 한번은 딸아이가 와서 우리에게 다음과 같이 푸념을 토했었다.

"으! 다음에는 그와 데이트를 안 할 거예요. 그렇게 차디찰 수가 없어요. 도대체 그는 숙녀를 대할 줄 몰라요." 그로부터 수년 후, 딸아이가 나에게 편지를 보냈다. 자기가 다니는 기독교 대학에서 만난 남자 친구에 대한 내용이었다. 그 애는 "추신 : 아빠, 아빠는 그이를 좋아할 거예요. 그이는 나를 숙녀같이 대해 줍니다."라고 썼다. 만일 그리스도께서 오늘날 사랑을 구현하신다면, 모든 여성들을 숙녀같이 대해 주실 것이다. 우리 남편들은 남편들의 이름을 사용하는 사랑스런 창조물들인 아내들을 덜 사랑해서는 안 된다.

우리는 지나친 이기심 때문에 결혼 생활이 파괴되는 것을 자주 보았다. 우리가 황급히 부언하지만, 사랑은 이기심과 자기 관점을 지울 것이며, 성령이 역사하는 사랑은 있는 그대로를 표현할 것이다. 모든 부부는 결혼할 때까지 나타나지 않는 각각 다른 취미를 갖고 살아왔다. 나는 스포츠를 좋아했고, 아내는 문화 애호가였다. 베브는 어느 정도 체육을 좋아했고 학점도 좋았다. 그래서 우리는 농구, 야구, 하키 등을 보려고 표를 예매하기도 했다. 나는 아내를 사랑했지만 그녀가 좋아하는 음악회나 오페라에 자주 같이 가지 못했다.

오, 나는 그녀의 입장을 생각했으나 거기에 대한 나의 감각이 둔했다. 그러나 나는 서서히 아내의 취미에 관심을 갖게 되었다. 그래서 우리는 보스톤 필하모닉 심포니 오케스트라나 차이코프스키 음악회 등에 자주 동반하게 되었다. 나는 나의 사적인 체험을 말하려고 하지 않는다. 나는 고난의 시기를 잘 넘겼으므로 잃어버렸던 것을 찾았다. 이것을 소개하기 위해서 이 책을 저술했다는 것을 독자들이 알아주기를 바랄 뿐이다. 어쨌든 아내는 나의 행동을 사랑하였다!

우리가 보는 바로, 가장 화목한 가정들은 대개가 다 성령이 역사하는 가정들이다. 불화하고 분쟁하는 가정들은 성령의 충만으로 온유하도록 노력해야 한다. 이런 사랑은 과민하지 아니하고, 방어적인 자세도 취하지 아니한다. 그리고 결코 성내지 아니하며, 말도 많이 하지 않고 감정에 휩싸이지도 않는다.

질투는 잔인한 십장이며, 성령충만한 결혼생활에 불필요한 반려자다. 보통 타인의 행동보다도 배우자의 불안정에서 질투가 야기되고 있다. 많은 부부들은 다른 사람들의 질투의 영향을 받아 배우자를 희롱하거나 약을 올려 부부 싸움을 하게 되는 경우가 왕왕 있다. 진실한 사랑은 신뢰하는 것이고 '악이 없는 생각'에서 나온다. 솔로몬은 '악한 추측'을 경고했다. 만일 여러분이 이런 성격과 생각을 갖기 원한다면, 항상 '사랑의 돋보기'로 여러분의 상황을 평가해야 한다. 사랑의 정신은 먼 거리를 같이 가주는 것뿐만 아니라 용서하는 것도 있다. 또 자신을 사랑하는 것은 빨리 자신을 비판하는 것이다.

속이는 것은 모든 인간관계에 해로울 뿐만 아니라, 결혼생활을 황폐화시킨다. "나는 나의 남

편을 신뢰할 수 없어요."라고 말한 어떤 비통한 부인을 알고 있다. 부부간에 속이는 비극은 결코 반복되어서는 안 된다. 자기 아내에게 "하얀 거짓말쟁이"라고 말한 남편은 곧 아내를 회색 거짓말쟁이나 검은 거짓말쟁이로 만드는 결과를 갖게 될 것이다. 어떤 아내들은 재정적, 도덕적인 면에서 결코 자기 남편들을 믿지 못하고 있다. 부도덕한 남편은 결코 신뢰받지 못한다는 것을 나는 확언한다. 남편의 바람은 재정적인 손실과 여러 가지 속이는 거짓말의 원인이 된다. 결국 범죄는 자기 자신을 잡아 묶는 죄의 거미줄이 되는 법이다.

진실한 사랑은 진실할 뿐만 아니라 정직의 도를 벗어나지 않는다-말과 행동에서 그렇다. 진실한 사랑은 말로만 되는 것이 아니다. 남편이 나빠졌거나 잘못된 행동을 한 것에 대해서 뉘우쳐 고통스러움을 느끼게 되면, 아내에게 사과하게 된다. 그는 무엇을 해야 하는가? 나는 나의 비이성적이며 잘못된 결정을 쉽게 깨닫지 못했었다. 남성의 자존심은 자기 주장만 내세우는 것같이 보인다. "아내에게 봉사하라구요! 그렇게 되면 아내는 더 나빠져요."라고 말한다. 그러나 사랑은 계산적인 것이 아니고 한 수 더 뜨는 것도 아니다. 그 대신 사랑은 공동 목적을 하나로 추구하는 것이고 오해를 바로 고쳐준다. 성령이 충만한 남편은 자기의 잘못을 하나님께 고백해야 하고 가정들에게 급히 인정해야 한다.

은혜가 풍성하신 하나님은 남편이 죄를 회개하고 진실하면 용서하시고 은혜를 더 베풀어 주신다. 좋은 관계에는 불필요한 고통이 없다. "여보, 내가 나빴어. 당신, 나를 용서해 주구려. 당신의 마음을 아프게 해서 미안해."라고 성실한 남편들은 자기의 실수를 착한 아내에게 고백할 것이다.

⑶ 사랑에는 실패가 없다.

사랑은 가정의 먹고사는 것을 책임지는 실제적인 것이며, 사랑은 변함없이 찾아오는 계절과 같다. 최근에 나는 우리 집 뒷마당에서 묘기를 부린 적이 있다. 뒷마당 비탈진 언덕에다 씨를 심고 비료 세 포대를 사서 뿌렸다. 2주일 내에 집 뒷마당은 새싹으로 푸르게 되었고 곧 잘 자라게 되었다. 6주 내에 남 캘리포니아의 우리 집 뒷마당이 푸르게 되었다! 생각지 않은 계절에 씨앗들은 잘 자랐던 것이다. 만일 내가 2-3개월 일찍 파종했다면, 잡초같이 무성했었을 것이다.

여러분은 사랑의 강도는 들쭉날쭉하며, 영적인 상태의 영향을 받으며, 직업상의 이유와 외압의 관계의 영향을 받는다는 것을 알아야 한다. 어떤 잡지 기사에 의하면, 사회적으로 성공한 사업가들은 아내를 겨우 일주일에 한 번 정도만 만난다고 한다(20% 정도는 다른 부업활동을 하고 있다). 조사한 부부의 2.5% 정도만 한 주일을 같이 지낸다고 한다. 그리스도인 부부 1700쌍 중 대부분은 일주일에 세 번 정도를 같이 보낸다는 통계도 있었다.

그러면 당신은 무엇을 생각하는가? 나는 대부분의 사업가들이 사업의 중압감 때문에 사랑의 관심이 식어지고 있다고 생각한다.

사실, 사업의 관심이 커질수록 성적인 욕망은 시든다는 보고도 나온 일이 있었다. 강한 욕망이 있는 사람은 육신적인 사업가요, 일을 마치고 집에 가서도 일만 생각하고 있는 일벌레인 것이다.

일에 사로 잡힌 남자나 여자는 그들의 배우자에 대해서 사랑의 표현이 점점 식어간다는 것이 그 보고의 주안점이다. 일주일에 다섯 번 정도 설교하는 목사는 토요일 저녁에 가정에서는 빵점 남편이다. 가장 바쁜 세일즈맨이나, 전문직 종사자들, 그리고 일 년에 한 번 정도 인척을 방문하는 아내들은 거의 다 지쳐있다고 한다. 어떻게 보면 질질 끌 수 없는 자연적인 현상인지도 모른다.

이런 때일수록 고린도전서 13장 8절 "사랑은… 언제까지든지 떨어지지 아니하나…"를 생각해야 한다. 그렇다, 사랑에는 '실패가 없다'는 것을 기억하라.

⑷ 사랑의 불을 화끈하게 붙이는 법

"나는 더 이상 내 아내를 사랑하지 않습니다."라는 낯선 울부짖음을 상담하러 온 그리스도인에게서조차 종종 듣는다. 그런 생각을 하고 있는 대부분의 남자들은 비극적인 질병의 희생자들이다.

불행하게도, 이런 추세가 증가일로에 있다. 결혼생활에서 받는 스트레스 때문에 나는 남성들에게서 다음과 같은 소리를 종종 듣는다. "우리 부부는 신혼생활의 사랑의 상태로 결코 돌아갈 수 없어요! 나의 문제는 내가 내 아내와 결혼했다는 것입니다." 나는 상담 목사로서 일반인은 물론 그리스도인에게서도 그런 도전적인 말들을 자주 듣는다(그렇게 되면, 그들이 그리스도인이든 아니든 간에, 나는 솔직히 그들을 도울 수 있는 방법을 알 수가 없게 된다). 나는 수년 전에 그런 부부들을 도울 수 있는 삼 단계 원리들을 계발했다.

① 성령과 동행하라.

결혼은 부부 둘만의 관계가 아니고, 성령이 포함된 삼자 간의 관계다. 우리가 성령과 동행할 때에, 하나님은 우리 모든 부부에게 풍성한 사랑을 공급해 주신다! 부부 관계의 파괴는 곧 하나님과의 관계의 파괴를 의미한다.

사실, 나와 내 아내 베브는 성령과 동행하지 않음으로써 한때나마 파탄 일보 직전에 이르게 된 일이 있었다. 그러나 우리 부부는 죄를 하나님께 고백하고 회개함으로써, 사건 해결의 실마리를 찾을 수 있는 눈을 뜨게 되었다.

② 결코 배우자의 약점을 생각하거나 모욕, 창피, 상처를 주는 말을 하지 말라.

내가 상담했던 대부분의 사람들은 '사랑의 결핍' 증세 때문에 위에 열거한 것들을 서슴없이 말해 배우자의 가슴을 아프게 한 경험들이 있었다. 이런 유해한 말들은 각종 유해물질과 거품이 둥둥 떠있는 썩은 물탱크와도 같다. 만일 이 말이 여러분에게 거슬리게 들린다면 여러분은 배우자를 충분히 이해하지 못하고 있다는 증거다. 성경은 "대저 그 마음의 생각이 어떠하면 그 위인도 그러한즉…"이라고 말씀하고 있다(잠 23:7). 사람은 생각하는 것을 그대로 말하는 법이다. 죄악 된 생각, 부정적인 생각을 하는 사람은 파괴적인 감정을 갖게 되므로, 성령이 역사하시는 그리스도인들은 좋은 생각과 감정을 갖도록 해야 한다.

③ 배우자의 10가지의 장점을, 3주일 동안 매일 두 번씩 하나님께 감사하라.

성령이 역사하는 그리스도인들이 끊임없이 지켜야 할 규칙들을 우리는 앞에서 말했다. 즉 "범사에 감사하라"이다. 끊임없이 좋은 감정들을 괴롭히는 것들을 감사로 돌려라. 자기 아내의 장점 열 가지를 한번 작성해 보아라. 그리고 매일 아침 하나님께 감사하며 그 열 가지를-사랑에 장애가 되는 것까지도 포함해서-저녁에도 감사하게 생각하라(나는 또한 남편이 아내를 싫어하게 되는 요소들도 감사하라고 말하고 싶다. 그러면 부부의 사랑은 깊어진다). 사랑의 전투는 승리하게 되고 부정적인 것들은 마음에서 사라진다. 아주 조용하게, 마음은 생각의 종이 되어갈 것이다.

이런 가장 좋은 빛과 같은 방법을 수년 전에 이용한 한 친구가 다음과 같이 고백했다. "나는 더 이상 내 아내를 사랑하지 않았어. 사실 우리 부부는 3개월 이상을 같이 자지 않았다구." 그래서 우리는 그의 아내의 장점 열 가지를 여러 장의 종이에 쓰기 시작했다. 그 친구는 매일 아침 조용한 시간에 명단에 적은 열 가지를 감사하며, 저녁에 귀가한 후, 35분 정도 감사하는 마음을 갖도록 나와 약속했다. 10일 이내에 그 친구는 "우리는 같은 침대를 쓴다구!"라고 연락해 왔다. 그리고 3주가 지나기 전에 "나는 내 아내를 신혼 때보다 더 사랑하게 되었어!"라고 나에게 말했다. 나는 내 친구에게 자기 아내의 열 가지 장점의 항목을 외울 수 있느냐고 물었더니, "오, 물론, 3일 만에 다 외웠지. 나는 카드에 다섯 가지 이상을 더 작성했다구. 나는 아내를 너무 사랑해."라고 말했다.

아내의 장점 열 가지에 대해 말하지 않는 자는 결코 하나님께 감사할 수 없다. 여러분은 내 친구가 작성한 스물다섯 가지 항목을 상상해 보라. 여러 해 동안 내 친구 부부는 아주 잘 지냈는데, 몇 달 전, 내 친구는 나와 점심 식사를 하면서 "우리 부부는 말야 다시 사이가 나빠졌어!"라고 슬프게 말했다. 내가 그에게 과거에 작성한 장점 카드 항목들을 기억하고 있느냐고 묻자, "나는 자네가 의도하고 있는 것을 알아."라고 말했다. 그리고 다시 나와 내 친구는 그 주간에 걸쳐서 그의 아내의 장점을 찾는 작업을 했다.

그 후 내 친구 부부는 사랑에 불을 붙이는 데에 성공했고, 모두들 하나님께 감사했다.

(5) 남편:왜 당신인가?

"왜 하나님은 나에게 내 아내를 네 번씩 사랑하라고 하며, 직접 그녀에게 나를 사랑하라고 명령하시는가?"라고 묻는 남편들이 있을 수 있다. 나는 다년 간 연구했으므로 그 질문에 대해 두 가지 가능한 대답을 제공할 수 있다. 첫째로 여성들은 사랑받기를 원하고 있다: 어떤 여성이 말한 대로, "사랑이 없는 내 인생은 의미가 없어요!"라는 것을 기억해야 한다. 두 번째로, 남성은 사랑하는 기회를 자주 만들어야 한다. 본능적으로, 여성은 사랑을 받을 수 있는 거대한 용량이 있고, 남성은 사랑을 배양할 수 있는 능력이 있다. 그것이 사람이 성령의 역사와 더불어 살아야 하는 이유다. 남편은 하나님의 명령대로 배우자를 평생 동안 사랑해야만 하는 성령의 능력을 받아야 하며, 아내는 아내로서 순진하게 남편의 사랑을 기대해야 한다.

오래 전 학창시절에, 남성은 자기 가정의 사랑의 음색을 갖추어야 한다고 나는 생각했다. 여성들은 기본적으로 자기들에게 주어진 사랑에 대한 응답자들이 되어야 한다. 나는 지금까지 자기에게 잘해주는 좋은 남편 곁을 떠난 아내들을 결코 보지 못했고, 또 자기 아내에게 잘하는 남편의 상담을 결코 요청받지 못했다.

남편의 사랑의 표현에는 비용이 필요한 것이 아니고 정직함이 필요하다. 목회 초년시절 어느 금요일 저녁, 나는 사랑이 없는 어느 부유한 가정의 심방 요청을 받고 심방한 일이 있었고, 그 다음날에는 자기 아들이 군입대 하는 우리 교회에서 제일 가난한 가정의 기도요청을 받고 심방한 일이 있었다. 그 가정은 너무나 가난해서 가구도 없었으므로 오렌지 과일 박스를 식탁용 의자로 대용해서 나를 앉게 했다. 그 집에서 기도할 때, 나는 그 집에 사랑이 있다는 것을 느꼈다. 그 집 가장의 급료는 너무 적어서 기본생활도 못하고 있었으나 사랑은 풍성하게 있었다!

(6) 사랑과 허드렛일 하기

옛날 농장에 사는 농부는 '남편'과 '아내'의 일이 분담되어 있었던 것같이 보인다. 아내는 집안의 모든 일에 대해서 책임을 졌고, 남편은 밖의 모든 일에 대해서 책임을 졌다. 지혜로운 일이었다. 왜냐하면 사랑하는 남편이 밖의 모든 어려움을 집에서 잊을 수 있었기 때문이다. 오늘날에는 넓은 농토가 줄어들었고, 정원도 좁혀졌다. 남편들이 아내를 도와 설거지를 하거나 애들을 돌보기도 하며 아기들의 기저귀를 갈아주기도 한다(물론 이것은 애들의 건강에 좋다). 만일 아내가 직장 생활을 해야만 한다면, 집 안에서 남편이 해야만 하는 허드렛일들이 계속 늘어날 것이다. 아이가 성장한 후, 남편의 외조는 남편의 사랑의 공로이며 남편의 헌신으로 여겨진다.

집에서 사랑하는 마음으로 아내를 돕고자 하는 남편은 때로는 아내에게 경고의 말도 해야 한다. 젊은 어떤 아내들은 남편이 응당 자기들을 무조건 도와야 한다고 역설한다. 보상적인 도움은 피하라! 부언하면, 여자들은 가정 관리사라는 것을 기억하고, 가사의 허드렛일을 자기의 할 일로 생각하여 자기의 일을 포기하지 말아야 한다. 책임적으로 가사는 아내의 주된 일이다. 만일 사랑하는 마음으로 남편이 가사를 효과적으로 돕고자 한다면 아내의 계획 아래에 자신을 두어야 한다. 남편은 가정에서 아내의 계획이 이뤄지도록 도와주어 남편의 본분을 다해야 한다. 좋은 관리자는 먼저 좋은 협조자가 되어야 한다는 것이 관리학의 지론이다. 만일 아내가 접시들을 찬장 높은 곳에 두기를 좋아한다면, 그대로 두어야 한다. 아내는 남편에게 공구를 어떻게 배열하라고 말하지 않는다. 남편은 사랑으로 실제적인 제안을 하도록 해야 하되 임기응변적으로 잘 해야 한다. 아내의 가정의 계획을 존중할 때 남편의 사려 깊은 노력이 아내를 돕게 된다. 그렇지 않으면 남편의 좋은 도움이 바로 부부 싸움의 원인이 될 수 있다.

⑺ 사랑의 시간 만들기

우리 시대의 억압받는 세대는 우리의 자유로운 시간을 침해하고 있다. 스위치 장치와 시간을 절약하는 전자 기구들이 있음에도 불구하고, 우리는 선조들보다 더 많은 시간을 낼 수 없다. 개인적으로, 나는 우리들이 선조들보다 더 많은 일을 한다고 생각한다. 그러나 우리가 그들보다 더 많은 성취를 한다고 확신하지 않는다. 과거 1900년경 사람들은 1년에 평균 1,000마일 이상을 여행하지 못했으나, 이 시대의 성인들은 1년에 평균 30,000마일 이상 여행을 한다는 통계가 나왔다. 그것이 사실이라면, 선조들이 일생 동안 여행한 것보다 더 많은 거리를 현대인들은 단 2년 사이에 다 해버린다는 말이다. 그렇다고 해서 사랑하는 데 시간이 없다고 그렇게 서두르지는 말라.

"내 남편은 두 개의 직업이 있어요(첫째는 본업, 둘째는 13가지의 취미 활동들). 그래서 나를 위하는 시간을 내지 않아요."라고 많은 아내들은 슬프게들 짜증을 내고 있다. 나는 자주 아내들이 올바르게 외치는 것을 듣는다. 만일 그 사실을 깨닫지 못한다면, 남편의 결혼생활은 더 복잡해지고, 끝내는 멈추지 못하는 파경으로 빨리 떨어지고 만다. 지혜로운 남편들은 수첩에 '가벼운 여행', '외식', '부부만의 시간' 등의 스케줄을 짠다. 아이들이 귀가한 후에도 그런 것은 진행된다. 예산에 그런 나들이 경비도 짜서 꼭 실천하라. 그것은 부부에게 상당한 시간을 줄 뿐만 아니라 사랑의 신비와 전율을 가져다 준다. 우리는 적어도 석 달에 한 번씩 그렇게 하도록 다시 권고한다-여러분은 그렇게 할 수 있다.

"여보, 나 당신 사랑하고 있어. 그리고 당신과 같이 시간을 보내서 참 좋아."라고 남편들은 아내들에게 다정히 속삭여야 한다.

(8) 사랑을 말하라.

나는 강연할 때마다 많은 남편들에게, 중요한 말을 강조한다.

"여러분의 아내에게 사랑을 말로 표현하세요."라고 말이다. 남편이 아내에 대한 사랑의 표현을 말보다는 생각으로만 하고 있어도, 아내가 만족할 거라고 생각하는 경우가 있다. 그러나 그런 생각은 잘못된 것이다. "아빠, 나 사랑해요? 왜 말씀 안하세요?"라는 소리를 남자들은 무릎 위에 앉아있는 어린 딸들에게 자주 들을 것이다. 딸아이들이 자라서 아내가 되지만, 그들 본성에는 어린시절의 사랑받기를 원하는 마음이 있으므로, 남편들은 아내들에게 사랑의 말을 아껴서는 안 된다. 그 사랑의 말과 표현이 더 낭만적일수록, 그 결과는 더 좋은 법이다.

물론, 나는 아내들이 반복적으로 그런 말을 듣기를 원한다고 말하지는 않는다. "당신을 사랑해. 당신을 사랑해. 당신을 사랑해."라고 당신이 말한 만큼, 사랑의 실천을 해야 한다. 아마도 남편들은 이런 관계에서 제일 위험한 사람들일 것이다. 남편들은 과거에 꿈꾸어 온 것을 확신과 신뢰로 이룰 수 있는 세대다. 남편들은 아내를 사랑하고 또한 아내의 사랑을 기대하고 있다. 남편들은 아내들이 사랑의 계약을 지키기를 원하고 있다.

결혼한 딸이 있는 부모로서, 나는 아버지가 딸의 결혼 예물시계를 선사한 아름다운 이야기를 알고 있다. 결혼 때 사위는 금시계를 받았는데 "매일 셀리에게 좋은 말을 하시요."라고 뒤에 쓰여져 있었다. 이렇게 사랑의 말이 매일 있으면 결혼생활은 행복해진다. "아내를 사랑하라! 아내를 사랑하라!"라고 하나님은 말씀하신다. "그리스도가 교회를 사랑하신 것같이 남편들은 아내를 사랑"해야 한다.

3. 가정의 생활을 책임지는 남편

태초부터 남성은 가정생계 부양의 책임을 지게 되었다. "네가 얼굴에 땀을 흘려야 식물을 먹고…"라고 창세기 3장 19절에서 하나님은 아담에게 말씀하셨다. 그렇게 말씀하신 그 날부터, 남자는 가정의 물질문제와 가정의 심리적이고 육체적인 보호를 해결해야만 했다. 신약성경에서는, 남자에 대해서 가르치기를 "누구든지 자기 친족 특히 자기 가족을 돌아보지 아니하면 믿음을 배반한 자요 불신자보다 더 악한 자니라"라고 기록되었다(딤전 5:8).

결혼생활에서 남편이 일차적으로 가족생계 부양에 책임을 지지않게 될 때마다, 가정에서 남편의 리더십과 자존심은 약화되기 시작한다. 물론, 특수한 경우와 상황 때문에 일시적으로 남편 대신에 아내가 가족생계를 책임질 수도 있다. 이런 경우에는 아내의 헌신을 높이 평가해야 한다. 그러나 계속 그럴 수는 없다. 역할론적 입장에서, 남편은 가정의 의식주를 책임져야 한다. 아내가 직장을 가져 집세, 가구, 교육비 등을 책임지는 경우가 있을 수도 있다. 물론 남편이 책임지지 못하는 경우도 있을 수 있다.

만일 아내의 직장이 안전해서 오랫동안 꾸준히 봉급이 지불되거나 수입이 계속 늘어나면 사실 직장을 그만 둘 수 없는 것이다.

그럴수록 남편은 평생 동안 가족을 책임져야 한다는 책임의식을 더욱 갖게 된다. 부에 대한 잘못된 욕망들 중의 하나는 직업교육을 받지 못한 남자들이 노동을 하지 않고 일확천금을 꿈꾸는 것이다. 왜냐하면 자유로운 미국 정부는 그들의 능력에 비해서 많은 보조금을 주기 때문이다. 이런 것이 오래가면 떳떳하지 못하다.

왜냐하면 남편의 자존심과 책임의식이 손상되기 때문이다. 결국에는 그런 남자들은 아무것도 얻지 못한다.

오늘날과 같은 기술시대에 남자들의 직업은 얼마든지 있다. 만일 남자가 성공하기까지 결혼을 미룰 수 없다면, 그와 그 아내 될 여성은 가족을 갖는 것을 어느 정도 미뤄야 한다. 계속되는 인플레 등으로 집세와 여러 생활비를 지불하는 데 신혼생활이 큰 곤란을 겪을 수도 있다. 이런 진지한 문제들이 있음에도 불구하고, 이단적인 교인들은 자기들이 실제로 하나님을 의지하지 않으면서도 심리적으로 할 수 있다는 최면 하에 무리하게 가족을 가지려고 한다.

성령이 역사하는 가정의 가장은 게으르지 아니하며 물질숭배자도 아니다. 그 대신 "너희는 먼저 그의 나라와 그의 의를 구하라"는 마태복음 6장 33절의 말씀을 추구한다. 남편은 이 말씀에 근거하는 두 가지를 마음속으로 지켜야 한다. 첫째는, 그리스도인 남성이 사업에 성공하는 것은 나쁘지가 않다. 그러나 사업이 영적인 것을 넘어가면, 그와 그의 가족은 어려움을 겪는다. 두 번째로는, 하나님은 일하지 않는 자에게는 물질의 축복을 주시지 않는다는 사실이다. 하나님이 아담에게 기본적으로 명령하신 점은 남자는 이마에 땀을 흘려가면서 가족을 먹여 살려야 한다는 것이다. 세월이 지나면서 나는 이런 것을 깨닫고 하나님께 내가 내 가족을 잘 부양할 수 있게 해달라고 기도했는데, 하나님은 응답하여 주셨다. 하나님은 나에게 정규적인 수입 외에 많은 부수입의 축복을 주셨다. '하늘의 만나'와 같은 진귀한 축복을 나에게 주셨다.

남자들은 본능적으로 극단주의자들이며, 사탄은 여러 방법-게으름-으로 남자들을 파멸로 몰고 가려고 한다. 게을러서 자기 일생을 매우 단조롭게 살아가는 많은 남성들을 나는 보아 왔다.

나는 수년 동안 어떤 40대 가장에게 전문적인 직업교육을 받도록 도왔다. 결국은, 나의 일을 돕도록 했는데, 우리는 그를 내보내고야 말았다. 그는 자주 늦게 출근했고, 비생산적으로 일하고 나서 저녁에 돌아가곤 했다. 처음에 우리는 그를 붙들고자 많은 급료도 주었다. 그는 가족에 대해서 무책임한 삶을 살고 있었고 육신적으로 게을렀고, 그리스도인으로서 큰 비난을 받을 만하게 살고 있었다.

두 번째로 그는 너무 극단적이었다. 그 그리스도인 남성은 가족을 부양하는 일과 영적인 생활을 피하고 있었다. 노동의 회피는 성령의 역사가 아닌 자신의 게으름이다. 성령이 끊임없이 역사하는 남편과 가장은 비록 그가 어려운 일을 하고 있을지라도 업무에서 오는 고통을 잘 참고 일하며, 가족을 위해 일을 한다.

이것에 관련되어서 주일성수를 하지 않는 소수의 그리스도인 남성들을 나는 알고 있다. 슈퍼마켓을 바쁘게 경영하고 있는 한 그리스도인 남성은 자기 가족을 위해 교회에 가지 않고 돈을 벌고 있다고 했다. 그는 교회에는 거의 오지 않으면서 자기는 "주님을 사랑했노라"고 확신하고 있었다. 근본적으로 그는 잘못된 신앙생활을 하고 있었다-그것은 그의 가정에서 엿볼 수 있다. 그의 세 딸들은 큰 믿음이 없었고, 교회도 잘 안 나왔으며, 결국 불신자들과 결혼했다. 그러다가 자기 아내가 다른 남자와 눈이 맞아 가출하자, 그는 나에게 찾아와 신앙상담을 요청했다. 나는 그가 인생살이에 비싼 대가를 치르고 있다고 생각했다.

나는 경우에 따라서 그리스도인 사업가들이 어쩔 수 없이 사업하는 것을 나쁘게만 보지는 않는다. 구약성경에서조차도 안식일에 양이 구덩이에 빠졌으면 건져내라고 가르치고 있지 않은가.

그러나 상습적으로 매 주일 일해야만 하는 그리스도인 남성들은-주일에 아버지 집에 가야만 함에도 불구하고-잘못된 직업을 갖고 있다. 나는 주일성수하는 사업가들이 이런 면에서 하나님을 의지하다가 기적을 체험하는 것을 봤고, 그들이 "항상 하나님이 채워주신다!"고 고백하는 것을 많이 들었다. 하나님을 전적으로 의지하는 사람은 복이 있다. 이런 사업가의 재능, 힘 그리고 창조 능력은 하나님이 주신다. 그리고 그들은 하나님의 영광을 위하여 사업을 한다. 먼저 사업적으로 하나님을 의지하는 사람은 결코 실패하지 않는다.

4. 아버지와 교사로서의 남편

하나님이 아담과 하와에게 주신 첫 계명은 "생육하고 번성하여 땅에 충만하라, 땅을 정복하라…"라는 창세기 1장 28절의 말씀이었다. 그 때 이후로, 아버지 자격은 남편의 중요한 역할이 되었고, 이런 부가된 직분을 성실히 행하는 남자들에게는 복과 부의 원천이 되었다. 최근 수년 간, 현대 과학자들은 산아 제한을 계획하는 젊은 부부들과 아이를 갖지 않으려고 하는 젊은 부부들을 조사하였는데 놀라운 사실들을 발견했다. 인문주의적인 교육자들과 대중적인 사회문제 연구가들은 미국의 가족 수가 감소하고 있다고 말했는데, 실제적으로 매년 약 1.6%의 아이들이 미국에서 줄기 시작했다. 성경과 기독교의 가르침에 우선적으로 따라야 할 기독교 가정들에도 이런 현상이 예외 없이 나타나고 있다. 시편 기자는 장래의 모든 부모들에게 다음과 같이 말하고 있다. "자식은 여호와의 주신 기업이요 태의 열매는 그의 상급이로다 젊은 자의 자식은 장사의 수중의 화살 같으니 이것이 그 전통에 가득한 자는 복 되도다 저희가 성문에서 그 원수와 말할 때에 수치를 당치 아니하리로다"(시 127:3~5). 옛 히브리 관습에서 '전통'은 화살 다섯 개 이상을 담아 싸울 수 있는 전사를 상징하고 있다.

시편 기자의 말대로, 자녀들은 이런 복이었다. 다섯 이상의 자녀를 둔 남성은 복 되다는 것을 생각해 본 적이 있는가?

내 아내 베브와 나는 이 문제로 얼마간 편견을 갖게 되었는데 그 이유는 하나님이 주신 네 아이를 더 늘리라는 것으로 생각했기 때문이다. 또한 그 전에 우리는 한 아이를 잃었다. 주님의 축복 안에서 자녀들을 늘릴 수 있다고 말할 수 있다. 우리가 꿈꾸었던 것보다 더 많은 축복을 하나님은 우리에게 부어주셨다. 그러나 우리 자녀들보다 더 귀중한 보배는 없다-설사 그들에게 다섯 손자들은 없어도 말이다. 우리는 젊은 부부들이 이런 인생의 제일 좋은 축복을 스스로 저버리는 것을 볼 때마다 서글퍼진다.

대부분의 사람들은 자녀들을 갖고 있으나, 그 수를 늘리는 것을 어려운 문제라고 생각한다. 아버지 역할은 열심히 일하며, 희생하며, 시간을 투자하는 것을 필요로 하고 있으나, 그것은 나중에 보상이 된다.

⑴ 아버지의 본성

성령이 충만한 아버지는 그의 역할에 관한 하나님의 말씀을 소홀히 하지 않는다. 에베소서 6장 4절에 "또 아비들아 너희 자녀를 노엽게 하지 말고 오직 주의 교양과 훈계로 양육하라"고 기록되었다. 다음의 것들은 우리가 개인적으로 깊게 생각해야 하는 세 가지의 고전적인 방법들이다.

① 아버지는 자녀들을 사랑해야 한다.

"여러분의 자녀들을 분노로 다스리지 말라." 모든 자녀들은 부모에게서 사랑받기를 원하고 있다. 만일 자녀가 사랑을 받지 못하거나 부모의 사랑이 미치지 못하면, 자녀는 분노로 가득 차게 된다. 오늘날 청소년들을 연구하는 사람들은 청소년들의 반항심은 부모들의 무관심과 사랑의 부재 등에서 나온다고 말하고 있으므로, 부모들은 사랑에 굶주린 자녀들을 잘 보살펴야 한다. 〈불행한 청소년들 : 동성연애에 빠진 사례〉 들을 연구할 때, 나는 동성연애자들이 증오로 가득 차 있음을 보고 놀랐다. 나는 이미 분노의 문제에 대해서 알고 있었고 그런 부부들과 많은 상담을 했었다. 그래서 담즙질 소유자들의 분노를 잘 알고 있다고 생각했다. 그러나 나는 동성연애자들의 분노에 대해서는 생소했다. 그런 경우 대부분의 문제는 무엇인가? 바로 아버지 때문이다. 많은 동성연애자들을 지도해본 적이 있는 한 목사님은 "나는 300백명 이상의 동성연애자들을 상담해 보았는데, 그들 중 대부분은 아버지와의 관계가 안 좋았습니다."라고 말했다.

청소년 문제를 많이 다룬 한 소년법원 판사는 "나는 법정에 오기 전에 아버지와 같이 낚시를 하거나 운동경기를 한 소년을 알고 있습니다."라고 말했다. 그런 문제는 내 견해로는 아버지가 충분히 사랑을 전달해 주어야 하며, 비록 바쁘다 할지라도, 어른이 될 때까지 자녀들을 즐겁게 해주어야 한다고 본다. 그렇다고 자녀들에게 안달하거나 그들의 본성을 뚜렷하게 하라는 말은 아니다. "아이의 마음에는 미련한 것이 얽혔으나 징계하는 채찍이 이를 멀리 쫓아내리라"고 지혜로운 솔로몬은 잠언에서 말하고 있으므로, 우리는 그 말을 마음에 두어야 한다. 아무리 자녀들을 사랑한다 할지라도 성령이 충만한 아버지는 자녀들의 약점을 마음에 두어야 한다. 왜냐하면 그것이 분노로 나타날 수 있기 때문이다.

자녀들의 분노는 부모의 사랑이 소홀하거나 결핍될 때에 심하게 나타날 수 있다.

내 친구들 중에 오토바이 광이 있다. 그는 모든 경기에 참가해 많은 승리를 하였다. 그의 차고에는 자기 가족 수보다 더 많은 각종의 오토바이가 있을 정도다. 그의 장남 역시 험한 도로를 달리는 오토바이 선수가 되었고, 부자는 많은 시간을 오토바이를 타고 고치는 데에 보냈다. 그리고 다음의 거친 시합을 준비하곤 했다. 그러나 그 무렵 그 소년은 나쁜 비행소년들과 사귀기 시작했고, 학교에서 쫓겨 날 정도에 이르게 되었다. 그 아버지는 이 아들을 위해서 간절히 기도했다. 결국 학교에서 퇴학을 시키겠다는 통보가 있었으므로 그는 아버지에게로 돌아왔다. 소년의 아버지인 내 친구와 소년은 계속 오토바이를 탔고, 여러 경기에 참가했다. 아버지는 소년의 행위에 잔소리를 하지 않았다. 놀랍게도 그 소년은 지상에서 자기를 이해해주는 사람은 자기 아버지뿐임을 깨닫게 되었다. 그는 그리스도를 영접했고, 나쁜 친구들을 끊었고, 신앙이 있는 그리스도인 여성과 결혼하여 사업에도 크게 성공했다. 아버지는 더욱 그를 사랑하게 되었다!

② 아버지는 자녀들을 가르쳐야 한다.

만일 의식 있는 아버지들이 계속 자녀들에 대해 무관심하면, 자녀들의 교사로서의 아버지 책임을 면할 수 없다. 일차적으로 어머니가 유아 시절의 교사이기 때문인데, 많은 남성들은 자녀들이 커 갈수록 교사로서의 아버지 책임을 안 지려고 한다. 이에 대해서 성경은 명백히 말하고 있다. "아비들아, 너희 자녀들을 주의 교양과 훈계로 잘 양육하라." 이 말씀대로 부모들은 그들을 하나님의 말씀으로 훈련시키고 교훈해야 한다.

자녀들은 본능적으로 진실을 말하지 못한다. 또는 자기가 한 일에 대해서 책임을 지지 못한다. 이런 것들은 훈계와 교훈으로써 서서히 잡을 수 있다. 부언하면, 자녀들은 나이와 성별에 적합한 훈련을 받아야 한다. 불행하게도, 우리 세대에는 전자 기구들이 너무 발달해서 젊은이들이 배워야 할 것들이 훨씬 복잡해졌다. 옛 시대의 삶은 매우 단조로웠다. 아버지의 공구는 몇 개 안되었으므로 자녀들은 어려서부터 그것들을 일찍이 아주 쉽게 배웠다. 그러나 오늘날의 힘 있는 현대적인 공구는 특별한 문제들이 있다-물론 그걸 다 배워야 한다. 그리고 아버지는 그런 것들의 좋은 안내자가 되어야 한다. 만일 아버지가 숙련의 기술, 스포츠 그리고 사회적인 관습을 배운다면, 자녀들은 아버지의 말을 잘들을 것이며 아버지가 전해주는 기술 이야기나 하나님의 말씀을 잘 경청할 것이다.

③ 아버지는 자녀들을 훈련시켜야 한다.

아버지 역할들 중에서 제일 힘든 것은 훈련이다. 그것없이, 부모 역할을 하기가 참으로 힘들다. 오늘날 우리들은 "자녀들이 불평한다."는 소리를 자주 듣는데, 이런 것들은 언론의 판에 박힌 견해와 연방정부 관료들을 통해서 곧잘 '위기'로 표현된다. 그들은 사특하게 미국 국민들을 선동해 입법을 동원해서 우리의 사생활을 방해하려고 한다. 이런 현상은 에너지 위기보다 더 심각하다.

응급실 의사들이 환자를 심각하게 보는 것같이 아이들의 불평은 크게 증가되고 있다. 무엇 때문에 어른들은 어린이들을 학대할까? 자기 자신을 조절하는 훈련을 받지 못하게 했던 좌절 때문이다. 보통 가정에서 문제가 되는 것은, 자녀들이 자기들의 욕구를 관철하기 위해서 졸라대는 것을 부모들이 잘 받아주지 못하는 점 때문이다. 어린이를 학대하는 것은 심적으로 살인하는 것이다. 대부분의 어른들은 교만하고, 분을 잘 내고, 잘 훈련받지 못한 상태다.

그런 어른들은 매 맞는 아이들같이 슬프다. 그러나 불평하는 비극적인 아이들은 보통 이상일 것이다. 이런 자녀들은 부모로서의 훈련을 잘 받지 못한 파괴적인 어른들의 집에서 나온다. 그들의 수는 매우 많으리라! 대부분의 보호소, 소년원 등에는 이런 청소년들로 가득 차 있다. 이혼하고 재혼하는 집의 자녀들에게 이런 경향이 있고 아버지가 자기 역할을 잘못하는 집의 자녀들이 사회문제를 일으킨다. 이런 인간의 비극은 아버지가 성경을 외면할 때 나타나므로, 자녀들을 말씀과 훈련으로 잘 교육시켜야 한다.

자기 훈련, 자기 부정 그리고 자기 조절 등은 어른들에게도 절대적으로 필요하다. 아버지가 자녀들을 교육적으로나 직업적으로 준비시키지 못하면 다가오는 21세기를 대비하지 못하는 콤플렉스에 빠진다. 예를 들면, 오늘날의 많은 직업들은 앞으로는 달라지게 될 것이다. 오늘날의 아버지가 자녀들을 위해 할 수 있는 것은 미래의 불확실성을 위해 준비시키는 것이다-아버지는 얼마든지 준비시킬 수 있다. 자신의 훈련에 대한 기초는 부모의 훈련이다.

가정에서 훈련을 잘 받은 아이는 어른이 되어도 쉽게 자신을 훈련시킬 수 있다. 실천적인 훈련이 안 된 아이는 화를 잘 낼 뿐만 아니라 자기조절, 자기절제 등을 할 수 없게 된다.

헤리티지 기독교 대학교에서 우리는 그 차이를 쉽게 찾아 볼 수 있었다. 인성 재능과 기회의 가장 비극적인 낭비는 성공자가 되기 위해서 자신의 훈련 능력이 젊은이에게 부족하다는 점이었다. 우리는 대학생들에게 인생의 쉬운 코스를 택하지 말고 오히려 어려운 과정을 선택하도록 가르친다. 이런 과정을 겪은 사람은 지식보다 더 유익한 인격을 갖게 된다. 확실히, 지식은 중요하나, 인격은 더 소중하다. 왜냐하면 사람은 아는 것과 더불어 행동력 있는 결정을 할 수 있기 때문이다. 아무리 여러분이 모든 것을 알고 있다 해도, 당신 자신보다 더 귀중한 것은 없다. 그리스도인 인격을 위해 다른 것으로 대체할 것이 아니라, 기다려서 자녀를 기독교 대학에 보내라. 기독교 대학은 아버지 역할을 대신하여 실패하지 않도록 잘 성취시켜 줄 것이라는 희망이 있다.

여러 해 전에, 텍사스 휴스턴 경찰은 〈범죄 청소년들을 선도하기 위한 열두 가지 규칙〉 이란 항목들을 인쇄하였다. 이런 규칙들은 경찰이 학교 당국이나 부모들을 기만하지 않은 다양한 내용들이었다. 이 내용은 자녀들이 새롭게 되며 선행으로 잘 자라도록 되어 있었다.

〈범죄 청소년들을 선도하기 위한 열두 가지 규칙〉

1. 아이가 원하는 것을 주기 위해서 아이와 같이 시작하라. 이렇게 하면 그는 자기가 세상을 소유한다고 믿으면서 성장한다.
2. 아이가 나쁜 말을 하면, 미소를 지어라. 그는 스스로 잘못을 깨닫게 된다. 그리고 자기가 어린이라는 생각을 버린다.
3. 아이에게 어떤 영적인 훈련을 시키지 말고, 21세까지 기다려 스스로 결정하게 하라.
4. 나쁜 용어를 사용하지 말라. 그것은 범죄적인 성향을 키운다. 이것은 아이를 차량 절도자, 반사회주의자, 지탄받는 자가 되게 해 입건되게 한다.
5. 아이가 거짓말할 수 있는 소재들을 치워라. 아이를 위해 모든 것을 하여 다른 사람에 대해 책임지는 사람이 되게 하라.
6. 아이에게 책을 읽게 하라. 은제품과 유리잔 같은 식기를 깨끗이 하여, 그의 생각에 더러운 것이 없도록 하라.
7. 자녀들 앞에서 자주 싸워라. 그러면 가정이 파괴될 때 아이들은 충격 받지 않는다.
8. 아이에게 용돈을 주어라. 아이에게 아르바이트를 시키지 말라. 왜 아이에게 어른들이 가진 고통을 지우게 하는가?
9. 아이들의 먹는 것, 입을 것을 만족시켜라. 부모는 아이의 감각적인 욕망을 주시해야 한다. 해로운 것은 금지시켜야 한다.

10. 교사, 경찰 같은 이웃하고는 단절시켜라. 그들은 여러분의 자녀에 대해서 선입관을 갖게 된다.
11. 아이가 잘못했을 때, "다시는 그런 짓 안 할게요."라는 사과를 시켜라.
12. 인생의 실패도 맛보게 하라. 부모는 곧 이런 일에 익숙해져야 한다.

아이들을 칭찬하는 기술은 내 아내 베브의 저서「자녀의 성격을 발전시키는 법」을 참고하기 바란다. 그 책에는 성경적 원리를 근거로 자녀들과 10대들을 잘 훈련시키는 방법이 제시되어 있다.

그러나 중요한 것은 아빠가 최종적인 결정을 해야 한다는 것을 자녀에게 주지시키는 것이다. 첫째로 자녀를 훈련시키는 것은 아버지, 당신의 책임이다. 자녀가 어리거나 멀리 떨어져 있으면 어머니가 시킬 수도 있으나, 아버지는 사랑으로 자녀들을 잘 다스리거나 훈련시켜야 한다. 두 번째로, 아버지는 자기 가르침에 대해서 모범이 되어야 한다! 젊은이들은 위선에 곧 환멸을 느끼므로 부모는 말과 행동이 달라서는 안 된다.

우리 교회에 사회활동을 많이 하는 부목사 한 분이 계시는데, 최근 나는 우연히 그의 10대 아들이 전화하는 것을 듣게 되었다.

그 아이는 파티에 대해서 통화를 하고 있었는데 아버지가 안 계셔서 갈 수 없다고 했으나 상대 통화자는 오라고 조르고 있었다.

그 아이는 친구들 사이에 인기가 있는지 계속 오라는 초청을 전화로 받았으나, 그는 아버지가 오시면 다시 전화하겠다고 했다. 그러자 전화하는 상대 친구는 "너는 왜 부모님에게 집에 계시지 않느냐고 항의도 못하니?"라고 말했다. 그 부목사 아들은 "우리 아빠는 그런 것 안 좋아해. 진실이야."라고 대답했다. 그 소년은 정직하게 말하지 않은 것 같았다.

⑵ 당신의 자녀들은 뭐라고 말하는가?

가정 성경공부반에서 60대 교우가 "당신 아버지는 무엇하는 분입니까?"라고 멤버들에게 질문했다. 어떤 이는 "사랑이 많으신 분"이라고 대답했다. 다른 이들도 대동소이하게 대답했다. 어떤 이는 "결코 알 수 없는 일"이라고 대답했다. 그 누구도 자기 아버지의 직업, 재산, 직위에 대해서는 대답하지 않았다. 만일 이 질문에 주님이 대답을 지체하면, 그리고 가족 앞에서 여러분이 이 질문을 받는다면, 어떻게 생각하겠는가? 먹고사는 일을 떠나서 당신은 무엇을 하고 있으며, 누구인가?

5. 가정의 제사장으로서 남편

남편의 역할들 중에서 가장 소홀히 하는 것들 중의 하나는 고대로부터 주어진 가정 제사장의 일이다. 에베소서 5장은 남편과 아내의 관계는 그리스도와 교회의 관계라고 말하고 있다. 만일 그리스도가 대제사장이라면 당신은 당신 가정의 제사장이다. 가정의 모든 영적인 일에 대해서 책임이 있다.

많은 가정에서 자녀들의 신앙 훈련을 엄마들이 담당하고 있지만, 유년기에만 담당할 뿐임을 여러분은 확실히 알고 있을 것이다. 만일 아버지가 자녀의 신앙과 영적인 훈련에 관심을 갖지 않으면, 자녀들이 10대가 되었을 때 영적으로 상당한 문제를 일으킬 수 있다. 당신의 이름을 소유한 아이를 아내가 어떻게 교육시킬까 생각할 때 정신, 감정, 육체보다는 이 세상일을 생각할 것이다. 사람은 동물과는 다르다. 왜냐하면 훈련과 연습이 필요한 영적인 면이 있기 때문이다. 많은 그리스도인 아버지들마저도 가족들의 의식주만 해결해주면 자기 책임은 다 했다고 생각하고 있다. 그러나 남편은 아내와 자식에 대해서 영적인 훈련을 소홀히 해서는 안 된다. 자기 가족을 주님께 인도하는 일이 당신의 책임이다. 다음 사항들은 가정의 제사장인 남편 즉 아버지가 명심해야 할 것들이다.

① 성령이 충만해야 한다.

물론, 이것은 그리스도인 아버지들이 가정의 제사장으로서 지켜야 할 필수적인 것이며, 기타 모든 그리스도인들 역시 성령이 충만해야 한다.

② 매일 규칙적으로 성경을 읽어야 한다.

자녀들은 매일 아버지의 행동을 본받으므로 어린 시절부터 매일 성경적인 실천을 자녀들에게 가르쳐야 한다는 사실을 우리는 발견했다. '가르침 받는 것'보다 더 중요한 것은 '성령에 사로 잡히는 것'이다.

③ 가족을 신앙으로 인도해야 한다.

성령이 역사하는 가족이 매일 성경을 읽지 않거나 기도하지 않는다는 것은 있을 수가 없다. 어린 시절부터 영적인 생활을 시키는 것이 제일 좋다. 어렸을 때부터 매일 성경을 읽고 기도하게 하는 영적인 좋은 습관을 갖도록 해야 한다. 그렇게 하면 어른이 되어도 매일 그런 영적인 생활이 이어진다. 10대들과 청년들에게 우리는 성경공부와 기도하는 법을 지도하고 있다. 오늘날 여러분은 여러 기독교 서적에서 헌신하는 법과 물질을 잘 쓰는 법을 배울 것이다. 대부분의 내용들은 유아시절의 이야기들이 수록되어 있다. 나는 저녁 시간이나 자기 전에 가질 수 있는 놀라운 이야기 시간을 갖는 것의 중요성을 깨달았다.

캔사스 시 침례교회에서 목회하고 있는 내 친구 트루만 목사는 보다 나은 헌신의 조직을 생각해냈다. 매일 밤 그 가족은 자기 전에 헌신할 것을 발표했다. 만일 친구 목사가 멀리 출장을 가면 그의 아내 도나가 대신해서 자녀들과 성경을 읽고 기도했다. 만일 친구 목사 부부가 같이 출장을 가면, 그의 장남인 팀이 인도를 했다. 나중에는 가정부도 참여했고, 이런 가정예배는 계속되었다. 그래서 우리 가정도 이것을 본받아 그대로 실천했다.

매일 성경을 읽고 기도하는 친구의 가정예배는 곧 '가정 제단'이요, '가정 헌신'이 된 것이다. 그래서 그의 자녀들은 아버지 목사님에게 성령이 함께하신다는 것을 자연스럽게 알게 되었다.

나는 이 가정예배를 통해서 불량배 같은 사람들이 회개하고 돌아오는 것을 보는 기쁨을 자주 누렸다. 회개하고 주님께 돌아온 사람들의 간증을 자주 들어보면, "나는 과거 매일 밤 아버지와 같이 성경을 읽었습니다. 내가 타락해 세상으로 나갔지만 아버지 신앙의 도움으로 다시 주님께 돌아왔습니다."라고 말한다. 그런 타락은 잘못된 죄, 철학 그리고 물질주의의 유혹에서 기인되고 있다. 아버지는 가정의 제사장으로서 가정예배를 통해서 가족의 헌신을 결심시켜야 한다. 어떤 사람들은 성격상 이런 가정예배를 잘 인도하지 못하는 경우도 있다. 그러나 여러분의 가족은 여러분의 유창한 설교나 언어 구사를 원하지 않는다. 단지 성경을 읽어주기만 하는 것으로, 영적인 리더십으로 기도하는 것만으로도 충분하며 중요한 것이다. 그렇게 중요한 것을 하지 않고 있는 당신은 누구인가?

(1) 헌신의 시간을 위한 실천적인 제안들

헌신할 시간을 만들기 위해서 가능한 다음의 제안들을 제시한다.

① 당신의 가족이 모두 모일 수 있는 적합한 시간을 계획하라.

아빠와 자녀의 여유 있는 시간이 다르므로 이것은 큰 변화를 준다. 모든 가족이 동참할 수 있는 공통된 시간을 만들어야 한다.

우리는 저녁 식사 시간이 제일 좋다고 생각한다. 그렇게 되면 하나님과 교제하는 무드 있는 시간이 된다.

② 강제성이 없이 꾸준히 계속하라.

참석하지 않는다고 어떤 벌칙을 주지 말고, 보통 일주일에 다섯 번 정도 가정예배 겸 헌신의 시간을 가져라.

③ 아빠와 엄마 두 사람은 이 가정예배에 꼭 참석해야 한다.

엄마는 정시에 식사 준비를 맞춰 가정예배가 늦어지지 않도록 해야 한다(많은 그리스도인 여성들은 남편이 그 시간을 잘 안 지킨다고 불평하나, 그래도 그 저녁 시간이 헌신과 영적인 생활에 큰 도움이 된다). 아빠는 집안의 성경을 모아놓고 하나님에 대한 헌신을 준비시키고 성경을 읽은 다음에 저녁 식사를 하라.

④ 자녀들의 일에 용기를 북돋아 주어라.

아버지는 반드시 성경을 읽을 필요는 없고 예배를 주관하고, 자녀로 하여금 읽게 하고 그들이 이해할 수 있도록 설명해줘도 된다.

⑤ 이 시간에는 반드시 기도가 있어야 한다.

교회와 선교를 위해서 지도를 갖고서 설명해도 된다. 이 시간에 우리는 다른 사람을 초청해 기도해 주도록 한다. 이것은 자녀들이 하나님께 감사하며 응답받는 시간이 된다.

자녀들을 위한 기도의 차례가 오면 매우 은혜롭다. 식사를 하면서 예수님에 대해 자연스럽게 대화한다. 우리 가정의 자녀들은 기도 응답을 어렵게 생각하지 않는데, 그 이유는 여러 번 그들이 하나님의 응답을 체험했기 때문이다. 모든 경우에 있어서도 마찬가지다. 나는 기도로 우리 가족의 모든 필요로 하는 것을 구하고, 또 특별한 것이 있으면 받도록 마음으로 바란다. 우리의 차가 낡아서, 우리는 새 차를 구입키로 결정했었다. 우리 가족은 9인승 밴을 얻기 위해서 하나님께 기도했다. 전자 장치 및 자동문이 있는 플리머스(Plymouth)를 원했다. 그리고 자동 기어가 있는 것을 달라고 기도했다. 사실 그 차는 우리 형편에 구입하기에는 벅찼으나 우리는 기도하였다. 어느 날 우리가 원하는 차종이 잡지 화보광고에 실린 것을 보자, 더욱 우리는 기도했다. 솔직히, 그때 우리 아이들의 믿음은 강하지 못했으므로 사용한 지 1년 미만이라도 되는 차를 달라는 기도도 했던 것이다. 그러던 어느 날 저녁, 전화가 걸려왔다. 우리 도시의 다른 교회에 출석하는 한 해군장교 집사가 우리가 밴을 구한다는 말을 듣고 자기 차를 사겠느냐고 제의해왔다. 그는 해외 근무를 나가게 되었는데, 자기 차는 '7개월 된 플리머스 웨곤 밴'이라고 했다. 할렐루야! 그런데다 9인승이요 3인용 좌석이 3줄로 되어 있다고 말했다. 드디어 우리는 그 차를 사게 되었다. 우리는 그 차를 5년 간 사용했고, 지금까지 그 차의 구입에 대한 감격이 우리 아이들의 머리 속에서 사라지지 않고 있다. 우리 자녀들 중 둘은 이제 결혼하여 가족을 갖게 되었는데, 그들도 그와 같이 모든 것을 하나님께 기도한다. 우리 부부는 아이들에게 모든 것-입는 것에서 주택까지-을 먼저 하나님께 구하도록 가르쳤다. 물론 우리는 다음의 성경구절도 가르쳤다. "지금까지 너희가 내 이름으로 아무것도 구하지 아니하였으나 구하라 그리하면 받으리니 너희 기쁨이 충만하리라"(요 16 : 24).

자기 가정에 대해서 책임이 강한 성령이 충만한 아버지-제사장은 먼 훗날 자기의 자녀들이 큰 기쁨을 갖고 살게 하는 힘이 된다. 확실히 여러분은 많은 사람들이 젊은 시절을 경건하게 보내고자 했으나 그렇게 하지 못하고 아쉬운 세월을 보냈다는 것을 잘 알고 있을 것이다. -신앙심이 있는 아버지 제사장은 전 생애를 통해서 자기 자녀들을 영적인 안전벨트로 보호하고 있다. 아버지의 제사장직은 자녀들을 성공으로 이끄는 가정의 보강 장치다.

6. 가정의 보호자로서의 남편

인류학자들의 연구에 의하면, 옛부터 인류는 자기의 가족을 보호하여 왔다고 한다. 얼마 전 우리는 아프리카에 갔었는데, 그곳은 담이 쳐져 있고 문이 하나 있는 전통적인 마을이었다. 우리가 그 마을의 한 집에 들어갔는데 가장인 아버지가 앉아 있었고, 그의 무릎 앞에는 그가 보호하는 다섯 명의 아내와 29명의 자녀들이 구부리고 앉아 있었다.

육체적인 보호는 사회활동, 남자의 의무 그리고 직업 등으로 다양하게 나타난다. 우리는 기본적으로 우리의 사회를 잘 이해하고 있으므로, 남편이 가정의 보호자라는 명백한 사실을 알고 있다.

① 남편은 심리적으로 아내를 보호해야 한다.

우리는 이미 자기용납과 자기인정 등이 사람들에게 아주 중요하다는 것을 살폈다. 무엇이 당신에게 영향을 미치고 있다고 생각하는가? 사실, 다른 사람이 당신에 대해 생각해주는 것보다 당신 자신의 어떤 생각이 더 중요하다고 여러분은 생각할 것이다.

아내에게 있어서, 그녀는 자기 남편의 견해가 더 중요하다고 생각하고 있다. 만일 남편이 아내를 인정한다면, 문제될 것이 거의 없다. 그러나 남편이 아내를 인정하지 않으면 문제가 될 수도 있다.

지혜로운 남편이 먼 곳으로 출장을 가면, 자기의 아내에게 그의 도착을 알려준다. "남편 된 자들아…너희 아내 저는 더 연약한 그릇이요…"라고 성경은 말하고 있다(벧전 3:7). 공공장소나 친구들 앞에서 아내의 약점을 들춰 창피를 주거나 모욕적인 말을 아내에게 태연히 하는 경우가 왕왕 있다. 다혈질의 남자들은 재치가 없거나 자기 중심적이어서 그렇게 말하지만, 결국 그런 남자들은 조소하는 말을 잘 하게 된다. 우울질의 남자들은 매사에 비판을 잘 한다(이런 경우에는 성령이 충만하지 못하다). 자기 아내도 예외가 될 수 없다. 담즙질의 남자처럼 빈정대기를 잘하는 사람은 없다. 그런 성격의 소유자는 자기 아내를 돋보이게 하려고 다른 뜻 없이 아내를 우습게 만드는 실수를 범하곤 한다. 모든 성격들 중에서, 점액질의 남자는 거의 아내를 비평하지 않으며 또한 그런 소릴 들으려고 하지도 않는다.

우울하면서 화를 잘 내는 한 남편이 나에게 상담하려고 찾아왔었다. 그는 비판적이며 비꼬는 사람이었다(아내의 느긋한 결혼생활에 대해서). 그러나 그는 자기가 변화되어야 한다는 것을 상담 시간에 곧 깨달았다. 그는 사무실 메모에 쾌활하고 무기력한 형의 자기 아내에 대해서 '매사를 잘못하고 있음'이라고 늘 써 놓았던 것이다. 그 남편은 사업에 크게 성공하였으면서도(비서를 두고서 단시일에 성공), 왜 아내가 자기 가정에서 실패하고 있는지 그 이유를 모르고 있었다. 오히려, 그는 그 상황이 문제를 더 나쁘게 한다고 말한다. 그의 업무의 관리능력이 퇴근 후부터 침실에 들어가기까지 자기 아내를 비판하는 것이라고 여러분은 생각해 보라.

"당신은 집 정리도 제대로 못하나?", "부엌은 형편 없고, 가계부도 엉망이구", "가스 기구도 지저분하게 사용하고 있어", "양말도 제 자리에 좀 두라구." 한 사람의 놀라움은 타인에게 아무런 것이 아닐 수도 있다. 그래서 나는 그에게 아내를 칭찬해 본 일이 있는가를 물었다.

"물론 없었죠."라고 그는 태연하게 대답했다. "나는 결코 내 아내를 칭찬해 본 일이 없어요."

"당신 아내에게 잘못된 일이 있나요?"

"없어요."라고 그는 대답했다.

"거기서부터 시작해 봅시다." 나는 그로부터 다음과 같은 말을 들었다. 그녀는 세 자녀들을 낳았고, 요리도 잘 하며, 신앙이 좋은 그리스도인이었다. 시어머니에게 잘했고 집안 일도 잘하고 있었다. "오직 아내는 단순하고 지저분한 부엌데기란 말이에요!"라고 그는 말했다. 그의 마음은 아내의 약점에만 초점이 맞춰져 있었고, 계속해서 불평만 하게 되었다. 다행히도, 그는 나와의 상담을 통해서 달라졌고 아내를 칭찬하게 되었다.

우리는 칭찬을 위한 30일 계획을 세웠다. 여기에는 자제력이 필요했으며, 그 남편은 그 항목과 그 결과를 채점해야만 했다.

"처음 4일 동안 아내는 나를 잘 이해 못했으나, 나중에는 알게 되었습니다. 15일째 되던 날 아내는 출근할 때에 나에게 키스해 주었습니다. 그 전에는 일 년 내내 그러질 않았었죠. 그녀는 내 취향에 맞는 요리를 했고, 집 안 정리를 내가 퇴근하기 전에 잘도 해 놓았습니다. 애들이 제 어머니 집에 가 있을 때 「완전한 여성」이라는 책도 읽었습니다. 아내가 나를 어떻게 대하는지 목사님은 잘 모르실 거에요!" 그는 자기 아내가 부엌데기에서 어떻게 변했는지는 더 이상 언급하지 않았으나 많이 좋아졌던 것이다.

성경의 '복종'은 '응답하는' 또는 '응답자'의 의미가 있다. 여성은 남성의 대우에 따라서 응답한다. 나는 사랑, 친절 그리고 칭찬에 잘못 응답하는 여성을 결코 보지 못했다.

② 남편은 아이들을 심리적으로 보호해야 한다.

자신의 아버지보다 아이들을 덜 중요하게 생각하는 남자는 없다. 결과적으로, 남성은 자녀들이 탄생하면 그 때부터 늘 자녀들을 생각한다. 그래서 아버지들은 아이들을 돌보는 것과 인격을 형성시키는 것 그리고 칭찬하는 법을 배워야 한다. 아내와 마찬가지로, 자녀들은 칭찬에 대해서는 응답하나 야단에 대해서는 결코 응답이 없다.

우리 부부가 세계 선교 여행에서 돌아왔을 때였다. 그 당시 내 아들 래리와 며느리 캐시는 우리 집에서 세 살, 한 살 된 두 손자들과 같이 살고 있었다. 아들네는 새집 당첨을 받아 곧 들어갈 준비를 하고 있었다. 처음에 아들네는 딱 두 달만 살려고 했는데, 두세 달이 지나 아홉 달이 되었다. 이런 공동생활 속에서 나는 손자들을 보살필 기회를 갖게 되었고 또한 아이들을 칭찬하는 원리들을 알게 되었다. 아들 래리가 아이를 돌보는 것을 지켜보는 일은 흥미로웠다. 아들 래리가 어렸을 때, 내가 아이들을 돌보는 원리들을 배웠더라면 얼마나 좋았을까! 내 아들의 칭찬과 격려 속에서, 손자들은 자기가 할 수 없는 것도 해보려고 시도하고 있었다. 그 세 부자는 그들의 능력 밖의 일을 거뜬히 해내곤 했다. 그들, 손자들에게는 불가능이 없었다. 나는 그것을 통해서 모든 아이들은 아빠의 칭찬과 격려 속에서 유능한 사람이 된다는 것을 깨달았다. 나는 조개같이 예민한 사람들을 많이 상담해 보았는데, 그들 대부분은 어린 시절에 성취감을 가져보지 못했다.

그들은 어린 시절부터 안 된다는 부정적 사고방식에 젖어 있었다.

사려 깊은 아버지는 부정적인 사고방식을 제거하는 사람이다.

③ 남편은 철학적인 오류로부터 가정을 보호해야 한다.

우리가 열심히 살아가고 있는 세상은 인간 정신의 전쟁터와 같다. 모든 그리스도인 아버지들은 이런 사실을 인식해야 한다. 하나님 아버지는 성경과 교회를 사용하신다. 그리고 생명과 영생 안에서 모든 가정들이 강건하게 살기를 원하고 계시며 동시에 이런 가정들을 사용하신다. 반대로, 원수인 사탄은 잘못된 자기의 계획 속에 아이들을 집어넣어 이용하며, 하나님의 섭리에 반대되는 죄악 된 곳으로 청소년들을 유혹하고 있다. 사탄은 일반 정규학교와 무신론계 등에 침투하여 혁명, 도덕적 타락, 프리 섹스, 마약 그리고 악한 철학 등을 선동하고 있다. 사탄은 또 TV, 영화, 책, 도색잡지 그리고 인간 정신세계에 영향을 미치는 다른 미디어를 점유하여 버렸다. 성령이 충만한 아버지들은 이런 사탄의 원천들을 깨닫고 자기 집을 이런 것들로부터 보호해야 한다. 자녀들은 이런 선과 악을 잘 구분할 줄 모르기 때문에 이런 것들의 유혹을 받아 최면에 빠질 수도 있다. 하나님은 이런 것들로부터 자녀들을 보호하는 부모를 두셨다. 몇 년 전, 나는 가정에서 TV를 모니터하라고 제안을 했을 때 한 천진난만한 부모와 논쟁을 한 일도 있었다. TV는 너무나 잘못되어서 모든 부모들의 판단력을 흐리게 만들었다. 부도덕한 할리우드의 영화들은 동성연애를 공공연하게 오락의 범주로 만들어 정착화하고 있다. '인간'의 길과 '하나님'의 길은 다르다는 것을 모든 그리스도인 부모들은 상기해야 한다. 가족들을 쾌락으로 몰고 가는 사탄을 우리는 믿어서는 안 된다.

최근에 오클라호마, 에니드 제일 침례교회에서 시무하는 내 친구 목사 짐 라이머는 빌 켈리(샌디에고에서 미션 스쿨 조직을 운영하는)를 방문했었다. 그리고 나서 그 목사님은 자기 교인들에게 미션 스쿨의 중요성을 설교했다고 나에게 말했다. 그는 나에게 일반 세속 교육에 자기 자녀들이 영향을 받고 있기 때문에 그렇게 설교했다고 말했다. 나는 웃으면서 다음과 같이 설명했다.

"그런 이유 때문에 우리는 15년 전 이 곳 샌디에고에다 미션 중고등학교를 세웠다. 나는 자녀들이 세상의 철학에 노출되는 것이 늘 염려가 되었다."

짐 목사는 그 사실을 깨닫지 못했던 것이다. 그러나 그는 자기의 잘못된 우선순위에 대해서 깨닫기 시작했다. 그는 아버지를 일 순위에, 목사직을 이 순위에 두고 있었던 것이다.

모든 아버지들은 자기 자녀들이 받고 있는 교육의 종류에 대해서 알아야만 한다. 만일 자녀들이 대체로 세속적인 교육(연방 정부와 지방 학교 정책에 따른)을 받고 있다면, 자녀들은 그런 영향을 받으므로 기독교 교육이 상당히 중요하다. 모든 성경을 믿는 미국의 기독교회는 미션 스쿨의 중요성을 인식해야 한다. 지방 교육에 따라서, 우리는 가르치되 일반 공립학교보다 더 좋게 가르치고 있다. 우리 학생들은 육체적, 도덕적 그리고 철학의 해로움에서 보다 안전한 교육을 받고 있다. 부언하면, 우리는 성경을 학생들에게 가르치고 있다. 1,2 학급 정도라도 운영할 수 없는 교회라면 다른 교회와 연합해서 소규모의 미션 스쿨을 운영하도록 해야 한다. 미국에서 사립학교를 운영하는 데 큰 돈이 드는가? 모든 학부모들이 협력할 것이다. 그리고 하나님은 우리의 필요한 경비를 주신다고 약속하셨다. 만일 그 경비가 많이 든다면 하나님께 기도하라. 하나님은 반드시 경비를 조달해 주신다. 우리 학교에 자기 자녀들을 보내는 학부모들은(학생 수 약 2000명) 결코 후회를 안 하며, 또한 하나님은 기적의 기적들을 우리 학교에 베풀어 주셨다. 하나님의 능력을 불신으로 제한시키지 말며, 불가능이 없는 하나님께 나아가서 그를 의지하라. 이스라엘 자녀들은 40년의 광야 생활에서도 부족한 것이 없었다는 것을 기억하라.

④ 남편은 무례함으로부터 아내와 자녀들을 보호해야 한다.

자녀들 내면에 잠복해 있는 반항심은 가정에서 자주 표출된다.

그런 무례는 처음에 어머니에 대한 무례에서 시작된다. 아이들은 어린 시절부터 곧잘 엄마에게 투정하는데, 만일 이것을 잡지 못하면, 아버지가 고쳐야 하는 습관의 양상으로 변한다. 만일 이것을 아버지도 교정시키지 못하면, 그 무례는 사건적으로 나타나 사회와 경찰에게 나타나는 반사회적인 사람이 된다. 경찰은 예의 바른 아이들을 결코 체포해 본 일이 없다고 한다.

가정에서 오직 아버지만이 어머니에게 보증인이 될 수 있다. 남편은 스스로 아내를 존경하는 말씨를 먼저 사용해야 한다. 오늘날까지, 내 아들들은 어머니를 좋아하며 잘 따른다. 결코 무례하지 않다.

주님과 아내를 사랑하는 남편은 아내의 존경의 보증인이다. 주님은 우리가 다음과 같은 말씀대로 살기를 원하고 계신다.

"남편된 자들아 이와 같이 지식을 따라 너희 아내와 동거하고 저는 더 연약한 그릇이요 또 생명의 은혜를 유업으로 함께 받은 자로 알아… 이는 너희 기도가 막히지 아니하게 하려 함이니라"(벧전 3 : 7).

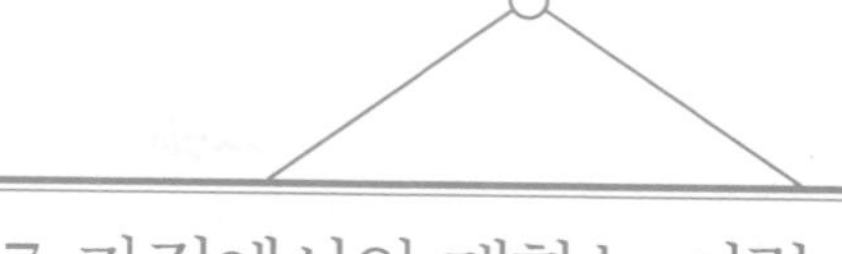

7. 가정에서의 대화는 이렇게 하라

대화(communication)는 인간생활의 기본적인 부분이다. 인간이 동물과 의미적으로 다른 이유들 중의 하나가 바로 대화할 수 있다는 점이다. 사람들은 하나님과 그의 사역자들이 대화하기를 열망하고 있다. 그러나 많은 사람들은 하나님과 대화하기보다는 동류의 사람들과 대화한다. 궁극적으로, 이것은 하나님을 떠난 교만한 목적이 있으므로 파괴적인 것이다. 천부적으로 성령님을 통해서 하나님과 대화하기를 즐기는 개인들은 자신들과 타인들에게 더욱 관대해져서 결과적으로 주위의 다른 사람들과 보다 쉽게 대화할 수 있게 된다.

전문가들은 대화에 관해 말하기, 듣기, 이해하기 등 세 가지의 기본적인 것들을 말하고 있다. 우리는 여기에 두 가지를 더 첨가시킨다. 그것은 몸동작(body sign)과 감정이다. 모든 사람은 말하기에 대한 정의를 내리는 법을 알고 있으나, 말하기가 대화의 기초가 된다는 것을 모르고 있다. 하워드 핸드릭스 박사는 다음과 같이 말했다. "말하기는 쉽다. 어떤 사람도 쉽게 말할 수 있다. 그러나 대화는 매우 어려운 작업이다." 우리는 대화에는 반드시 두 사람이 필요하다고 강조한다. 두 사람은-화자와 경청자-말해지는 것에 대해서 같은 하나를 집중해야 한다. 왜냐하면 듣는 것보다 말하는 것이 훨씬 더 쉽기 때문이다. 대체로 대화의 진행상 제일 어려운 것이 듣는 것이다. 만일 듣는 자가 주제나 동기부여에 대해서 관심을 갖지 않으면, 대화는 불가능해진다.

다년간 고등학교와 대학에서 강의한 후, 듣는 자나 청취자의 협조 없이는 강사의 강연이 아무런 이해가 되지 않는다는 것을 나는 최근에서야 깨달았다. 만일 그것이 진실이라면, 가정 상황에서는 더 그럴 것이다. 대화는 적어도 항상 두 사람–화자와 경청자–이 필요한 것이다.

결혼생활에서 널리 알려진 문제들 중의 하나가 부부간의 대화의 단절이다. 유능한 결혼생활 상담가들은 결혼생활의 큰 문제는 '재정과 대화'라고 뽑고 있다. 그들은 그 순위에서 조금씩 차이가 있지만, 대개가 대화의 문제가 순위 1, 2위를 차지하고 있다고 말한다. 한 유능한 상담 전문가는 결혼생활자의 약 50%가 대화의 위기에 처해 있다고 말하고 있다. 여기에는 그리스도인도 예외가 될 수 없다. 최근에 베브와 나는 여러 자녀를 둔 한 활동적인 부부를 상담한 일이 있다. 그들의 드러난 문제들 중의 하나는 부인이 남편의 동의 없이 혼자서 주일 저녁 성가대의 칸타타 연습 차 차를 몰고 그냥 집을 나가는 것이다. 그 아내가 남편에게 묻지 않고 나가는 바람에 그의 계획이 틀어지곤 했다. 그렇다고 그가 저녁 예배에 불참하는 것도 아니었다. 그는 화를 내면서 "나는 매주 저녁 예배에 꼭 참석하죠!"라고 말했다. 이 부부는 대화가 매우 고통스러워서 자기들의 진실한 감정의 표현을 회피했던 것이다.

1. 서서히 나타나는 대화의 어려움들

결혼하기 전에 대화의 시간을 결코 가져보지 못한 부부들은 결혼 후에 이런 대화가 그들에게 매우 어려운 것으로 나타날 수 있다는 것이 기혼자 상담을 통해서 오래 전부터 나타나기 시작했다. 심지어 "우리는 아직까지 서로를 깊게 사랑합니다"라고 자기들의 사랑을 자랑하는 부부들에게도 대화는 어렵게 보이고 있다. 결혼 전에 그들은 모든 것에 대해서 끝없는 이야기를 하였을 것이다(아가씨의 아버지가 집으로 전화를 걸었을 때 아가씨가 쓰는 전화 때문에 '통화 중'이라는 신호가 걸리든 말든 간에 서로 전화로 긴 이야기를 했을 것이다). 그러나 결혼 후, 뚜렷한 가정의 문제들이 생기면서 대화는 점점 어렵게 나타나게 된다. 왜냐하면 진실한 의사소통이 없기 때문이다. 어떻게 그런 어려움이 나타났을까? 그것은 '매우 점진적으로' 나타난다. 다음의 사항들은 신혼여행 후 사랑하는 두 잉꼬부부 사이에 서서히 나타나서 대화를 질식시키는 사례들이다.

① 관점이 다르다.

결혼생활의 우선순위는, 부부가 공통적인 꿈을 가져야 하며 화목한 결혼생활과 가정을 만들어야 한다는 것이다. 결혼 후, 젊은 남편은 아내를 부양해야 한다는 이유 때문에 생긴 제한과 책임에 직면하게 된다. 그리고 그러한 속박이 가치가 없는가에 대해서 의심까지 갖게 된다. 20대 연령의 남편은 결국 자기 행동들에 대해서 계산하지 않고 직장과 가정을 오가며 생계를 꾸려 나간다. 그러다가 갑자기 그는 더 알기를 원하는 아내와 직면하게 된다.

“당신 언제쯤 쭉 집에 있어요…어디 계실 거예요… 누구랑 같이 나갔어요?” 매우 점진적으로 결혼생활의 새로운 현상은 계산적인 권태기 즈음에 짜증으로 대체된다.

경우에 따라서, 남편은 구애 기간 동안보다 결혼 후에 더 크게 변할 수도 있다. 그리고 남편은 자기의 형편에 따르는 흥미에 골몰하게 된다(일이 아닌 다른 것, 학생의 경우에는 자기의 학업, 그러나 자기들의 생각에는 결혼했는지 개념조차도 없다). 그러다가 남편은 자기의 위치와 재정적인 능력 같은 기본의 생활로 돌아간다. 결혼생활의 가장 흥미 있는 제1순위는 부부가 같이 짐을 나누는 일이다. 남편은 홀로 다른 세계의 영역으로 가곤 한다. 아내는 속도 모르고, “여보 오늘 어떻게 학교(직장)에서 보냈어요?”라고 물으면, 남편은 5~10분 동안 다른 얘기로 얼버무린다.

그러나 남편은, 아내를 떠나서, 8~10시간 정도의 자기의 시간을 보냈다. 아내는, 만일 그녀가 직장생활을 안 한다면, 식사 준비를 어떻게 하며 빨래와 집안 정리를 어떻게 할까라는 기타 등등의 집안 일에만 집중하고 있다. 만일 아내가 직장 일과 가사 일 사이의 생각으로 오락가락한다면, 그 아리따운 신부는 또한 자기 결혼생활의 사실성을 어느 정도 인식하지 못하게 된다. 어머니로서 차분한 요리를 만들지 못하고, 마치 돌진하는 전사처럼 가정과 직장을 오가면서 가사 일을 꾸리는 습관자가 되고 만다. 사랑하는 두 부부가 결혼 후 주일 내내 조용히 집에 있는 것은 특별한 일은 아니다. 두 사람은 의미 없이 서로의 진실을 묻는 것보다는 조용하게 서로의 결정이 옳은가를 숙고해야 한다. 이런 개선할 수 있는 점은 보통 성격과 내부적인 점이다. 부부가 정직하고 자유롭게 신혼기간 동안에 대화하는 것이 중요하지만, 그것은 결코 쉽지가 않다.

② 처음부터 다른 흥미들과 성가신 일들

한 젊은 여성이 모성애를 갖는 것은 자연스런 현상이다. 특별히 임신한 후에는 그런 모성애가 더 강하며, 그런 여성의 관심의 제1순위는 아기인 것이다(가정에서). 남편의 관심의 1순위는 직업이며, 부부가 함께 책임지는 부모의식으로 나타난다. 남편은 휴식 중에 직업에 관련된 서적과 잡지를 읽게 되며, 아내는 가족의 중심이 된다. 아내의 생각들은 즉시 남편의 장기적인 계획이 된다. 아내가 '유모차와 포대기'를 생각하고 있는 동안에, 남편은 '교외의 한적한 주택단지'를 생각하고 있다. 부부는 각각 다르게 자기들의 마음의 순위들을 정하게 된다. 아내는 아이들을 돌보는 용품에 돈을 쓰는 것을 남편이 덜 좋아한다고 인식한다.

만일 아내가 계속 이렇게 행하면, 남편은 싫어하게 된다. 아내가 왕성한 구매욕으로 아기용 가구나 별 쓸모없는 기구들만 산다고 남편은 생각하는 경향을 갖게 된다. 결혼생활의 다른 순위들은 흥미의 충돌을 일으키게 한다.

우리가 '라마즈(Lamaze) 탄생 프로그램'을 좋아하는 이유들 중의 하나는-오늘날에는 대중화 되었지만-신생아 탄생을 준비하기 위해서 부부가 '같이' 참여해야 하기 때문이다. 그 프로그램은 부부가 함께 책임을 나눌 수 있는 내용으로 잘 짜여져 있다. 불행하게도, 병원에서는-정신과-남편들에게 그들이 잘 감당할 수 없는 훈련만 강요하고 있다. 이런 기계적인 부부의 관심은 곧 시들고 만다. 부부는 서로가 상대방의 흥미를 이해하는 것이 필요하다.

깊은 부부의식과 우정은 성숙한 흥미와 관심들을 근거로 형성된다. 나는 서로의 관심과 흥미를 이해하지 않거나 공유하지 못한 부부들을 볼 때마다, 상당한 문제점들을 발견한다. 비록 부부가 같은 성, 같은 집, 같은 침대 그리고 같은 자녀를 두고 있다 하더라도, 그들은 서로가 점점 멀어져 가고 있다. 교회와 영적인 성숙은 부부가 성령에 사로잡히게 하는 것에 대단한 도움을 준다. 정규적인 성경공부, 그리스도인 친구들 그리고 다른 기독교적인 활동은 참다운 도움과 재산이다. 특별히 결혼을 일찍 한 여성이 남편의 업무, 남편이 좋아하는 스포츠 그리고 일간신문 등이 무엇인가를 파악하는 것은 지혜로운 일이다. 만일 그 파악하는 것이 남편의 주된 흥미들이라면 더 좋다. 지혜로운 남편은 아내의 흥미와 관심을 독려해 주고 아내의 읽을거리를 사다 주곤 한다.

어떤 신학교의 운영자들은 '아내들을 위한 신학교'라는 유일한 공개강좌를 3년 간 개최한다-남편과 같이 신학을 공부하는 것이 아니며, 수강생은 남편들이다.

이런 관계를 위한 다른 요소는 친구들이다. 그들이 강한 신앙인이 아니라면, 부부는 불신앙인인 친구들을 사귀게 된다. 젊은 아내는, 집에만 갇혀 있거나 이사를 자주 다니지 않을 경우, 집 주위의 부인들과 사귀게 된다. 남편 역시 대학교나 직장에서 새 친구를 사귀게 된다. 결과적으로, '떼어 놓을 수 없는' 관계의 아내가 새 이웃 친구에게 영향을 받는 것은 예삿 일이다. 그러나 이것은 매우 위험할 수도 있다.

③ 다른 성격 소유자들의 대화

성격은 개인의 생활과 특히 대화에 상당한 영향을 주고 있다.

결혼 전에 명석하고 똑똑한 것은 결혼 후에 짜증으로 나타날 수도 있다. 쾌활한 다혈질의 소유자들은 달변가들이다. 그들의 모토는 '의심이 있어도, 말하라'이다. 어떤 다혈질의 내 친구는 "다혈질의 사람이 방에 들어갈 때 입이 먼저 들어간다."라고 말한 적이 있다. 그들은 사람들에게 진실을 말한다. 그들의 결혼생활의 우선순위는 진지한 행동이다. 이런 성격의 소유자들은 알고 있는 것을 말하며, 손님들이 나갈 때까지 말한다. "우리가 혼자 우두커니 있는 것보다 차라리 낯선 사람하고 이야기하는 것이 더 낫다."고 다혈질의 소유자들은 주장한다.

화를 잘 내는 담즙질의 소유자들은 시종일관 사업에 관한 말만 하고, 아집적이며 논쟁을 잘 일으킨다. 그래서 그런 성격의 소유자와 논쟁하는 일은 무척 어려운 일이다. 만일 당신이 그의 의견에 동의하지 않으면, 그는 곧 당신에게 시비를 걸어올 것이다. 만일 당신이 동의한다면, 그와 싸울 일이 없게 된다. 경고하겠는데 담즙질의 소유자와 논쟁하지 않도록 주의하라! 그 누구도 소모적이거나 풍자적인 사람이 되어서는 안 된다.

우울질의 소유자는 꼼꼼한 성격을 근거로 하는 완전주의자이며 타인의 잘못은 꼭 지적하고 넘어가려고 한다. 그런 성격의 소유자는 극단적인 자기 주장만 내세우며 상대가 말하는 것을 자기 나름대로 해석해 오해하곤 한다(심지어는 상대의 의도까지도 오해한다).

무기력한 점액질의 소유자에게는 언변이 없다. 그들은 상대방의 말만 듣고 감을 잡으며, 부정적이거나 비판적인 말에는 잘 수긍하지 않는다. 다행히도 이런 성격의 소유자는 사교적인 감각이 뛰어나다. 만일 그렇지 못하다면, 그런 성격의 소유자의 배우자들은 시종일관 서로를 향해 으르렁댈 것이다.

이런 성격의 차이가 부부 서로의 천부적이며 극단적인 생각의 차이로 커져 싸움을 불러일으킬 수도 있다. 그래서 배우자의 눈을 통해서 인생을 보는 법을 배워야 한다.

④ 한두 가지 작은 생각으로 대화를 시작하기

결혼생활에서 부부 두 사람의 예민한 성격의 차이는 동시에 여러 가지의 생각들을 창출해 낼 수도 있다. 내 아내 베브는 한꺼번에 여덟 가지의 일들을 수행할 수 있는 능력이 있다. 그러나 나는 그렇지가 못하다-나는 겨우 한 주제에 대해서 한 가지만 생각할 수 있을 뿐이다. 나는 밤늦게 귀가할 때 마루 위에서 내 아내가 손자들을 돌보는 것을 자주 보곤 했다. 어떤 때 아내는 오븐에다 케이크를 굽고 있었고, 스토브에 요리 그릇을 얹어 놓을 때도 있었고, 또한 걸려오는 전화를 받아 끝없는 말동무를 동시에 하곤 했다. 그럴 때 내가 아내 곁으로 지나가면 아내는 전화기를 들고 내 곁으로 와서 "여보 왔수?" 하면서 내게 키스하곤 했다. 그러나 나는 그렇게 하질 못했다. 여러분이 나와 전화를 한다면, 여러분도 마찬가지로 나와 같이 주의력이 약하거나 또는 전혀 없을 것이다.

이런 특성은 성의 차이보다는 아마도 성격의 차이에서 기인되고 있을 것이다. 보통 남성들은 사고력이 단순하다고 한다는데, 나는 그렇지 않다고 생각한다.

우리에게는 TV광인 친구가 있다. 내 아내 베브는 TV를 잘 시청하나, TV광인 친구 아내와 나는 TV를 좋아하지 않는다. 베브는 자기가 TV를 보는 동안 내가 말을 시키지 않는다고 말하곤 한다. 물론 나는 말할 수 있다. 사실, 나는 아내의 말에 잘 귀를 기울이지 않는다. 많은 부부들에게는 이런 차이가 있다.

어떤 사람이 타인에게 말하고자 했으나 주의를 끌지 못했을 때는 이런 대화의 불통이 있을 수도 있다. 그러다가 이런 일이 자주 일어나면 상대방은 자기를 귀찮게 하는 것이라고 오해한다.

이것이 그렇다고 치명적인 문제는 아니므로, 부부는 이런 것을 알고 서로 이해하고 노력해야 한다. 우리 부부는, 이런 것으로 인해서 나타날 수 있는 짜증 대신에, 오히려 유머로 발전시킬 수 있다는 것을 깨달았다. 오늘날까지, 베브와 우리 자녀들은 내가 자기들의 말에 주의를 기울이지 않으면 "미스터 벽창호! 부인과 자녀들은 잘 있어요?"라고 말한다. 그 말을 들으면, 우리 모두는 깔깔대고 웃음보를 터뜨린다. 사실 처음에는 그 말의 뜻을 몰랐으나 그들의 유머를 통해서 나는 나의 둔함을 깨달았다.

⑤ 차이점이 해결되지 않으면 분쟁이 일어난다.

대부분의 부부들은 처음의 교제시절과 다르게 개인 성격, 성장 배경의 차이가 심함을 신혼여행 직후에 곧 깨닫는다. 이런 차이들은 개방적인 대화로 풀어야만 한다. 결론적으로 중요한 것은 부부 서로가 변화되어야 한다는 사실이다. 만일 그렇지 못 한다면, 부부간에 큰 금이 가게 된다.

이런 어리석은 모습이 우리 부부 결혼생활 2년째 되는 해에 있었다. 16개의 방이 있는 대저택의 방 두 칸을 빌려서 살림을 시작한 우리는 대학을 다니고 있었다. 방세는 정원 관리로 대신했다.

집 주인이 출타한 어느 아름다운 저녁에 우리 신혼부부는 스페인풍의 안뜰에서 정답게 식사를 했다. 분위기는 좋았으나 결과는 엉망진창이었다. 아내 베브는 첫 아이를 임신한 3개월 쯤의 몸이었다. 나는 아기에게 칼슘이 필요할 거라고 생각하고 아내에게 우유(우유는 칼슘이 풍부함)를 권했다(그 당시 모든 남편들은 태아에게 우유가 좋다고 다들 믿고 있었다). 그러나 베브는 "나는 우유 안 마셔요."라고 말했다. 솔직히 그 땐 내가 어리석었다.

나는 그 당시 모든 사람은 우유를 마셔야 하되 특히 산모는 더 마셔야 한다고 생각했다. 그러나 아내는 완강히 거절했다. 나는 화가 나서 "여보, 당신이 이 우유를 안 마시면 머리 위에 붓겠어!"라고 큰소리쳤다. "당신이 그런다고 해도 나는 안 마셔요."라고 아내는 응수했다. 당시 22세의 화를 잘 내는 성격의 소유자인 나는 그런 망언을 하지 말아야 했다! 그러나 결국 나는 우유를 아내의 머리 위에 부었다. 그 결과 냉전은 이틀 간 계속되었고, 서로가 아무 말도 안했다. 그로부터 29년이 지난 후, 돌이켜보면 이 글로도 표현하지만 '나는 매우 어리석었다!'

2. 대화를 파괴시키는 무기들

자기 관리는 인생의 첫 법을 잘 아는 데 있다-건강한 육체에서 건강한 정신이 나온다. “심리적인 벌거벗음은 육체의 벌거벗음에 비유할 수 없다”고 헨리 브랜드(Henry Brand) 박사는 말했다. 우리 모두에게 내재해 있는 폭탄이 터지는 것을 막아야 한다. 사람들이 내면의 폭탄을 사용하면 대화는 공중 분해 된다. 그러므로 서로가 주의하고 양보해야 한다.

① 감정의 폭발

가장 자기방어적인 도구는, 가정에서 잘 사용하는 감정의 폭발이다. 이것은 선보다 악을 추구하는 논쟁적인 정신의 산물이다. ‘감정 폭발’은 배우자에게 압력을 가할 수 있다고 가르치고 있는데, 그렇게 되면 대화의 여지는 사라진다. 4장에서 언급한 대로 성령이 역사하는 가정은 이런 감정 폭발의 도구를 사용해서는 안 된다-오직 성령을 따라야 한다.

② 눈물

감정의 폭발 다음으로 자주 써먹는 눈물은, 우리 자신을 보호하는 가장 대중적인 심리적 무기이다. 본능적으로, 눈물은 남성보다 여성에게 있어서 강한 무기이며 매우 효과적이다. 그래서 “만일 당신이 나를 건드리면, 나는 울음을 터뜨릴 거예요.”라고 여성들은 곧잘 말한다. 일단 여자의 눈물이 터지면, 대화는 걷잡을 수 없게 된다. 만일 공격자인 남성이 매우 무감각하지 않다면, 그 눈물들을 보고도 무자비하게 여성에게 공격을 가하지 않을 것이다.

③ 비판

극단적인 기혼자들은 거부, 비판, 또는 무방비적인 반대 의견들을 주장할 수 있다. 자연적인 경향은(영적인 반동이 아니더라도) 타인을 비판하는 것이다. 어떤 강압적인 유형의 사람들은 강압으로 부부관계를 유지시키는 수단을 터득해서 그걸로 배우자를 지배하고 있다. 또는 비판적인 공격의 위협으로 재미없고 무미건조한 것에 대해서 배우자와 대화하기를 회피한다. 이런 것은 대화를 파괴하며 또 지속적인 사랑이 아니다.

남편을 휘어잡은 한 아내가 있는데 그녀는 남편이 집에 있을 동안에 명령을 해서 남편을 노예같이 부려먹고 있었다. 그 여자는 남편의 손에 있는 신문을 낚아채어 보기도 하며, 자기는 꼼짝도 하지 않으면서 남편만 시켜먹었다(이러기를 35년간). 어느 날 그녀는 욕실에서 목욕하고 있는 남편에게 가서 끝없는 잔소리를 하였다. 남편은 들은 채도 하지 않고 생각 없이 집을 나와 자동차로 온 도시를 배회했고, 집에 가는 것을 두렵게 생각했다. 말하는 것은 말하는 당사자에게는 위안의 밸브가 될 수 있으나 듣는 자에게는 심히 괴로운 일이다.

④ 침묵

무기력한 점액질 소유자와 우울한 우울질 소유자는 즐겁지 않은 일을 만나면 시종일관 침묵한다. 그것이 침묵으로 대신하는 항변이든 간에(신문을 보거나 목욕을 하거나 차고에서 잡역을 하든 간에), 그것 역시 사태를 악화시키는 무기이다. 외향적인 성격의 사람들은 침묵의 무기를 사용할 수 없다. 쾌활한(낙천적인) 다혈질 소유자는 30초 이상을 침묵할 수 없고 화를 잘 내는 담즙질 소유자는 더 못 참는다.

침묵의 무기는 두 유형으로 나타난다. 그만 두든지 분개하든지 둘 중의 하나다. 그만 두는 사람들은 자기 배우자들에게 상관하지 않고 거북이처럼 행동하는 말만 해서 대화를 단절시킨다. 분개의 침묵을 사용하는 사람은 사실 진짜 혈기 왕성한 사람들이다.

아주 말을 천천히 하며 심지어는 쾌활하면서 동시에 화를 잘 내는 성격의 자기 아내(그녀는 기관총 쏘듯이 말한다)에게 관대한 점액질의 한 남편이 "나는 그 여자를 잘 다스리는 법을 알았습니다!"라고 나에게 말했다.

나는 그의 기술을 묻자, "침묵입니다! 그녀는 침묵 앞에서는 꼼짝 못해요!"라고 걸지게 대답했다. "나는 지난주 5일 동안 아내에게 한 마디 말도 안했습니다." 나는 그 자신만만한 남편에게 그런 침묵은 분노의 한 종류라고 은밀하게 충고했다. "나는 점액질의 소유자인 만큼 그런 것들은 문제될 것 없습니다."라고 그는 웃으면서 말했다. 그로부터 2주일 이내에 28세 된 그가 병원에 입원하리라는 것을 그와 나는 꿈에도 생각 못했다.

내가 알고 있는 사람들 중에서 배우자에게 침묵의 분노를 가장 오랫동안 한 사람은 자그마치 21일간이나 지속했다. 믿거나 말거나이지만 그 부부는 모두 신실한 그리스도의 사역자들이었다.

아내는 매사에 화를 잘 내는 쾌활한 유형의 성격이었고, 남편은 무기력하고 우울한 형의 섬세한 학자였다. 결혼 생활에서 십 분의 구 정도는 아내가 항상 말을 하였고, 매사를 아내가 결정했고, 부부간의 토의도 아내가 주장하다시피해서 결론을 내렸다. 남편은 아내가 다 말할 때까지 침묵으로 일관했고 오직 필요한 것만 말했다. 나는 그 부부가 어떻게 30년간의 결혼생활을 해왔는지 의아했다. 그들은 좋은 결혼생활을 하기 위해서 이런 무기들을 제거해야 한다. 아내는 '조용히 하는 법'을 배워야 하며, 남편은 자기의 침묵의 분노를 회개해야 한다.

⑤ 끝없는 수다

어떤 사람들은 침묵을 지키지 못한다. 그들은 자기들이 침묵을 하면 가족이나 배우자가 약점을 들춰내 난처한 질문을 당하는 것이 두려워서 침묵을 지키지 못한다. 그래서 그런 사람들은 말하고, 또 말하고, 계속 말만 하는 것이다. 나는 자기들의 잠자리 따위의 얘기를 하는 사람을 만나곤 하는데, 그들은 대화에 대한 명백한 의식이 없는 사람들이다. 결과적으로, 그들은 쓸데없는 소리만 재잘거릴 뿐이다. 대체로 이것은 인격이 극단적으로 불안하다는 증거다(비록 그들이 '비평주의' 아래 주권적, 강압적인 말을 한다 해도 말이다). 이런 개인들은 감정의 폭발을 두려워하며, 또 언제 터질지 모르는 감정도 두려워한다. 어떤 여성들은 남성들보다 더 수다스런 생활 양식을 갖고 있다. 물론 나는 많은 수다쟁이 남자들을 봤다. 많은 수다쟁이 남편들은 나를 찾아 와서 정규적으로 성령과 동행하는 법을 배운다. 어느 날 어떤 수다쟁이 남편이 미소를 짓고 내게 와서 전날 자기에게 있었던 일들을 말해 주었다. 그가 일어나자마자 아내가 근 한 시간 이상을 잔소리를 하였던 것이다. 그는 조용히 아내 옆으로 가서 그의 손을 아내의 입에 대고 다음과 같이 말했다고 한다. “여보, 당신을 사랑해. 당신을 사랑해. 당신을 사랑해. 하지만 나의 귀는 휴식이 필요해요!” 그 부부는 서로가 웃었고, 그녀의 말투는 점점 조용해졌다고 한다.

사람들은 누구나 다 참된 대화를 파괴시키는 무기들을 가지고 있는데, 이런 것들은 가장 평범한 것들이다. 만일 당신도 이런 무기를 사용한다면, 먼저 승리의 하나님을 의지하고, 사랑의 마음을 가져야만 한다. 하나님은 당신과 배우자에게 사랑을 주시기를 원하고 계신다.

3. 효과적인 대화를 위한 아홉 가지의 열쇠

다른 것과 마찬가지로, 효과적인 대화는 두 사람에 의해서 계발되어야 하는 하나의 기술이다. 이 경우에 있어서 말하는 사람은 물론 듣는 사람에게도 해당되는 사항이다. 다음의 아홉 가지 제안들은 가정에서의 대화를 보다 향상시키는 열쇠들이다. 그리고 모든 사람에게 해당되는 대화의 특별한 사항도 포함되어 있다.

① 당신의 배우자를 이해하는 법을 배우라.

다른 사람을 속속들이 안다는 것은 간단한 일이 아니다. 그리고 결혼 전의 경우는 확실히 잘 알 수가 없다. 대부분의 부부는 그들이 서로를 이해하기 전에 이미 수년 이상을 같이 산다. 그런 이유들 중의 하나는 서로가 사랑해서 마음을 빼앗기다 보니 나쁜 습관에 빠지게 된다는 점이다. 대부분의 부부는 자기 배우자들을 잘 이해하지 못하고 있다. 많은 사람들이 배우자가 자기들을 먼저 이해해 주기를 바라는 욕망에 빠져 있다는 것은 놀라운 일이다. 사실, 사람들은 자기 배우자에 대해서 마땅히 관심을 가져야만 한다.

한 명성 있는 가정 상담가는 말하기를, "만일 당신의 권한이 반드시 이해되어야 한다고 주장한다면, 당신은 병든 사람이다."라고 말했다. 복음의 전체적인 단면은 그리스도께서 우리를 위해 주셨던 것같이 '주는 것'이다. 교만한 사람들의 기본적인 징조들 중의 하나는 타인을 인정하거나 이해하는 일에 전혀 관심이 없고 사람들이 '자기만' 인정하고 이해해야 한다는 욕망에 사로잡혀 있다는 점이다. 당신이 당신의 배우자를 이해하는 것을 배우고 도울 수 있도록 하는 널리 알려진 도구는 그 성격 이론들이다.

그 이론은 '행동과 반작용'으로 설명되며, 남편이 행한 대로 배우자인 아내는 그대로 따라서 반동 작용을 나타낸다는 것이다. 예를 들면, 낙천적인(쾌활한) 성격의 소유자가 반성적인 말을 분명하게 하면, 많은 짜증의 원인들이 잘 해결된다. 또는 배우자를 화나게 하는 분석적인 조사는 남편의 우울한 성격의 체질에서 나온다. 물론 성별과 성장 배경 그리고 가치관의 차이가 있다-그리고 또 배우자를 이해하는 법을 배우는 좋은 시간적인 기회를 여러분은 찾아낼 수 있다. 그러다가, 그런 시간이 오게 되면 그들이 충돌할 수 있는 때에 그것은 부부관계의 뜨거움 속으로 사라진다.

② 무조건적으로 기꺼이 배우자를 용납하라.

어떤 사람은 다른 사람들보다 더 거절을 잘하고 어떤 성격들을 두려워하고 있지만, 우리가 배우자를 사랑하면 사랑할수록 더 배우자를 용납할 수 있는 위대함이 생긴다. 왜냐하면 말하는 것과 마찬가지로 '감정'으로 대화를 할 수 있기 때문이다. 부부가 진실하게 서로를 용납하면 서로를 용납하는 감정이 생긴다는 것은 엄연한 사실이다. 결혼생활에서 어떤 어려움들이나 문제가 서로 토의되어야만 하는 것은 필연적인 진리다. 이해하는 것과 마찬가지로 용납의 확신은 잠재적으로 어려운 상황을 뜨거움으로 옮겨 놓는다. 반면에 거부감의 두려움은 불 속의 가솔린같이 훨훨 타게 된다. 위의 ①, ②단계는 결혼생활에서 지속적으로 배양되어야 하며, 일시적인 현상으로만 끝나서는 안 된다. ①, ②단계가 지속되면, 머리를 맞대고 있는 문제들은 해결의 실마리를 찾게 된다.

③ 배우자를 위해서 좋은 시간을 짜라.

대부분의 정기적인 대화의 모임은 가족 중의 한 사람이나 배우자에 의해서 갖게 된다. 우리는 이미 어떤 배우자들은 아침에는 신경이 날카로워진다고 언급했다. 이들은 이른바 '물새들'로 불리어지고 있다. 반대의 유형은 '올빼미들'인데 그들은 늦게 기상하지만 저녁에는 날카롭다. 분명히, 여러분의 배우자에게 합당히 틈나는 시간이 있다. 이런 것에는 좋은 규칙이 있다. 밤 9시 30분 또는 10시 이후에는 돈이나 중압감 있는 문제는 절대로 말해서는 안 된다. 모든 문제는 밤의 심연 속으로 사라지게 된다.

당신의 배우자를 이해하는 것을 배우는 일은 대화의 시간을 갖는 것을 더 쉽게 한다. 대부분의 남성들은, 일이 끝난 후인 저녁시간 후에 대화 시간을 갖기 원한다. 가끔 부부들은 아이들을 놔두고 단 둘이 저녁식사를 밖에서 해야 한다. 대화의 시간은 부모들이 제한을 두지 않으면, 가끔 십대 자녀들이 주도권을 행사할 수도 있다.

우리 부부 중의 한 사람이 이런 모임을 시작하도록 나는 권한다.

그런데 나의 십대 큰아이는 자기 친구들 대하듯이 하면서 가족의 휴식을 생각지 않으면서 대화의 모임을 이끌어 가곤 한다. 그러다가 갑자기 질문이 튀어나온다. "왜 우리가 해야 합니까?"라고 십대인 나의 한 아이는 말한다. 여러분들이 상상할 수 있는 대로, 우리 가족은 자유스럽게 토의하곤 했다. 이런 밀어붙이는 회합을 통해서 나의 큰아이는 자기 동생들에게 소홀히 했음을 느꼈다. 그러나 다른 형제와 자매는 그를 싫어했다. 그의 관심이 다른 십대에게 나타나자, 우리 부부는 그가 더 정중하게 그의 친구를 대하며 이해하는 것을 쉽게 알게 되었다. 이런 열린 모임은 건강한 것이다.

④ 재치 있게 주제를 세워라.

주제가 어려울수록, 재치는 더욱 있는 법이다. 대부분의 부부들은 무거운 분위기-다툼, 싸움 등-후 가져야 하는 대화의 시간을 갖는 기술을 거의 배우지 못했다. "여보, 나 당신과 같이 있고 싶어요."라고 아내 베브가 말할 때마다, 나는 부수어야 하는 내 자아의 심리를 잘 알게 된다. "여보, 오늘밤 분위기 좋지?"라고 나는 아내에게 대꾸한다. 그러면 아내는 소녀같이 변하며 진실해진다. 가끔 당신의 배우자가 자기의 직면한 약함과 문제를 견디지 못할 때가 있다. 그러면 대화의 시간을 다음 기회에 갖도록 하라. 당신은 특별한 문제보다 지속적인 부부관계가 더 중요하다는 것을 기억해야 한다.

⑤ 사랑으로 진실을 말하라.

사랑으로 당신의 느낌과 당신이 처한 상황과 당신이 겪고 있는 문제를 서로 나눠 져라. 사랑은 결코 진실을 희석시키지 않으며, 불필요한 상처도 주지 않는다.

진실은 날카로워서 상처를 줄 수도 있다. 예를 들면, 아내가 남편을 부를 때에 남편이 양말을 정리하거나 식탁 예절이 더 나아졌으면 하고 생각하는 것이다. 또한 남편은 아내가 다른 사람과 있는 것보다 아이와 정답게 있는 것을 생각하거나 아내가 집안 일을 완벽하게 하기를 원한다. 그러나 이것은 상처가 될 수도 있다.

진리는 평범해야 한다. 그러나 이런 사랑의 진리는 나의 친한 외과 의사 친구와 같다. 그는 고통 없이 환자들을 도와주었다. 왜냐하면 그는 그의 환자들을 사랑했기 때문이다. 그리고 그는 결코 필요 이상의 수술자국을 남기지 않는다.

⑥ 반사작용의 시간을 허락하라.

만일 우리가 매우 성숙해서 책임감을 갖고 우리의 약점을 극복하거나 진리를 따르는 사람에게 감사하게 된다면 그것은 매우 이상적인 것이 될 것이다.

그러나 누가 그런 이상적인 사람인가? 오직 성령이 역사하는 남성과 여성뿐이다! 대부분의 사람들은 경우에 따라서 반동적이고 방어적이다. 어떤 이는 자기방어에 지나친 무기들을 사용한다.

그러나 여러분은 매사를 조용히 영적으로 준비하도록 해야 한다.

만일 당신이 반동적인 말에 대해서 다시 반동으로 나선다면, 대화를 할 수가 없다. 그리고 평화에 대한 책임은 당신에게 있다.

그래서 우리들은 항상 말하고자 하는 것을 늘 준비하도록 해야 한다. 당신의 배우자가 늘 깜짝 놀랄 수 있도록 말이다. 실제로, '부드러운 대답'을 준비해서 하나님을 의지하라. 부드러운 대답은 "우리 그것에 대해서 생각해 봅시다." 또는 "나는 당신이 싫어하지 않기를 바랍니다. 사실 그것은 괜찮아요."라는 어투 등으로 나타나고, 이런 것을 통해서 여러분의 의견을 나타낼 수 있다.

⑦ 자신의 방어를 위해서 결코 논쟁하지 말라.

당신의 위치를 방어하려는 욕망을 물리치라. 만일 이런 욕망을 물리칠 수 없다면 희망이 없다. 부부에게 만족이 되려면 논쟁이 없어야 하는 것이다.

기억하라. 당신은 당신의 사랑하는 배우자에게 좋은 씨를 뿌리고 있다는 것을-그리고 시간을 통해서 자라고 있다는 것을 잊지 말아야 한다.

⑧ 기도하라.

그리스도인에게 있어 큰 재산은 바로 기도다. 기도는 우리가 하나님 앞에 겸손하게 무릎을 꿇음으로써 유익할 뿐만 아니라 실제적으로 우리 인간관계 속에서 제삼자에게도 유익을 준다. 자기들의 문제와 차이점을 놓고 기도하는 가정에 큰 어려움이 없다는 것은 의심할 것도 없다. 왜냐하면 그런 가정에 하나님이 계시기 때문이다. 부부가 곤경에 빠졌을 때, 두 사람은 마음을 같이하여 하나님께 기도해서 기도의 응답을 받아 문제 해결을 받아야 한다. 만일 부부들이 다른 사람의 마음에 상처를 주거나 실망을 시켰다면, 즉시 하나님께 기도하고 당사자에게 사과하고 용서를 구해야 한다.

많은 대화 모임은 평소에 분위기를 깨뜨리는 것과 타인의 권리를 존중하지 못한 점 등의 사과나 용서로 끝을 맺어야 한다.

결혼생활에 필요한 금 같은 단어가 있다-그것은 "나는 당신을 사랑합니다."이다. 그리고 다음으로 중요한 말이 "미안합니다."이다. 하나님께 기도로 고백할 줄 아는 사람은 사람에게도 고백할 줄 안다.

이런 관계 속에서 나는 많은 그리스도인 부부들이 하나님께 기도한다는 것에 큰 감명을 받았다. 그런데 사실 기도를 소홀히 하기 쉽다. 나는 그리스도인의 30% 미만만이 일 주일에 세 번 정도 하나님께 기도한다는 여론을 수집했다. 모든 그리스도인 부부는 매일 정규적으로 하나님께 예수 그리스도의 이름으로 기도해야 한다.

이 책은 많은 믿지 않는 남편들과 기도하기를 거부하는 불신자 배우자들에게도 읽혀질 것이다. 절대로 강요하지 말라. 당신은 혼자가 아니다. 하나님이 함께하신다. "은밀한 중에 계신 네 아버지께 기도하라 은밀한 중에 계시는 네 아버지께서 갚으시리라"(마 6:6). 사실, 일단 당신이 배우자와 어떤 문제에 대해서 대화를 하게 되면, 그 문제를 좋게 하기 위해서 더 많은 기도를 하게 된다. 이것은 두 가지로 나타난다. 실제적으로 당신의 문제에 하나님의 응답이 있으며, 당신의 기도에 대한 형통의 축복이 있게 된다. 다시 말해 당신이 기도한 내용보다 더 넘치는 축복이 당신의 배우자에게 나타난다. 남성들은 비록 성령이 충만하더라도, 간혹 실수를 할 수도 있다. 지혜로운 배우자는 말로 강요를 하지 않는다. 왜냐하면 당신의 참된 행동으로 배우자가 변화되기 때문이다. 오직 기도만으로 당신은 신앙 안에서 이런 변화를 겪을 수 있으나, 그것은 당신이 아닌 오직 하나님만이 하실 수 있는 일이다.

⑨ 하나님께 문제들을 맡겨라.

일단 당신이 어떤 어려운 문제에 대해서 대화를 갖게 되면-성, 자녀, 재정, 시어머니, 여가선용 그리고 결혼생활과 가족생활의 다른 많은 문제이든-하나님께 맡겨라. 바가지를 긁지 말라.

이것은 토의를 해야 한다는 말이다. 가끔 당신은 두 번 이상 같은 문제를 놓고 입씨름을 할 때가 있는데, 그것은 세 번 이상 티격태격하는 사실상의 바가지 긁는 소리인 것이다. 왜냐하면 우리 모두는 본능적으로(성격에 따라 정도의 차가 있지만) 인내가 부족하기 때문이다. 우리가 원하는 행동의 변화가 배우자에게 있기를 기다리는 것은 어려운 일이다. 여기에 대해 신자 가정과 불신자 가정은 상당한 차이가 있다. 우리 그리스도인들은 '하늘에 계신 우리 아버지'께 진로 문제, 욕망들과 필요한 것들을 맡기며 산다. 여러분은 이것을 확신할 수 있다. 하나님은 자기와 자기들의 문제를 당신께 맡기는 사람을 축복해 주신다.

그런 연유 때문에 우리 부부의 여러 저서들을 통해서 가정생활의 문제들을 직시한 사람들은 다음의 주소로 편지하길 바란다.

베브와 나는 셀 수 없을 만큼 많은 편지들을 받았다. 우리는 지금 새로운 편지 사역이 필요하고, 가정생활 세미나 지부도 필요하다(P. 0. Box 1299. El Cajon, California 92021. U.S.A).

우리는 하나님께 자기의 문제를 맡긴 그리스도인들이 기적적으로 응답받는 것을 많이 봤다. 한번은 자기 배우자의 문제를 갖고 온 부인이 있었다. 그녀는 부부간의 섹스 문제도 하나님이 해결해 주시는가를 물었다. 그 부부는 결혼생활이 11년째였는데 그 부인은 자기의 남편을 사랑하고 있지만, 한 번도 오르가슴을 느끼지 못했다고 했다. 현대의 많은 아내들에게 이런 문제의 가능성이 있는데, 그 부인은 이 분야에 불만이 컸다. 지방 기독교 서점에서 그 부인은「결혼의 행위」라는 책을 사서 읽었다. 그녀는 남편에게 그 책의 지침대로 만족스런 섹스를 할 것을 제안했다. 그 부인은 그 당시 재치 있게 대화를 주도해서, 남편에게 일상의 섹스에서 '섹스의 쾌감'을 느끼지 못했다고 고백했다. 그녀의 무기력한 성격은 대화를 통해서 남편의 보호적인 껍질을 깨뜨렸고 '요조숙녀는 섹스에 관심이 없다'는 기존의 속설을 뒤엎어 버렸다(사람들은 마치 '요조숙녀'를 결혼한 아내에게도 적용시키려고 한다). 그 부인은 부부는 섹스를 통해서 서로 만족해야 한다는 그 책의 내용을 남편에게 말해주었고, 그에게 그 책을 읽도록 권했다. 그러나 남편은 처음에는 거부했다.

그 사실을 깨달은 그 부인은 남편에게 그 책을 읽도록 끈질기게-하나님의 참다운 여자가 되어야 한다는 점(여자는 섹스의 만족감과 쾌감을 얻어야 한다는 것)-권유했고, 그녀는 그 문제를 하나님께 맡기고 기도했다. 그 부인은 편지로 자기의 사정을 우리 부부에게 알렸다. 한번은 미국 중서부 도시에서 열린 우리 세미나에 그 부인의 남편이 우리의 초청을 받아 참가하였다. 그 집회는 절정을 이루면서 끝나게 되었고 질문의 시간을 갖게 되었다. 한 남성이 "라하이 목사님, 왜 당신은 목사로서, 「결혼의 행위」 같은 책을 저술했습니까?"라고 물었다(역자주 : 그 책에는 부부의 성 행위가 성경적이라는 것과 여러 체위, 섹스의 쾌감 등 그리스도인 부부들이 알아야 할 내용들이 있다). 그 질문은 청중에게 찬물을 끼얹는 격이었고 한참 있다가 나는 대답하기 시작했다.

"여러 가지 이유가 있지요-첫째는 많은 그리스도인 아내들은 사랑 만들기가 나쁘거나 더럽다고 잘못 생각하고 있습니다. 나는 이런 것을 느꼈고, 목사로서 하나님이 섹스는 좋고 아름답다고 의미하신 것을 제시하였습니다. 그리고 두 번째 이유는 너무나 많은 그리스도인 남성들은 섹스에 대해 무지해서 자기들의 아내를 기만하고 있다는 것입니다. 그들은 행복한 인생의 시간을 뺏기고 있다는 것도 모릅니다." 그 집회 후, 남편이 집에 돌아와서 다정하게 잠자리에 들기 전에 "여보, 그때 당신이 말한 책 좀 주구려."라고 요청했다고 그 부인은 나에게 편지했다. 그는 그 책을 읽고 부부간의 섹스를 사랑의 생활로 전환시켰다고 한다. "하나님은 신비스런 방법으로 역사하시는데, 그의 놀라움을 실천해야 한다."고 윌리엄 쿠퍼는 말했다.

4. 아는 것과 용납하는 것

기혼 부부들은 특별한 주제가 없더라도 자주 토의해야만 한다.

그 토의는 사랑스럽고 정직하게 그리고 하나님께 맡기는 전제하에 진행되어야 하며, 배우자가 무슨 변화를 요구하는가를 알아야 한다. 어려운 주제나 문제는 풀 수가 없으며 문제만 복잡해진다.

하워드 헨드릭스는 현명하게 다음과 같이 말했다. “행복한 결혼은 두 가지 기본적인 요소를 요구하고 있다. (1) 부부 두 사람은 서로를 잘 알아야 한다(성적인 능력까지라도). 그리고 (2) 부부 두 사람은 서로를 온전히 용납해야 한다.” 젊은 부부도 위의 두 가지에서 예외가 될 수 없다. 왜냐하면 부부 두 사람이 서로를 깊게 아는 데에는 무수한 시간이 걸리기 때문이다. 그래서 성령의 역사로 당신은 배우자를 온전히 사랑하고 용납해야 한다.

당신이 그렇게 할 때, 당신은 이상적인 부부관계를 가질 수 있다(더 알고자 한다면, 유명한 상담가인 스몰 박사의 책 「당신의 말대로 나는 행동한다」 (After You’ve Said I Do)를 참고하기 바란다).

8. 재정 문제

“돈을 사랑함은 일만 악의 뿌리”라고 성경에 기록되었다. 이것은 돈의 오용이 인생의 모든 문제를 유발시킨다는 것을 염두에 둔 말씀이라고 할 수 있다. 이 말씀은 미혼자는 물론 기혼자에게도 진리로 적용되고 있다. 말을 빠르게 하는, 강압적인 세일즈맨은 빠르게 또는 천천히 미국의 전 가정을 샅샅이 방문하고 있다.

오래 전에 어떤 대학의 한 여직원은 멀리 떨어진 학부모들에게 전화해서 자기 대학에 공헌할 수 있는 기회가 있다고 말했다. 그녀는 “학생수가 격감해서 재정이 어렵다.”고 말하는 수법으로 사기를 쳤다. 자기 집이 사기를 당한 여대생이 이 사실을 대학당국에 제보함으로써 그 사기극이 들통이 났다. 그 사기성이 있는 여직원은 자기가 그렇게 하지 못하면 불행하다는 환상에 사로잡혀 있었다. 그 여직원은 그럴듯하게 말해서 학부모들을 골탕 먹였다.

“6개월 동안 매주마다 1달러씩 내면 2년 동안 매주마다 2달러씩 드리며 졸업 후에는 매달 25달러를 지불합니다-졸업 때까지는 지불되지 않음" (이 기간이 불분명했다). 이자율이 컸고, 매년 지불된다니, 그것은 가치 있는 금융상품이라고 판단되었다. 만일 이것을 통해서 자기 딸이 사회를 배운다면 좋다고 판단해서 그 대학의 학부모들은 그렇게 하기로 결정했다. 무엇보다도 부수입원이 자기 딸에게 생긴다는 것이 좋아서였다. 다른 사람들에게도 "지금 사서-후에 지급"한다는 계약이 늘어갔고, 구매 후에도 여전히 지불은 한동안 계속되었다. 만일 그 여직원이 현금으로 납부하라고 강제로 말하지 않았다면, 그 금융상품에 대한 의심이 없었을 것이다. 잘하면 그녀는 "매주 1~2달러씩 납부하라"는 말을 통해서, 자기의 야심을 이뤘을지도 모른다.

그 후 이런 스타일의 광고와 판매가 전 미국에 퍼져 미국을 떠들썩하게 했고 지금도 계속되고 있다. 신용카드는 구매할 수 없는 것과 비싼 것까지도 구매하라고 부추기고 있다. 신용카드는 건전치 못하며 지나친 구매력만 양산하는 새로운 물질 소유욕의 패턴을 만들어냈다. 신용카드의 확산으로 젊은 부부들에게 그 '좋은 생활'이란 것이 자리 잡게 되었고, 정상적으로 한다면 결혼 생활 15년 이상을 해야만 얻을 수 있는 가구들과 기타 용품들을 미리 빨리 당겨서 집에 채워 놓았다. 많은 젊은 부부들은 처음 수년 동안 이 신용카드를 마구 사용한다. 이런 '왕성한 구매력'은 나중에 뼈빠지게 벌어 갚아도 끝이 없다는 것을 알 때까지 멈추지 않는다. 결혼생활 문제들의 70% 이상이 바로 이런 유형의 재정적 문제들이다. 당신이 지나친 소유욕과 과소비 그리고 신용카드 사용의 남발로 많은 부채를 갚아나갈 때, 그 결과들의 후유증은 심히 크며 때로는 이혼의 원인이 되기도 한다. 결혼생활의 많은 내면의 적들은 신용대부와 그런 것 없이도 살아나갈 수 있는 신용카드다. 결혼생활의 첫 무대에서, 부부들은 돌진하듯이 신용카드를 막 써대다가 나중에서야 신용카드가 그들의 적이라는 것을 깨닫고 가정을 견고히 지키기 위해서 그 적을 쳐부수곤 한다. 신용카드 구매는 구매력, 불필요한 선물 증정, 과소비 등을 '충동'시킨다-그래서 당신은 현금 사용 없이 무분별한 상품을 카드로 사서 집에 가져온다. 결과적으로, 그것을 계산할 때는 많은 이자까지 포함해서 내야 한다. 합산된 금액들 때문에 여러분의 마음은 분할 것이다. 정상적으로 시작된 여러분의 생활은 갑자기 좌절과 비난의 온상으로 변할 것이다.

1. 재정적 압박으로 인해 일어나는 증상들

① 지나친 쇼핑

재정적인 압박은 영적인 침체를 가져온다. 그리고 새로운 물품을 구매하는 것은 일시적인 위로에 불과하다. 물론, 결국에는 이미 사버린 물건에 대해서 돈을 지불해야 한다.

② 위기의식

강박관념 상태에서 어떤 여성은 특별히 죄를 범한다. 그녀는 남편이 자기 마음에 들지 않는 일을 하면 매사에 비아냥거린다.

심지어는 자기와 상관이 없는 일까지도 불평한다. 이것은 자기 내면에 쌓인 스트레스를 해소시키려는 한 방법인 것이다.

③ 거짓말과 기만

돈 문제를 숨기는 가장 평범하면서 복잡한 방법은 바로 거짓말이다. 자기들의 물질적인 충동들을 만족시키기 위해서 남편들과 아내들은 서로 재정적으로 속이는 죄를 범하곤 한다. 돈이 사치스럽게 또는 어리석게 쓰여졌을 때, 그들은 재정적인 어려운 상황을 벗어나기 위해서 거짓말을 할 필요성을 느낀다.

④ 자기 연민

이런 사람은 반복적으로 자신의 재정적인 어려움만 말한다. 그리고 다른 사람들이 자신에 대해서 측은한 마음과 일시적인 위로를 해주기를 바란다. 그러다가 만일 자신에 대해서 도움이나 연민이 없으면 나쁜 일을 더 저지른다.

⑤ 극단적인 피곤

부부들이 피곤함을 느낄 때 이미 극단적인 피로감은 그들 속에 와 있게 된다. 짜증과 비난의 삶은 그들의 생활을 후퇴시킨다.

⑥ 심리적인 병

오랫동안 쌓인 긴장과 스트레스는 부부들을 병들게 하는 요인이 된다. '재정적인 경고와(배우자 몰래) 돈만 모으는 사람'은 곧 이런 문제에 제대로 걸릴 후보자들이다.

⑦ 분노적인 비난들

어리석은 분노, 법적인 문제, 그리고 자존심 등은 예나 지금이나 흔히 나타나는 현대사회의 추파들이다. 다른 문제들을 용납하는 것보다 가정의 재정적인 문제를 배우자 어느 한 쪽이 엉망으로 만드는 것이 더 부끄러운 일이다.

⑧ 일시적인 불감증

부부간에 감정이 쌓이고 분노가 넘칠 때는 성적인 관계를 유지할 수 없다. 만일 이런 관계가 오랫동안 지속되면 일시적인 불감증이 생긴다. 그러다가 나중에는 결혼생활의 위기인 섹스를 할 수 없는 상황까지 발전할 수 있다. 어떤 남편은 아내와 관계를 맺을 때마다 마치 돈을 지불하는 듯한 느낌을 받았다고 한다- 그녀는 오직 사랑 만들기에만 열중했고 그 때 돈벌이가 좋게 되었다고 한다.

⑨ 조용한 처리

부부간의 섹스 관계가 정지되면, 곧 의사소통이 잘 안 된다. 이렇게 되면 한쪽은 소리를 지르게 되고 다른 쪽은 침묵으로 일관한다. 침묵하는 배우자는 다른 배우자에 대해서 불만을 갖게 된다. 배우자 한쪽이 침묵하면 할수록 다른 쪽은 더 떠들게 되며, 이런 상태는 계속되어 더 악화된다.

⑩ 결국은 별거

이런 절망 속에서, 많은 부부들은 서로가 별거하는 것이 더 좋다고 생각한다. 대부분의 부부들은 이 점에 대해 깊게 생각을 하지 못해서 엉망진창인 결혼생활의 재정 압박에서 벗어나려고 한다. 부부들이 이런 문제에 봉착하기 전에 잠언 2장 15절을 참고하기 바란다. “미련한 자는 자기 행위를 바른 줄로 여기나 지혜로운 자는 권고를 듣느니라.”

결혼생활에서 돈 문제는 부부 서로가 상담을 통해서 해결해야 할 문제라고 여겨진다. 부부가 섹스의 어려움, 자녀 문제, 기타 등등을 만났을 때는 재정적인 면보다는 서로를 도와서 문제를 해결하려고 해야 한다. 특히 남성들은 남성 특유의 우월감을 나타내는데, 이 같은 자존심은 멀리해야 한다. 자주 이런 일이 발생하면 수습 사태는 너무 늦어버린다. 성경은 지혜로운 남자는 권고를 잘 듣는 자라고 가르치고 있다.

2. 돈은 하나님의 계획이다.

돈은 하나님의 섭리와 계획을 하나님의 사람들이 성취하는 데에 필요한 것이다. 성경은 성도가 어떻게 돈을 관리해야 하는가를 잘 소개하고 있다. 그러므로 우리는 돈을 그리스도인의 사역의 하나로 생각하면서 잘 관리해야 한다. 젊은 부부들(또는 기성부부)은 예산을 세워 가계의 돈 씀씀이를 아껴야 하며, 또 부부 두 사람 모두가 지출은 잘 알아야 한다고 나는 권고한다. 많은 부부들은 이런 것을 깨달아 자기들이 저지른 금전적인 문제에 대해서 서로를 도와야 한다. 예산을 세우는 주된 목적은 수입과 지출의 향방을 알며, 지출이 초과되지 않도록 하며, 불필요한 과소비를 막는 데 있다. 예산 짜는 것을 가볍게 여기지 말라! 만일 당신에게 빚이 있다면, 배우자에게 알려 도움을 받으며 수입 이상의 지출이 없도록 하라. 잠언 16장 9절에 "사람이 마음으로 자기의 길을 계획할지라도 그 걸음을 인도하는 자는 여호와시라."고 기록되었다. 인생 계획의 첫 단계는 간단한데 그것은 유용한 예산을 세우는 일이다.

당신이 예산을 세울 수 없다면, 당신 수입의 첫 열매를 하나님께 드려라. 다시 말해 하나님께 십일조를 드려 순종하는 자가 되어라. "만군의 여호와가 이르노라 너희의 온전한 십일조를 창고에 들여 나의 집에 양식이 있게 하고 그것으로 나를 시험하여 내가 하늘 문을 열고 너희에게 복을 쌓을 곳이 없도록 붓지 아니하나 보라"는 말라기 3장 10절의 언약의 말씀을 믿어라. 그 말씀에는 여러분이 포기할 수 없는 약속이 있다. 주 하나님은 십일조를 드려봐서 하나님이 계시는가 아니 계시는가를 시험해 보라고 말씀하셨다-그리고 십일조를 하면 하나님이 넘치도록 채워 주신다고 말씀하셨다. 인간적으로 그 말씀은 불가능하게 들리지만 우리 하나님은 그 불가능하게 보이는 것들을 가능하게 하신다는 것을 기억하라. 그리고 하나님은 십일조를 통해서 당신을 시험해 보라고 도전하셨다.

결혼 초기의 5년 동안, 우리 부부는 대학생이었으므로 돈의 큰 여유가 없었다. 남편인 팀은 군대를 다녀왔으므로 학비는 면제되었다. 그 당시 우리 부부 한 사람이 쓰는 돈은 매달 $ 120이었고, 그 돈에서 십일조,

집세, 음식비, 교통비, 의상비, 그리고 학비가 지불되었다. 조금의 여유도 없었고 항상 생활이 힘들었다.

또한 우리는 대학에서 35마일 떨어진 시골 교회에서 주말 목회를 하였다. 우리는 이 교회에 15달러의 십일조를 드렸으므로, 이 곳까지 오고가는 경비도 빠듯 했다. 그래도 우리는 이 첫 목회지에서 행복을 누렸고, 하나님이 우리의 불가능하게 보이는 재정을 책임져 주시리라고 믿었다. 그런 형편에서 내 학비를 납부하는 일은 무척 힘들었다. 그 때 수중에 50센트(1달러의 절반)밖에 없었다. 그렇지만 우리는 하나님이 다음 2주 동안 다시 50센트를 채워주실 줄 믿었다-그래서 우리는 그 돈을 주일 연보로 드렸다. 그 다음 날 팀이 우편사서함에 내 학비용 수표가 도착된 것을 발견했다. 여러 주 정부들이 전 미국 예비군 학생들에게 '보너스'를 보내기 시작했는데, 미시간 주에서는 처음으로 그 보너스를 우리에게 보낸 것이다. 학창시절 우리는 조금이라도 생기는 돈의 십일조를 철저하게 하나님께 드렸다. 우리는 하나님의 '시험에 합격' 했던 것이다.

수년 전, 팀 목사는 수입의 20%인 십이조에 도전하였다. 남편 팀 목사는 신앙과 경배의 차원에서 가족의 지지를 받으면서 십이조를 드리기 시작했다. 하나님께 증가해서 드린다는 신앙의 참된 행동으로 십이조를 드렸다. 그 해 연말 즈음에, 우리는 많은 가족들에게 전 수입의 십이조를 드리도록 권면했다. 우리의 권면을 받은 여러 가족들이 하나님께 십이조를 드린다는 말을 듣고서, 우리는 감격했다. 우리는 그들이 십이조를 드림으로써 하나님이 그들에게 차고 넘치도록 채워주셨다는 기쁜 소식을 들었다. 하나님은 남은 80%의 수입이 100% 이상이 되는 수입으로 놀랍게

늘려 주셨다. 우리의 권고를 듣고 십이조를 한 가정은 결코 재정의 곤란을 겪지 않게 되었다.

결국 그것은 하나님이 약속하신 말씀이었기 때문이다. 이 글을 쓰고 있는 나의 마음에 하나님의 은혜가 넘치고 있으며, 위대한 하나님은 그 말씀을 믿고 따르는 자에게 결코 실망을 안겨주지 않으신다고 나는 확신한다.

이런 경험은 우리가 살고 있는 도시에서 일시적인 불경기가 있었던 때에 한 것인데, 그 당시 실업률은 사상 최고였다. 어떤 목회자 세미나 참가 중, 지방의 한 목사님이 불경기로 인해서 자기 교인 상당수가 실직을 했다고 호소하는 것을 팀이 들었는데, 그 목사님은 지금 교인들의 능력에 알맞은 직업을 물색 중이라고 말했다. 그 목사님은 자기 교회 사무실로 돌아가서, 자기 교인 실업률과 우리 교인 실업률을 비교 조사했는데, 우리 교인 실업률은 자기 교인 실업률보다 18배나 낮은 것을 그는 깨달았다. 그 당시 많은 사람들이 우리 교인들의 낮은 실업률을 조사했는데, 대부분 그 낮은 실업률에 대해 '신비한 것'이라는 결론을 내렸다. 여러분은 십일조를 떼먹지 말라!

십일조의 최저는 수입의 10%다. 그러나 구약성경은 십일조는 수입의 $23^{1/3}$%라고 규정하고 있다-만일 그만한 십일조를 내지 않는 사람은, 하나님께 도적질을 하고 있는 것이다. 모든 부부는 소득의 몇 %를 하나님께 드려야 하는가를 성경적인 원리에 입각해서 결정해야만 한다. "이것이 곧 적게 심는 자는 적게 거두고 많이 심는 자는 많이 거둔다 하는 말이로다 각각 그 마음에 정한 대로 할 것이니 인색함으로나 억지로 하지 말지니 하나님은 즐겨내는 자를 사랑하시느라"(고후 9 : 6, 7).

3. 월부금 지불

오늘날과 같은 인플레 시대 속에서, 젊은 부부가 은행의 융자금 없이 차나 집을 갖는 것은 사실 불가능한 일이다. 자동차를 구매할 때 약정서에는 소비자가 중고차를 사는 것보다 은행돈의 월부로 새 차를 구매하는 것이 더 낫다고 되어 있다. 중고차보다 새 차 월부가 더 낫다는 '자동차 광' 같은 말에 말려들지 말라. 작년에, 우리는 세계 42개 국을 여행했는데, 세계 곳곳에서 보통 삼십만 마일 이상을 뛴(심지어는 사십만 마일) 미제 중고차를 많이 봤다. 미국사람들은 보통 10만 마일 이상을 뛴 차는 낡은 차라고 잘못 생각하고 있다. 집을 구매한 해에는 절대로 새 차를 무리하게 구매하지 말라고 나는 경고하고 싶다. 무리한 월부 구매는 곧 재정적인 자멸이 된다. 당신이 은행에서 빚을 내어 월부로 새 집이나 차를 샀다면, 그 때부터 매달 지불해야 할 의무적인 빚을 지게 되는 셈이다. 당신의 수입으로 충분히 은행 월부를 갚을 수 있는가를 확실하게 생각하라. 빚을 내어 월부로 차나 집을 사기 전에, 당신이 과외로 또 다른 돈을 지불해야 하는 계약 약정의 속임수가 있는가도 잘 살펴야 한다.

우리는 시편을 소개한다. "악인은 꾸고 갚지 아니하나 의인은 은혜를 베풀고 주는도다"(시 37:21). 또 잠언 22장 7절에는 "부자는 가난한 자를 주관하고 빚진 자는 채주의 종이 되느니라"고 기록되었다. 하나님은 우리가 일정한 수입에 얽매이지 않는 물질의 축복을 받기를 원하고 계신다는 것을 우리는 명심해야 한다.

여러분이 과소비에 속지 않기 위해서, 절대적으로 필요하지 않는 것을 구매하기 전에 지켜야 할 몇 가지 질문들을 적어 놓았다.

1. 당신은 그 물건이 필요한가?
2. 당신은 현금으로(또는 신용카드로) 갚을 능력이 있는가?
3. 그 물건이 우선 순위인가?
4. 우리는 그 물건을 놓고 기도했는가?
5. 우리는 제일 비싼 것을 사는가(만일 그렇다면 한번 더 생각하라)?
6. 우리는 그 구매를 하나님이 원하시는가를 하나님께 물었는가?

이상의 질문에서 “예”라는 대답이 나왔으면 사도 된다. 만일 “아니오”가 있으면, 하나님께서 여러분을 지혜롭지 못한 구매에서 지켜주시기를 기도하라.

4. 예산 세우기

신혼부부들이 실천할 수 있는 예산에 관한 간단한 책들은 시중에서 많이 판매되고 있다. 조지 엠 바우맨(George M. Bowman)은 그의 저서 「돈을 잘 관리하는 법」(Here's How to Succeed With your Money)에서 가정 예산 세우는 법을 잘 소개하였다.

그는 십일조 헌금과 세금을 내야 하며, 수입의 균형을 10-70-20으로 나누어야 한다고 제안했다.

10% 투자와 저축

70% 생활비

20% 부채와 월부금 상환

나는 위의 내용을 고쳐서 네 가족 수입을 연평균 15,000$에서 20,000$ 로 잡고서 다음과 같은 도표를 작성했다. 네 가족을 기준으로 해서 미국 봉급자 중간 생활 정도로 작성했다. 금액은 미국 달러다.

지출	%	지출	월지출
십일조	10	$ 1,750	$ 146
세금	14	2,450	204
합계	24	4,200	$ 350

항목 ($ 17,500의 76% 금액) 은 $ 13,300의 백분율로 나눴다.

지 출	%	년	월
주택 (월부금, 세금, 보험료, 공과금)	32	$4,256	$354
자동차 (월부금, 엔진오일, 수리비, 보험료, 면허세)	14	1,862	155
식비 (지방이 있는 것은 아님!)	24	3,192	266
보험료 (생명, 건강, 실업)	6	798	67
의류 (세일 품목 구매)	7	931	78
부채 (긴급히 빌려야 했을 경우)	6	798	67

지출	%	년	월
문화비 (영화구경, 레크레이션, 휴가비)	6	798	67
의료비 (의료 보험비 포함)	5	665	55
저축 (가정에 별 사고가 없어 과외의 지출이 없을 때는 초과해서라도 저금을 많이 하라. 이것은 당신을 현찰 구매자로 만들어 주어서 신용카드의 경비 6%를 절약할 수 있다.)	?	?	?
합계 금액	100	$13,300	$1,109

위의 도표는 바로 실례를 들어 제안하는 예산항목들이다. 예산은 여러분에게 도움을 못 준다 해도-여러분은 예산을 세워야 한다. 가정의 예산을 세워 살기 위해서는 희생과 자기통제가 동반되어야 한다. 그러나 할 수 있다는 것을 기억하라. 마음의 평화와 당신의 가정을 잘 지켜줄 예산항목은 당신의 소비력을 억제시키고 통제할 만한 충분한 가치가 있다.

5. 누가 경제권을 가져야 하는가?

이 질문에 대해 흔히들 결혼 전에 논의하는데, 배우자들은 서로 상대의 의도를 파악하려고 한다. 거기에는 절대적인 해답이 없다. 그러나 많은 부부들의 논쟁에 대한 상담을 통해서, 우리는 신혼 초기 몇 년간은 남편이 경제권을 주도해야 한다고 믿는다. 이 기간 중에, 새댁은 성령님께 순복하고 부부간의 팀워크를 이루는 훈련을 받아야 한다. 만일 아내가 경제권을 쥐게 되면, 이것 때문에 순종하는 법을 배우지 못하게 된다- 왜냐하면 아내는 먼저 통제하는 법을 배우기 때문이다. 보통 경제권을 가진 사람이 가족을 통제하는데, 특별히 신혼 초기에는 더욱 그런 경향이 있게 된다고 사람들은 말한다.

아내가 집의 머리로서 남편의 역할을 지배한 후에는, 비록 부부가 그러기로 합의했다 해도, 아내는 가정의 경제권을 쥐게 된다. 그렇게 되면, 남편의 권위와 역할이 상실된다. 가족의 수입은 부부에게 속하고 되고, 부부 각자가 계획을 세우고 서로가 동의를 해서 소비하게 된다. 만일 부부가 이런 식으로 나가게 되면, 각자에게 숨겨 놓은 비밀의 돈이 없게 된다.

각각은 개인적으로 써야 할 돈의 금액을 서로가 결제해야만 한다. 그 금액이 중요하지는 않다. 부부 한 쪽이 얼마든지 금액을 부풀릴 수도 있다. 부부 한 쪽이 다른 배우자를 위해서 선물을 사거나 또는 자기가 꼭 필요할 때도 그렇게 상호간에 결제를 받아야 한다. 중요한 것은 가정 기금이며, 적든 많든 간에, 어느 한쪽이 선택해 사용해야 하는 것이다. 앞에서 제안한 예산표에서 이런 예는 문화비(잡비)에서 찾아볼 수 있는 것이다.

어떤 부부는 가계부의 책임을 서로 나눠 가지는 데에 동의했다.

그 남편은 자기 수표책을 놔두고서, 자기 아내의 것을 갖고서 마음대로 사용했다. 여기에는 식비, 가족 의류비, 휴양비, 아내의 사적인 용돈 등이 있었다. 그 남편은 자기의 수표책으로 균형을 맞추기 위해서 십일조, 세금, 집세와 자동차 월부금, 보험료, 부채 그리고 기타 자기의 사적인 용돈을 썼다.

남편은 일반적으로 여자가 남편에게서 일일이 돈을 타는 것을 좋아하지 않는다는 것을 아는 것이 중요하다. 남편이 쫀쫀하게 전대를 꽉 쥐고 있으면 아내에게 영적인 짜증과 압박이 쌓이게 된다.

결과적으로, 지나치게 되면, 아내는 폭발한다-남편은 "세상에 무엇때문에 아내가 나쁘게 되었을까?"라고 자문하게 된다. 아내는 가족을 돌보며 잘 지키면서 많은 시간을 소비하고 있다. 아내는 가정의 돈의 운용에 말할 가치가 없는가?

6. 일하는 아내들

직장에서 일하는 여성과 그렇지 못한 여성이 있기 때문에, 이 제목은 곧 오해가 있을 수도 있다. 모든 아내들은 가치 있는 여러 분야에서 '일하는' 아내들이다. 어떤 아내는 가정에서, 다른 아내는 직장에서 일하는데, 그들은 아주 중요한 일들을 하고 있다.

오늘의 경제 속에서, 대부분의 젊은 아내들은 아이들을 갖기 전에 한 푼이라도 더 벌려고 한다. 많은 경우에 있어서 젊은 부부가 높은 집세, 식비, 교통비를 지불하는 것은 필수 사항이 되었다.

그러나 지혜로운 부부는 재빨리 남편의 수입에만 맞춰서 생활하려고 한다. 아내의 월급도 가정에서 낮게 평가되어 지불되는 과외의 돈으로만 인식되어서 대학 학비 상환으로 지출되는 수도 있다. 무슨 '과외 돈'이든지 그 돈은 가정 수입의 2 순위가 되어 지불되는 데에 쓰인다. 불행하게도, 흔히, 부부는 두 수입을 사치하는 데에 쓰고 집을 구매하는 일과 아기를 갖는 것을 뒤로 미루고 있다. 어떤 부부들은 가족을 갖게 되면 많은 돈이 든다고 해서 가족이 없는 미래를 지향하고 있는데 이것은 비극적인 인생의 시기다.

만일 아이가 태어난 후 아내가 계속 직장을 갖게 되면, 더 복잡한 일을 만난다. 어머니로서 일하는 것보다 아이가 성장할 동안 아이를 돌볼 보모를 위해서 더 많은 돈이 필요하게 된다. 결국 마찬가지로, 직장이 없는 어머니는 아이들을 위해서 가장 좋은 시간을 보내게 된다-어머니는 가장 빈틈이 없고, 인내하며, 친절하며, 책임감이 있고 그리고 야망적이다. 부부는 아내가 아이를 낳고 가사를 돌보는 데에 소요된 임금을 분석해 볼 필요가 있다. 부언하면, 부부 두 사람은 연방정부와 사회의 세금, 십일조를 추가해 고려해야 한다. 갖고 있는 돈에서 지불해야 할 일반예산 중 얼마는 육아 보모비, 외식, 비경제적인 패스트 푸드를 시켜 먹는 것, 교통비, 주차요금, 사야 할 옷장, 가구, 기타 등등이다.

만일 아내가 살림만 하게 된다면, 그것이 더 실속이 있다. 가정에서 요리해 먹으므로 보모에게 돈을 지불할 필요도 없고, 기타 불필요한 경비를 지불할 필요도 없다. 그리고 가정에 있으면서 다른 파트타임 아르바이트를 할 수도 있다. 나는 가정 주부가 가정 살림도 하며 과외로 짭짤한 부수입을 올릴 기회가 더 많다고 본다. 이런 과외 직업들은 타이핑, 봉투 작업, 아기 돌보는 보모, 피아노 레슨 등이 있다. 아이들이 입학할 즈음에, 학교에 가고 나면 혼자 남게 되어 자기가 실업자인 것 같이 느끼는 아내들이 있다. 아이들이 귀가할 때까지 아내들은 집에 있어야만 한다. 창조적인 여성은 가계에 도움이 될 일을 찾음과 동시에 아이들을 잘 돌본다. 아이들이 유치원에 가기까지 엄마들은 직장을 갖지 않고 집에서 가사를 돌보는 것이 더 중요하다고 나는 생각한다. 아이들의 생애의 처음 수년간은 아주 중요하며, 오직 엄마만이 아이들을 잘 훈련 시킬 수 있기 때문이다.

절박한 느낌을 크게 느낀 부모들은 자기 자녀들을 돈이 드는 미션 스쿨 초등학교와 중 고등학교에 보내려고 한다. 그렇게 되면 예산에 없는 돈을 많이 써야 한다. 자녀가 학교에 다니는 집의 부모는 더욱 자기 자녀들을 기독교 사립학교에 보내기를 원한다.

왜냐하면 일반 다수의 공립학교는 도덕적인 것과 철학적인 것이 문제가 되기 때문이다. 그러나 미션 스쿨에서는 기독교 교육을 통해서 자녀들이 고상한 것을 많이 얻는다는 것을 믿음의 부모들은 알고 있다.

크리스천 공동체 사회는 목사님들과 부모님들의 가르치는 것이 일치한다고 나는 말하고 싶다. 과거에는 목사님들은 충분한 사례비를 받지 못했으므로, 사모님들은 나가서 돈을 벌어 목사 가정의 살림을 꾸려 나갔다. 그리스도인 여성들은 사모님들이 일하기 위해서 집을 나가는 것을 보고, 그들도 일을 하기 위해 집을 나서게 되었다. 그러나 그럴 필요가 없다. 결과적으로, 오늘날 많은 그리스도인 가정들은 아이들을 보모에게 맡기고 직업을 갖고 있다.

오늘날 어머니들이 집 밖의 직업을 가질 필요가 없다고 우리는 깨달았다. 남편의 별세, 이혼, 별거 등의 경우에는 직업을 가져야 할 것이다. 어머니들이 자기 자녀들을 사랑과 좋은 훈련으로 키우는 것도 아주 좋은 기회인 것이다. 이와 같은 그리스도인의 은혜의 행동은 부모와 자녀 양측에 유익한 일이다.

일하는 아내들의 다른 위험은 구설수에 오른다는 점이다. 아내가 가정 밖에서 직업을 가질 때 그녀는 여러 제한들을 반드시 받아야 한다. 예를 들면, 그녀는 단정한 옷을 입고 매력적이게 보여야 하며, 사무실에 있는 동안에 고용주의 권위에 복종해야 하며, 그녀는 정중하고 예리해야 하며, 고용주의 계획과 스케줄을 잘 짜야 한다. 이런 것들은 비즈니스 여성의 전적인 실례들이나, 이런 것들은 이상적인 아내들에게 적격이다. 이런 흥미들과 관심들은 가정에 있는 남편과 비교하며 혼돈에 빠지게 할 가능성이 있다. 그 감정들은 발전해서 사무실의 남자 직원들의 능력과 유능이 남편의 능력보다 뛰어나다고 비교하게 되는데, 이것은 자칫 위험수위에 다다를 수 있다.

7. 그리스도인은 유언장을 가져야 한다.

바람직한 청지기 정신에는 사랑하는 자에게 주는 것뿐만 아니라 일정한 비율의 금액과 십일조를 교회와 크리스천 단체에 헌금하는 것이 포함되어 있다. 이런 공증이 계속되면, 사후에도, 당신의 돈은 주의 일을 위해서 공헌하게 된다. 우리는 샌디에고의 헤리티지 기독교 대학과 관계가 있다. 팀 목사는 그 대학 창설자들 중의 일원이고, 우리는 열망을 갖고서 그 대학을 키워 나갔다. 이 대학의 총수는 우리에게 의논을 좀 하자고 여러 번 요청했다. 그는 그리스도인의 사역으로서 십일조의 분깃을 남기겠다고 제안했다.

이것은 그전에 없었던 일로서 사람들을 모두 놀라게 했던 흥미로운 일이었다. 그 대학의 관계자는 모두 그리스도인으로서 아마도 그런 청지기적인 제안에 반대하지 않았다. 여러분도 사후에, 이런 놀랄 만한 성경이 지시하는 사항대로 여러분의 돈이 하나님 나라를 위해 사용되도록 공헌할 수 있다.

만일 사람이 유언장을 남기지 않고 죽는다면, 주 법에 따라 그의 재산은 주 정부에 귀속되거나 친척에게 상속된다. 이런 뜻있는 돈을 위해서 변호사와 상의하여 유언장을 작성하라. 그 날은 곧 오며 그 내용대로 당신의 지상의 돈은 유용하게 쓰여지게 된다.

작년에, 우리가 9개월 간의 세계 선교여행을 떠나기 직전에, 우리의 유언장을 작성하라는 자문을 받았다. 그 때 그것은 상당한 충격이었다. 왜냐하면 우리는 가정으로 돌아올 계획이었기 때문이다. 그러나 우리는 그 자문에 동의하여 변호사와 같이 유언장을 작성했다. 우리는 떠나기 며칠 전에 자녀들을 모두 집으로 불렀다. 우리의 계획은 우리의 소유물을 비율에 따라 자녀들과 기독교 단체에 나누는 것이었다. 우리는 유언장이 그들에게 충격이 안 되길 바랐다. 그때는 매우 신중했고 우리는 다 같이 기도했다. 우리는 기도하면서 기독교 단체로의 기부와 자녀의 상속에 대해서 큰 기쁨을 가졌다. 우리가 죽기까지 그 유언장은 우리 자녀들에게 위력을 갖게 된다.

그리스도인 생애의 중요한 부분은 자기 집 재산의 적당한 순위를 지키는 훈련이다. "모든 것을 적당하게 하고 질서를 지켜라"(고전 14:4).

9. 교회와 가정 사이에서

일생의 우선순위를 1에서 8까지의 등급으로 나눈다고 가정하면, 당신의 가족이 어느 교회에 나가느냐 하는 것은 5순위 정도가 될 것이다. 4순위까지를 알아보면 1순위가 그리스도를 당신의 주님과 구세주로 영접하는 것, 2순위가 직업 결정, 3순위가 배우자 선택 그리고 4순위는 살 곳을 선택하는 일이다. 안타깝게도, 대부분의 그리스도인들은 교회가 가정에게 미치는 대단한 영향력을 깨닫지 못하고 있다.

하나님은 당신 스스로 세 기관들을 세우셨다(가정, 국가, 교회). 이들 중에서 오직 교회만이 가정을 위해서 세워졌다. 교회의 능동적인 성경교육은 가정생활에서 세속의 침식을 방어해 주고 있다. 교회는 가정생활이 행복하도록 훈련시키는 가장 좋은 영적인 기관이다. 결과적으로, 교회는 세속의 사회보다 더 낮은 이혼율을 기록하고 있다. 우리 교회에는 890가정이 있는데 남 캘리포니아에서 아마도 제일 성경적인 교회일 것이다. 이혼한 가정은 40가정 정도다. 다른 말로 하면, 22가정들 중 한 가정 정도가 이혼을 경험한 셈이다-이것은 다른 두 일반적인 사회기관(국가, 사회)과 비교해 보면 극히 저조하다. 이것은 그리스도인의 결혼생활이 불신자의 결혼생활보다 11배나 더 안정되어 있음을 뜻한다.

만일 이혼율이 11배나 저조하다면 교회 안에서의 행복지수는 꾸준히 증가하고 있다고 우리는 추정할 수 있다(남 캘리포니아 교회들은 기독교 국가적 상황으로 볼 때 이혼율이 높은 편이다. 왜냐하면 이혼을 주장하는 많은 사람들은 이혼은 서구문명의 충격이라고 생각한다-그래서 이런 이혼 가정의 수는 어느 정도 부풀려지고 있다). 그러나 이혼율은 전 미국 교회 내에서 경보가 울릴 정도로 증가되고 있다. 왜냐하면 많은 그리스도인들은 하나님의 말씀의 원리보다 세속문화를 더 따르기 때문이다.

우리 교회를 방문해서 대예배에 참석했던 어떤 부부는 스스로 자기들을 소개하면서 말하기를 “땅을 사고 집을 짓기 전에, 우리는 이 사회에 좋은 교회가 확실히 있어야 한다고 믿습니다.”라고 했다. 나는 많은 그리스도인들이 이런 선견지명을 가져야 한다고 생각한다. 자기 땅에 집을 짓거나 건설을 하는 사람들은 교회가 유용하다는 것을 모르고 있다. 그들의 집은 수마일 떨어졌으나, 우리의 설교를 듣고 그 부부와 자녀들은 큰 위안을 받을 수 있었다.

어떤 그리스도인들은 출석하고 있는 교회가 가정에 중요한 영향을 끼치고 있다는 것을 이해하지 못하고 있다. 교회는 완숙한 영적인 생활을 하도록 도와주며, 결혼생활의 관계를 좋게 해준다. 그리고 자녀들의 생활이 건전하도록 인도하고 있다. 어떤 교회는 그들의 완숙한 영적인 생활을 동결시키며 그들의 모든 생활영역을 위태롭게 할 수도 있다. 생명의 말씀과 연관된 성경을 가르치는 한 교회는 부모들이 하나님의 훈계와 두려움으로 자녀들을 키워야 하는 책임을 회피시키고 있다.

복음이 전파된 곳마다 교회가 세워졌다. 신약성경 시대에 그리스도인들이 가정이나 성경공부를 위해서 회당에서 정규적으로 만나는 것은 관례였다. "서로 교제하였으며 떡을 떼었다." 이런 모임을 통해서 초신자들은 신앙이 성숙되었고, 박해도 받았다.

또한 해외로 나가기도 했으며 성령의 권능을 받기도 했다.

19세기 역사를 보아도, 모든 성도들은 서로 정규적으로 만났다. 이런 총회나 교회는 전 세계에 살아 있는 하나님의 말씀을 전하는 도구들이었다. 그러나 사탄은 박해, 이단, 분파, 배교 그리고 다른 사악한 무리 등과 같은 것들을 동원해서 교회들을 멸망시키려고 했다.

수십 세기에 걸쳐서, 하나님은 어떤 그룹들과 조직들을 형성시키셨다. 이런 것들은 젊은이, 선교, 교육 그리고 여러 가지 특별한 영역으로 조합되었으며 하나님이 그것들을 강하게 사용하셨다. 이런 것들 중 얼마는 큰 효과를 나타냈으나 더러는 본래의 목적에서 퇴색되었다. 하나님께서 수십 세기를 통해서 사용하신 유일한 도구는-지금까지도 사용하시는데-바로 그리스도의 몸된 '교회'다.

성경의 마지막 책인 요한계시록은 소아시아의 일곱 교회를 '촛대'로 표현하여 기록하였다(1~3장). 그리스도께서는 촛대 사이 또는 교회들 사이에 다니시면서 주님의 뜻대로 움직이는 교회들에게 힘과 빛을 그리고 필요한 모든 것을 공급하여 주신다고 성경에 묘사되었다. 이 위대한 계시록은 우리 주님께서 일곱 교회가 사역을 잘 하도록 안수 기도하여 주셨다고 증거하고 있다. 마태복음에서는, "내 교회를 세우리니 음부의 권세가 이기지 못 하리라"(마 16:18)고 예수 그리스도께서 말씀하셨다. 교회는 아직까지도 가정이 의지할 수 있는 확고한 기관이다.

오늘날 지역의 교회는 개개인의 영적인 생활을 양육시킬 수 있는 흔치 않은 기관이다. 텔레비전, 라디오, 잡지, 신문, 다른 미디어 그리고 공립학교들은 영적인 함양을 회피하고 있다. 대신에, 하나님의 말씀과 정반대로 되는 세계의 철학들만 전파하고 있다.

대부분의 우리의 인생에서 성경의 원리들을 적용시킬 수 있는 때가 있다. 미국의 경제는 고결함과 열심 있는 노동에 근거하고 있으며, 많은 법률들도 영적인 가르침에 근거하고 있다. 모든 사람은 자기 자신에 대해서 책임을 져야 하며, 이웃은 삶의 한 모습이라고 성경은 가르치고 있다. 그리스도인 삶의 원리들은 항상 실천적은 아니었으나, 기본적으로 그리스도인들은 사회 기준들을 받아들였다. 우리 학교는(저자가 운영) 하나님의 살아 계심을 깨닫게 해주며, 교실에서 성경을 자유롭게 사용토록 한다.

오늘날 모든 것은 변화되고 있다. 자기의 자녀들이 하나님에 대한 진리를 배우기를 원하는 부모들은 학교의 도움을 기대하지 말아야 한다. 자녀들에게 기독교의 가르침을 잘 보여주는 가장 좋은 곳은-가정 다음으로-교회다. 예배, 주일학교, 청년회, 성경공부반, 다른 봉사활동들을 통해서 전 가족이 영적인 훈련들을 받을 수 있도록 교회는 조직이 되어 있다. 기독교적인 정기간행물과 서적들을 멀리 하게 되거나 교회생활에 소홀하게 되면, 그의 가족들은 세속의 교육과 철학의 영향을 전적으로 받으며 성장하게 된다.

오늘날 세상에서 교회는 아마도 너무 낮게 평가되고 있는 조직으로 취급되고 있다. 심지어는 불완전한 것으로 취급되고 있다.

그러나 교회는 하나님에 의해서 특별히 창조된 기관이다. 교회는 그리스도인과 그의 가족에게 절대적으로 필요하다.

1. 교회의 목적

만일 교회가 성경을 잘 가르친다면, 교회는 가족 모두가 헌신함으로써 성령 충만한 사람들로 가득 차게 될 것이다. "자녀들아… 청년들아… 아비들아…"(요일 2:12~14)라고 기록되었는데 이 말씀은 영적인 생활을 돕고 있다. 성경은 적당한 가르침을 통해서 모든 사람들과 변화된 사람들에게 영의 양식을 공급하고 있다. 교회는 또한 교우들과 모든 사람들을 섬기는 만남의 장소다. 이런 것을 볼 때, 이웃을 돕기 원하는 신실한 모든 사람은 자기 지역의 교회에서 그렇게 봉사해야 한다-가르치거나 심방 또는 자기가 할 수 있는 것으로 실천해야 한다.

교회는 또한 기쁨을 주고 있으며 모든 사람을 교우로 만들고 있다. 교회에서는, 모든 관계가 형성된다. 어린이, 청년, 젊은 부부, 나이 든 부모님 할 것 없이 서로가 친구가 될 수 있다. 교회보다 더 사람들을 잘 알고 관심을 갖는 곳이 세상에 어디 있는가?

2. 교회를 선택하는 법

교회가 당신의 인생에 좋은 도움이 되므로, 교회 선택은 아주 중요하다. 반드시 가까운 교회에 다닐 필요가 없다. 보통 첫 번째로 고려해야 할 것은 교파다-그러나 마지막 결정은 설교와 예배드리는 분위기에 의해서 결정해야 하며 또한 전 가족이 영향을 받을 수 있어야 한다.

다음의 제안들은 당신의 가정이 교회를 선택하는 데에 상당한 도움이 될 것이다.

① 지혜로운 기도

하나님은 최종적인 도움을 당신께 구하는 자에게 지혜를 주신다고 약속하셨다(약 1:5). 전 가족은 기도로 하나가 되어서, 선택한 교회가 영적으로 평안하도록 해야 한다. 사람의 현명한 판단도 중요하다. 그러나 하나님은 사람이 지금으로부터 2년, 5년 또는 20년 이상 다닐 교회를 정하는 것이 중요하다는 것을 알고 계신다.

② 성경에 충실한 것은 좋은 교회의 일차적인 요소다.

당신이 여러 교회들을 방문했을 때, 당신의 가족이 말씀을 잘 받아들여서 빛 된 삶을 살 수 있는가에 대해서 일단 평가를 해야 한다. 성경을 잘 가르치는지 주일학교를 평가해 보라. 열심, 진급, 조직보다는 성경을 잘 가르치는 것에 더 중점을 둬야 할 것이다.

교파나 지역적으로 예배의 형태는 다양하다. 당신의 견해로 이제까지의 신앙 경험보다 더 낫다고 생각되는 교회가 좋다. 사람들과 마찬가지로 교회도 개성이 있다. 교회에서 가정 같은 편안함을 느끼는 것이 중요하지만, 교회의 가르치는 방법들을 성경보다 더 중요하게 여겨서는 안 된다. 교회에서 '안락함'을 찾다가는 잠자는 신앙에 떨어지므로 영적으로 표류하지 않도록 하라.

내 숙부인 엘머 팔머 박사는 53년간 목회했다. 내가 스물다섯 살 되던 때에, 은퇴하시면서 나에게 "너는 설교할 때에 하나님의 말씀을 두툼한 스테이크같이 해서 성도들에게 먹여라."고 조언하셨다. 그 결과 나는 설교를 '아침 식사'와 같이 준비한다. 그것에는 원대한 성경 말씀과 작은 팀 라하이의 소리가 포함되어 있다. 그런 설교는 성도들을 강한 영적인 성도로 만들며, 교회와 당신의 가정 역시 그렇게 되도록 한다.

③ 당신의 교회는 당신의 모든 가족을 상대로 목회해야 한다.

어떤 교회는 청년회가 강하고, 어떤 교회는 주일학교가 강하고, 어떤 교회는 장년부가 강하다. 당신의 가족이 참석할 수 있는 청년회나 주일학교 같은 각 기관들을 방문하라. 그래서 어떻게 지도하는가를 파악하라. 주일학교나 청년회가 성령이 충만해서 좋은 그리스도인 사역자들을 만들 수 있는가를 시험하라. 오늘날의 목사나 선교사들의 85% 정도는 다 주일학교나 청년회의 영향을 받았다고 한다.

많은 좋은 교회들은 기독교 학교의 비전을 갖고 있다. 미국의 공립학교들의 회보는 정상적, 영적으로 나타났고, 철학적인 영향을 받아 나타났으므로 많은 학부모들은 자기들의 자녀들을 기독교 학교에 보내게 되었다

(최근의 조사에서 미국의 공립학교 순위는 최하위였다). 공립학교의 수는 증가한다고 하나, 크리스천 사회에서 도무지 생각할 수 없는 폭력사태, 강간, 마약 복용 등이 증가하고 있다. 개인적으로, 15년 후에는 기독교 학교 교육에도 이런 파도가 있으리라고 나는 예상한다. 이런 문제들 때문에 1990년까지 미국 자녀들의 51% 정도가 기독교 학교에 다니게 해달라고 나는 기도했고, 미국의 성도들과 교회들이 기독교 학교를 세우거나 관여하게 해달라고 기도했다. 나는 당신이 나의 이 말에 강제적이라고 생각하지 않기를 바란다. 단지 소견을 말했을 뿐이기 때문이다.

미국 서부 중 고등학교와 대학교 연합회는 우리 학교에(저자가 운영하는) 대해서 좋은 평가를 했다. 네 팀의 교육자들이 우리 학교를 방문했었다. 한 팀은 기독교 학교 팀이었고, 세 팀은 방대한 공립학교 연합의 조직팀들이었다. 이 세 팀 중 두 팀의 방문자들은 자기들의 딸들을 기독교 학교에 보내고 있다고 나에게 실토했다. 그로부터 1주일 후 나는 한 사회단체 모임에 참석했는데 거기에서 샌디에고 학교연맹 회장을 만났다. 그는 자기의 딸을 우리 학교에 보내고 있으며, 우리 학교를 사랑한다고 나에게 속삭였다.

④ 당신의 교회는 당신에게 하나님께 예배드리는 장소를 제공해야 한한다.

사회에는 교회와 차원이 다른 기독교 단체가(역자 주: CCC, UBF, 조이, 네비게이토, 예수 전도단 등) 있으나, 그리스도인은 보통 자신이 속한 교회에서 가장 효과적으로 예배드리고 봉사해야 한다.

당신이 가르치거나 업무를 시작하기 전에 교회의 일원이 되어야 한다고 대부분의 교회들은 요구하고 있다. 목사, 기독교 교육 전문가 또는 주일학교 부장 등은 당신의 봉사가 필요하다고 말하고 있다.

⑤ 당신의 교회는 당신이 다른 사람에게 확신을 가지고 전하는 자가 되게 해야 한다.

하나님이 자기를 간증자-직장, 이웃 또는 모든 아는 자에게-로 삼으신 것을 모든 그리스도인은 낙으로 삼아야 한다. 당신이 사람을 그리스도에게로 인도하는 것만으로는 충분하지 못하다.

당신이 인도한 새 신자는 그리스도인의 교제와 따뜻한 성령의 감동이 있는 성경을 아는 것이 필요하다. 그들을 교회 밖으로 보내는 것보다 교회 안의 모든 기관에 참여시키는 것이 훨씬 쉽다.

3. 당신의 교회에서 제일 좋은 것을 얻으라

일단 하나님의 인도로 한 교회에 정착하기로 결심했으면, 등록하라. 당신의 가족을 성령이 충만하게 만들도록 하라. "집어 넣을 것을 먼저 빼내라"라는 상투어구가 생각난다. 어떤 그리스도인은 씨를 뿌리지 않았으므로 수확이 없는 것이다.

대부분의 교회들은 교인들이 교회에 대해서 책임 갖기를 원하고 있다-교회의 유익은 곧 교인들의 유익이다. 당신이 교회에 대해서 책임을 다하면, 당신과 당신의 가정은 큰 축복을 받게 된다.

교회마다 모든 예배 시간에 꼭꼭 참석하는 소수의 열심 있는 신앙인들이 있는데, 이들은 큰 상급의 축복을 받게 된다. 다른 이들은 주일 대예배와 저녁예배만 참석하고 삼일 기도회나 금요 기도회 같은 예배는 참석하지 않는다.

그리고 주일 대예배만 참석하는 다수의 신자들은 오직 작은 최소의 축복만 받게 된다. 우리 사회가 세속화가 되면 될수록 성도들은 하나님의 말씀을 따라서 사는 것이 더 필요하다-오직 교회 예배만 달랑 참석하는 신자는 더 그러하다.

일주일을 시간으로 바꾸면 168시간이다. 한두 시간 정도 하나님의 집에서 시간을 보내거나, 말씀을 공부해서는 참된 신앙인이 될 수가 없는 것이다. 하나님의 말씀이 그리스도인의 성경공부에 중요하다고 하지만, 대부분의 신자들은 매일 보는 신문만큼 성경을 잘 읽지 않고 있다.

가족이 각 예배에 참석하도록 하게 하는 데에 나타나는 보통의 걸림돌은 우리가 십대 자녀들에게 강압적으로 교회에 가자고 말하지 않는 경향 때문에 생긴다. "나는 내 아이들에게 강제로 교회에 가자고 말하지 않아요. 나중에 성장해서 교회를 싫어할까 봐서요."라고 말한 자유방임적인 부모도 있다.

어떤 그리스도인 부부는 아이들이 교회에 가기를 원치 않으면 약국에 보내어서 부모 대신에 약을 사오게 했다. 어떻게 보면 내 설교는 젊은이들에게 식상치 않게 보인다-그 아이는 결혼도 했고 세 아이의 아빠도 되었지만 지금까지 우리 교회에 출석치 않고 있다.

같은 교회에 다섯 아들이 있는 한 가족이 있다. 아버지는 자녀들에게 꼭 교회에 가도록 종용했다. 매주일 그들은 꼭 교회에 갔다. 그들은 부모와 같이 주일 아침 예배에 꼭 참석했고, 다른 기관 예배에도 참석했다. 이들은 모든 소년들의 귀감이 되었다. 오늘날 한 아이는 선교 일을 하고 있고, 다른 네 아이들은 목사가 되었다.

아이들을 억지로 교회에 보내는 것을 두렵게 여기지 말라. 자녀들이 좋아하든 싫어하든 간에 학교에 보내는 것처럼 교회도 그렇게 보내야 한다. 왜 자주 아이들을 병원이나 치과에 보내는가?

필요하기 때문이다. 당신의 자녀들이 교회에 가서 하나님의 말씀을 배우고 예배드리는 것이 필요하다. 나의 이유 없는 반항시절인 17살 때에 내 어머니는 나를 교회에 보내어 하나님께 예배드리게 하셨는데 이것에 대해서 나는 하나님과 어머니께 감사드린다. 만일 그때 내가 내 주장대로 교회에 가지 않았다면 나는 오늘날 하나님께 쓰임 받는 하나님의 종이 못 되었을 것이다!

아이들을 강압적으로 교회에 보내는 것은 결코 나쁘지 않다.

가정에서 믿음이 연약해서 위선이 있을 수도 있다. 그러나 나는 그리스도인 가정의 자녀들이 잘못된 길로 빠지는 것을 보지 못했다. 곁길로 갔다 할지라도, 결국은 인생의 말년에라도 하나님께 돌아오게 된다(잠 22:6).

교회 성도가 축복받는 또 다른 길은 십일조와 감사헌금을 드리는 일이다. 예수님께서 "네 보물 있는 그 곳에는 네 마음도 있느니라"고 하셨다(마 6:21). 하나님께 드리지 않으면 여러분의 신앙은 결코 성장하지 못한다. 당신의 교회는 많은 재정이 필요하므로, 오직 당신은 정규적으로 하나님께 예물을 드려서 주의 사역을 기쁘게 해야 한다. 구약성경은 십일조를 바쳐야 한다고 규정했다. 신약성경은 십일조와 헌금을 통해서 "하나님은 당신을 번영시켜 주신다"고 규정하고 있다. 적어도 그리스도인들은 고대 유대인들의 헌금 수준에 비슷해야 하지 않겠는가? 여러분이 교회에 십일조와 감사헌금을 드리게 되면, 예수 그리스도의 기관인 교회가 재정의 복을 받게 되므로 여러분은 구별된 복을 받게 된다.

주님의 교회에 재정을 지원하는 선택권을 여러분은 갖게 된다.

성도들이 잘 알아야 할 사항들 중의 하나는 교회 내의 각 기관사업에 참여하는 일이다. 이것은 무의미하게 들릴지 모르지만, 여러분은 적은 수의 열심 있는 교인들에 의해서 교회의 각 기관들이 움직여 나간다는 것을 알면 놀랄 것이다. 친구 목사들은 그런 모임에 사람들을 채울 수 없다고 나에게 말을 한다. 실업인 선교회는 중요한 기관은 아니지만 교회의 중요한 우선 순위의 일을 할 수 있으므로 좋다고 볼 수 있다.

모든 조직의 기능에 있어서, 중요한 것은 지도자들이다. 각 기관의 사업의 일을 제한하면 교회의 효과적인 일을 제한하는 지도자가 되고 만다. 당신의 교회는 여러분들이 이런 기관인 선교회나 교회사업에 적극 참여하기를 원하고 있다.

당신의 교회에는 당신을 필요로 하는 많은 영역들이 있으므로, 주님은 당신이 잘 감당할 수 있는 부서로 당신을 인도하실 것이다. 내가 알고 있는 어떤 교회의 집사는 큰 회사의 중역이다. 매년 그는 자기 교회에 가장 필요한 것이 무엇인가를 살펴 본다.

그는 주님과 목사님과 그리고 교회 사무실에 제일 필요한 것을 헌물한다. 그에게 직무를 맡기면 그는 더욱 헌신하였으며, 교회에서 자기와 같은 사람이 나오도록 최선을 다했다. 그러나 그 교회는 그와 같은 일꾼을 만드는 일에 제대로 준비를 못했다. 그 후 그는 다른 지역의 직장으로 옮기게 되었고 그와 같은 일꾼이 나오지 못했다. 하나님만이 그 집사의 충성심을 아시리라.

완전한 교회란 없다! 최근 헤리 에이 아이언싸이드(Dr Harry A. Ironside) 박사는 "만일 당신이 완전한 교회를 찾는다면, 등록하지 말라-당신은 그 교회를 망칠 것이다!"라고 말했다. 당신은 당신의 교회의 단점을 찾아내야만 한다. 그러나 교회의 단점, 목사님, 교역자들 그리고 교인들을 당신의 자녀들 앞에서 비판하지 말라. 부모들의 생각 없는 교회에 대한 비판적인 말들은 아이들의 신앙에 장애가 된다. 이와 같은 경우 진짜로 손해 보는 측은 교회가 아닌 부모와 그 자녀들이다. 당신의 교회를 비판하는 대신에 기도하여 변화시키라. 만일 교회의 단점이 당신의 책임이 아니라면, 하나님께 맡겨라. 결국, 주 예수의 몸 된 교회는 하나님이 지켜주시는 것이다.

4. 사회생활과 당신의 교회

하나님은 우리가 사회생활을 하도록 만드셨다. 우리는 사랑해야 하며, 찾아야 하며, 무엇이든지 포용해야 한다. 교회는 사회와 접하는 잠재적인 제일 좋은 원천들 중의 하나다. 그러나 불행하게도 교만과 세상의 비인간적인 태도는 우리를 교회와 사회생활에서 멀리 떨어지게 한다.

많은 사람들은 외로워서 교제하기를 원한다. 그들은 당신의 교회를 방문해서 교우들을 친구로 삼기를 원한다. 그러나 그들은 교회에서 친구를 전혀 얻지 못할 때가 있다. 이런 사람들에게 당신의 가정을 개방해 본 적이 있는가? 많은 교인들은 결코 그러질 않는다. 그들은 오직 알고 있는 기신자들과만 교제할 뿐이다. 그렇게 하려면 수고가 조금 필요하다-여러분은 쿠키나 커피를 준비해야 한다-그러나 그들을 영접하면 기쁨이 충만하게 넘칠 것이다!

당신은 일찍이 새 신자들이 교회에 등록한 후 왜 곧바로 세상으로 빠지는가를 생각해본 적이 있는가? 만일 그들이 믿기 전에 사회에서 능동적으로 활동을 하고 있다면, 그들이 교회 안에 들어와서 냉담한 것을 보고서 자주 실망을 느낄 것이다. 너무 자주, 새신자나 방문자들을 교회 안에서 영접하여 교제한다는 것은 사실 불가능하다. 우리는 그런 교제를 제한하지 말고 오히려 교우관계를 위해서 발전시키는 법을 모색해야 한다. 모든 교회의 새 신자들은 기신자인 당신의 사랑과 관심을 기성교인들보다 더 자기들에게 가져주기를 바라고 있다!

수년 전, 우리 교회의 세 쌍의 부부가 소설 같은 아이디어를 생각해 냈다. 그들은 한 달에 한 번씩 그들의 각 가정에 돌아가면서 저녁 식사를 교우들에게 베풀기로 결정했다. 그들은 한 쌍의 기신자 가정과 두 쌍의 새신자 가정을 초대하기로 했는데, 2년 내내 그들은 다른 이들보다 더 많은 교우들을 사귈 수 있었다.

그들의 영적인 성장은 놀라울 정도였고, 오늘날까지 이 세 쌍의 부부는 교육자, 선교사로서 봉사하고 있으며, 캠퍼스 선교를 위해서도 봉사하고 있다. 물론 그들은 우리 교회의 기둥이 되었다.

내가 알고 있는 성령이 충만한 한 여성은 성인 주일학교장을 맡기로 결정했다. 성경 교수법은 좋았으나, 공부반 회원들 서로 간에는 화목이 없었고 인정이 없는 듯했다. 그러자 그녀는 새로운 방법을 채택했다-세심한 계획과 모든 사람을 포용하기 위해서 그녀는 특별 관람석에서 내려 오는 듯했다. 한 달에 한 번 모이는 대그룹보다는 자주 모이는 소그룹으로 나눴다. 그녀는 교회 점심 식사 후 신앙의 연조가 같거나 다른 새 신자나 초신자들을 일일이 만나 소그룹에 참석토록 조언했다. 교회에 띄엄띄엄 오는 구원받지 못한 자들은 정 교인이 되었고 주일학교에도 참석했고 상당수의 초신자들이 그녀의 노력으로 구원을 받게 되었다.

활발하게 주일학교가 움직이게 된 이후, 모든 주일학교는 크게 발전, 성장하게 되었다-그 여성의 눈부신 활약의 결과였다. 인생의 우정이 이 성인 주일학교에서 싹텄고 모두들 그녀 때문에 구원을 받았다.

5. 친절한 대접

그리스도인들은 베푸는 자가 되어야 한다. 그리스도인들이 가정에서 타인들에게 정성껏 대접을 하지 않으면 않을수록 추구하는 욕구가 다른 방면으로 나타날 수도 있다.

어느 날 젊은 치과 의사 한 명이 우리 부부에게 주일 저녁예배 후 자기의 신혼 집에 와서, 자기 내외를 위해서 축복해 줄 수 있는가를 물었다. 우리는 많은 교우들과 같이 가서 찬송하고 기도하며 교제했다. 그 의사 내외는 하나님의 영광을 위해서 자기 가정을 교우들이 사용해도 좋다고 말했고, 그 다음 해에는 많은 교우들이 초대받아 그 집을 방문했다. 오직 하나님만이 얼마나 많은 사람이 하나님을 위해서 그리스도인들에게 관대한 대접을 하는가를 알고 계신다.

미국 내의 많은 그리스도인들은 자기들의 가정을 전도를 위한 장소로 베풀고 있다. 그들은 그곳에서 간단한 성경공부를 하거나, 테이프 또는 방송을 통해서 은혜로운 시간을 갖는다. 이런 모임을 통해서 하나님 말씀에 대한 갈급함을 해소시켜 주고 있다. 가정 성경공부는 하나님 말씀을 통해서 불신자들을 구원시키는 중간 매개체의 역할을 하고 있다. 처음에는 그들을 어떻게 교회로 인도하게 되나 싶지만, 그들은 싫어하는 마음을 버리고 친절한 대접이 있는 그리스도인 가정에서 하는 성경공부에 참석하다가 끝내는 교회로 오게 된다.

한 부부는 전도를 잘해서 많은 사람들을 우리 교회에 등록시켰는데, 그 수는 내가 아는 한 제일 많았다. 약 3년 전, 그들은 우리 교회에 와서 예수를 믿었는데, 그들은 불신자 친구들을 우리 교회에 등록시켜 예수를 믿게 하는 것을 낙으로 삼았다. 어느 날 저녁, 그들은 내 설교 테이프를 듣고 감동을 받았고, 저녁 식사 후 커피를 마시면서 많은 사람들을 전도시킬 것을 하나님께 약속했다고 한다. 지금도 그들은 내 설교 테이프를 듣다가, 좋은 아이디어가 떠오르면 구원받지 못한 사람들을 20~30명씩 초대하여 그들에게 전도해서 많은 이들을 그리스도에게로 인도하고 있다.

그 부부의 한 사람은 정규적인 성경 훈련을 받지 못했으나, 자기 손님들 중 두세 명 이상씩을 꼭 예수님 믿도록 결신시켰다.

세월이 지나면서 이 부부가 전도하는 사람들은 의사, 치과 의사, 변호사, 배관공, 기술자 그리고 가정주부 등 아주 다양해졌다. 그들의 특이할 만한 전도사역은 그들이 알지 못한 자들을 '세워서 구원시키는 법'이었다. 그들 부부는 고급 세단차처럼 중요했다. 나는 그들을 지켜본 후, 그들의 전도 사역은 하나님이 그 가정을 유용하게 쓰시면서 일어나는 역사라고 확신했다.

'친절한 대접'은 교회와 관계 있는 그리스도인의 생활양식이며, 그것은 가정에서 이뤄지되 영혼 구원을 목적으로 해야 한다. 그리스도인들은 자주 자기 가정에서 충분히 즐길 수 없다고 생각하지만, 다른 사람들은 일차적으로 그렇게 생각지 않고 여러분의 봉사와 대접에 관심을 갖게 된다. 초청을 받은 사람들은 곧 여러분을 사랑하게 될 것이다. 이것이 바로 여러분의 사역이 되는 정당한 이유다-사람들은 여러분의 사랑과 아량을 필요로 하고 있다.

말보다는 사랑을 통해서 사람들을 그리스도에게로 인도해야 한다.

6. 교회 봉사를 잘하는 법

교회는 지상에서 제일 봉사하기 좋은 곳이다. 왜냐하면 교회는 모든 사람이 누구나 할 것 없이 봉사할 수 있기 때문이다. 하나님께 사용되기를 원하는 그리스도인들은 주일학교, 유치부, 청년회, 차량 운전, 성경공부반 참여 등등을 통해서 얼마든지 봉사할 수 있다.

그리스도인의 봉사는 중요한 것이다. 모든 인간은 자기 동류들을 위해서 좋은 일을 하도록 창조되었다. 그리스도인의 봉사는 그것과는 다르다. 왜냐하면 사람의 삶을 보다 낫게 해줄 뿐만 아니라 영생을 받도록 해주기 때문이다.

오늘날 많은 젊은이들은 폭력, 환각제, 섹스 기타 죄악 된 것과 관계가 있다. 그러나 극소수의 젊은이들에게만 해당되고 있다. 교회 안에도 비슷한 현상이 있다-어떤 젊은이는 과격한 사역을 하려고 한다. 그러나 교회 안에서 그런 사람들의 사역은 너무 지나칠 정도다. 사람들은 젊은이는 열정이나 특별한 재능을 지녀야 한다는 헛된 개념을 갖고 있다. 실제로, 오늘날의 젊은이들은 그와 다르다. 청년회나 주일학교에서 봉사하는 사람들은 그들을 사랑해야 한다. 비록 인내가 요구된다 할지라도 그리스도인의 사랑으로 그들을 이해해야 한다.

젊은이가 봉사하는 법을 제일 잘 배울 수 있는 것은 바로 실천이다. 좋은 책, 여러 세미나와 상담을 통해 배울 점이 많이 있다.

그러나 경험과 필요성은 제일 좋은 선생들이다. 부모와 같이 교회에 와서 자기 또래의 청년들과 같이 활동하는 것이 아주 좋은 방법이다. 신앙의 발전이 없는 자녀들도 부모와 같이 교회에 와서 참석하면 좋은 신앙을 가질 수 있게 된다.

조만간, 대부분의 젊은이들은 "나는 하지 않겠습니다."라는 국면에 처할지도 모른다. 만일 부모가 그대로 두면, 그는 잘못된 길로 빠지게 된다. 만일 그리스도인 가정의 젊은이들이 청년회나 교회 각 기관의 부서에 참여치 않게 되면, 그들은 곧 교회를 떠나 불신의 친구들과 사귀다가 세상으로 빠져나가게 된다. 만일 필요하다면, 당신의 십대 자녀들에게 불신자 친구들을 데리고 교회 활동에 참여토록 하는 것도 괜찮다. 오늘날의 많은 그리스도인들은 십대에 신앙생활을 하지 않고 있다가 청년회 활동을 통해서 신자가 된 경우도 많이 있다.

한 실례를 들자면, 우리는 자녀와 젊은이들에게 다른 사람들에 대해서 가르치는 것도 필요하다. 어떤 사람은 교회에서 허풍선인 경우가 있다. 영적으로 빈곤함을 느낀 사람들은 그런 사람의 입심에 유혹되어 신앙의 궤도에서 벗어날 경우도 있다. 만일 새신자 젊은이가 자기 부모가 그런 경우에 처하는 것을 보게 되면, 그 젊은이 역시 그렇게 빠질 수도 있다. 그럴 때는 사랑과 용서로 그 부족함을 감싸야 한다.

우주에서 주님께 예배드리고 봉사하는 곳은 교회외에는 없다.

만일 당신이 이것을 확신한다면 당신의 재능을 하나님께 헌신토록 하라. 그러면 하나님께서 당신이 좋은 사역을 하도록 인도하실 것이다. 유아실, 주일학교, 성가대, 학생회 그리고 청년회 등을 못 본 척하지 말라. 만일 노래에 자신이 없다면, 여선교회 성가대나 청년회 성가대에서 봉사하라. 또는 교회 건물 보수나 정원 정리도 할 수 있다. 심방이나 주일학교 일도 할 수 있다.

오늘날 우리는 '말려 든다'는 말을 자주 듣는데, 교회 안에서 나태한 그리스도인이 이 말을 잘 쓴다. 이 '말려듦'에는 그들이 다른 사람을 돕는다는 뜻이 있을 뿐만 아니라 세계를 위한 원대한 사역에 참여한다는 뜻도 있다.

얼마 전에, 우리의 전 임지였던 미네아폴리스 교회의 한 부부가 우리 교회로 옮기게 되었다. 우리는 25년 전의 이야기를 서로 하기도 했다. 그리고 학생부 부장 선생과 나는 그 옮겨온 부부의 남편인 보브에게 학생부 설교를 부탁했다. 그로부터 1년 후, 우리는 그가 다음과 같이 한 말을 듣고서 웃었다. "목사님, 나는 목사님의 설교를 듣는 것보다 내가 학생들을 가르치면서 더 많은 것을 배웁니다." 그는 계속 3년 이상을 가르치고 있는데, "우리 가정을 굳건히 한 다음에, 가르치는 것이 제일 필요하더군요."라고 나에게 말했다.

그분은 좋은 생각을 갖고 있었던 것이다-나는 교회에서 가르치는 것이 영생의 결과라는 것을 말하지 않을 수 없다.

교회는 성령이 충만한 여러 업무들을 제공하고 있다. 당신은 교회를 위해서 무엇을 하고 있는가?

10. 기도는 가정을 든든히 서게 한다

이와 같은 책을 읽다가 생기는 문제는 우리 부부의 약점 노출이나 실망만 남는 것들이다. 가족생활 관련 세미나 후, 우리는 사람들이 다음과 같이 말하는 소리를 자주 듣는다. "이런 원리들을 몇 년 전에만 들었어도 좋았을 텐데!" 이에 대한 나의 정직한 대답은 "우리도 그렇게 생각합니다!"이다. 다행히도 우리는 여러분에게 용기를 북돋아 줄 수 있게 되었다.

1. 완전해지려고 하지 말라!

세상에는 완전한 부모가 없다. 우리 모두는 불완전하다! 만일 베브와 내가 지나치리만큼 완전하게 부모의 역할을 했다면, 우리는 다른 일들을 하고 있으리라고 여러분은 확신할 것이다. 우리는 우리의 큰아이가 14살 즈음에야 성령 충만을 받았다. 조금 일찍 성령의 충만을 받았다면 더 좋았으련만. 여러분은 그 후 우리가 좋은 부모가 되었음을 인지할 수 있을 것이다. 그 전까지만 해도 우리 부부는 부족한 것이 많았다. 우리가 숲속 수양회에서 성령의 충만을 체험한 후, 그 때 하나님께서 우리의 삶을 변화시키셨다. 우리는 이상적인 부모가 되었으며, 하나님과 우리 자녀들을 더 잘 알게 되었다. 그래서 우리 부부는 그 때 수양회에서 성령의 체험을 못했더라면 어떻게 되었을까 하고 생각하곤 한다. 우리의 많은 증거에는 의심의 여지가 없다. 그러나 완전한가? 솔직히 말해서 아직 그렇지는 못하다.

다행스럽게도 하나님은 완전을 기대하시지 않으신다. 그것은 당신의 자녀들에게도 마찬가지이다. 성경은 이것에 대해서 "모든 사람이 죄를 범하였으매 하나님의 영광에 이르지 못하더니"라고 로마서 3장 23절에서 말씀하셨다. 그 말씀에는 모든 부모들도 포함되어 있다. 왜냐하면 성령이 충만한 그리스도인들은 기계적인 로봇이 아니기 때문이다. 또한 우리에게는 과거의 죄의 본성이 숨어 있고, 반동적으로 새로운 행위가 나오기도 하기 때문이다. 소망적으로 이 책을 읽은 여러분은 다음과 같은 사실-범한 죄를 빨리 고백하는-에 있어서, 점진적으로 '성령과 동행'하길 바란다.

여러분이 죄에 대해서 예민할 때, 여러분의 육신의 시간은 덜 자유분방하게 되고 '사랑, 기쁨, 평화, 오래 참음 그리고 선함'이 있어서 생명의 길로 가게 된다.

2. 기도는 마지막에 승리를 가져다 준다.

세미나 후에 한 어머니가 내게 와서 눈물을 흘리며 말하기를 “부모가 잘못했을 경우에도 소망이 있나요?”라고 물었다.

“물론이죠!” 나는 대답했다. 왜냐하면 우리 그리스도인들은 다른 사람들이 알지 못하는 자원들을 갖고 있기 때문이다. 무엇이 그런 자원인가? 기도의 권능이 그 자원인 것이다.

복음서에서 주님이 기도에 관해 말씀하신 것을 여러분은 알고 있을 것이다.

“구하라 그러면 너희에게 주실 것이요…구하는 이마다 얻을 것이요…” (마 7 : 7,8).

“너희가 기도할 때에 무엇이든지 믿고 구하는 것은 다 받으리라” (마 21:22).

“…구하라 그리하면 받으리니…” (요 16:24).

“항상 기도하고 낙망치 말아야 될 것을…” (눅 18:1).

구약성경에는 다음과 같이 기록되었다.

“…정직한 자의 기도는 그가 기뻐하시느니라” (잠 15:8).
바울 서신에서는 기도에 관한 도전적인 말씀을 찾아볼 수 있다.
“쉬지 말고 기도하라” (살전 5:17).

“아무것도 염려하지 말고 오직 모든 일에 기도와 간구로 너희 구할 것을 감사함으로 하나님께 아뢰라” (빌 4 : 6).

“이러므로 너희 죄를 서로 고하며 병 낫기를 위하여 서로 기도하라” (약 5:16).

그리스도인으로서 우리는 '사랑하는 하늘에 계신 아버지'의 모든 것으로 전능자 하나님이 주신 옷을 덧입게 되었다. 왜냐하면 우리는 하나님의 가족이 되었기 때문이다. 하나님은 우리를 당신의 '자녀'로 축복하셨다. 예수님은 하나님의 관심들을 우리의 기도 시간에 알려주신다. "너희가 악한 자라도 좋은 것으로 자식에게 줄줄 알거든 하물며 하늘에 계신 너희 아버지께서 구하는 자에게 좋은 것으로 주시지 않겠느냐?"(마 7: 11).

모든 헌신적인 부모들은 그들의 생활 속에서 자녀들을 좋게 하기 위해서 이 기도의 능력을 잘 사용해야 한다. 특별히 심각한 위기 속에서는 더 잘 사용해야 한다. 베브와 나는 딸 로리가 두 번째 폐렴에 걸린 다섯 살 되던 해에 딸 곁에 서서 기도했다. 어린 딸의 좁은 가슴은 인공호흡기의 산소 텐트 안에 있었다. 그 때 담당 의사는 "목사님, 만일 살아 계신 하나님께 기도하면-지금 하시면 더욱 좋구요-나는 최선을 다하겠습니다. 전능하신 하나님이 응답하십니다."라고 말했다.

내가 기도하고 있을 때에 베브는 흐느껴 울고 있었다. 하나님은 초자연적인 '평화'를 우리에게 주셨고, 곧 딸은 좋아지기 시작했다. 할렐루야! 이 몇 분 사이에 딸 로리는 위기를 넘겼고, 점차적으로 하나님의 권능이 임하여 딸의 건강을 회복시켜 주셨다. 이런 위기는 자녀들을 키우는 동안에 자주 일어나곤 했다. 그리스도인들의 생활에서 유익한 것들 중의 하나는 이런 상황 속에서 우리가 누군가를 회개시키는 일이다. 솔직히, 나는 비 기독교인을 만드는 법을 모른다.

기도는 가정이라는 집의 지붕이다. 기도는 인생의 위험과 적들로부터 보호해 준다. 많은 경우, 기도는 가족 자신들을 방어해주기까지 한다. 아침에 아내가 하는 기도 소리를 들은 불신자 남편은 그 기도를 마음의 증거로 새기고 출근하게 되며 그 효력은 꼭 있는 법이다. 남편은 매우 조심스럽게 그 날을 보내며 아내가 직면하지 못하거나 알지 못한 것까지도 남편은 탐지해 낸다. 그러면 "어떻게 그것을 알았어요?"라고 직장 동료들은 깜짝 놀라서 말한다. 아내의 간절한 기도가 남편 앞에서 나타나는 것이다. 그래서 부부는 결과적으로 행복해진다.

오늘날 대부분의 우리들의 목회사역의 능력은 중보기도의 힘이며, 보통 우리 부모님들의 기도의 힘이다. 내 경우에 있어서는 내 어머니의 기도의 힘이 컸다. 돌이켜 생각하면, 내가 육적인 사람에서 영적인 사람으로 돌아설 즈음에, 어머니는 나를 위해서 바로 기도하고 계셨다. 사경회를 참석하신 어머니는 밥 존즈 경 박사(Dr. Bob Jones, Sir)의 설교를 듣고 그와 담소하셨고, 밥 존즈 박사는 나를 위해서 기도해 주셨다. 그로부터 여러 주일 후, 나는 어머니가 사시는 아파트로 오후 2시 30분에 귀가했는데 어머니는 구석에서 기도하시다가 잠이 드신 모양이었다. 거실이 매우 좁았으므로 나는 조심스럽게 그곳을 지나서 내 침실로 들어갔다. 처음에 어머니의 기도는 나를 미치게 만드는 것 같았고, 어머니의 기도가 옳은지 의심이 들었다. 그래서 나는 그 곳을 떠나기로 마음을 먹었다! 어머니는 잠이 드시면 대체로 오후 5시 30분이 되어야 일어나신다.

어머니는 잠결에 나를 위해서 기도하시는 것 같았다. 결국 나는 어머니를 깨워 침실로 가시도록 했다. 그 장면이 잘 지워지지 않았으므로 나는 법대를 포기하고 밥 존즈 대학교에 입학하게 되는 인생의 전환기를 맞게 되었다. 나는 모든 젊은이들에게 어머니의 기도가 필요하다고 생각한다. 기도는 인생을 사는 동안 부모의 실수를 만들지 않고 오히려 목사님 같이 유아시절부터 하나님의 권능을 자녀들에게 기적적으로 나타나게 한다.

최근에 나는 다른 그리스도인 사역자들을-그들은 반항적인 두 십대 아이들에 관여하고 있었는데-통해서 큰 힘을 얻었다. 기도를 통해서 그 아이들의 부모들은 좋은 결실을 얻었다. 우리 아이들은 우리의 설교를 자주 들어서 싫증을 내었고 게다가 주님에 관한 말씀과 설교를 딱딱하게 여겼다.

하나님은 그와 같은 시기에 다른 사람들을 하나님의 종으로 만드셨다. 베브와 나는 캘리포니아에서 널리 알려진 켄 푸어(Ken Poure)와 그밖의 친구들에게 큰 도움을 받았다. 하와이의 짐 쿡(Jim Cook)목사, 빌 고싸드(Bill Gothard), 존 맥아더(John McArthur) 목사 그리고 우리 교회 부목사인 제리 리프(Jerry Riffe) 그 외에도 다른 여러 사람들은 기도의 동지들이다. 이들은 자녀들의 문제들을 해결하는 성령의 도구들이다. 또한 이들은 자기들 주위의 비극적인 문제들을 하나님께 기도하여 재위탁한다. “아이의 마음에는 미련한 것이(반항자-마법 같은 죄) 얽혔으나 징계하는 채찍이 이를 멀리 쫓아내리라”(잠 22:15). 우리 시대의 반항하는 세대들에게는 영적인 것이 지루하게 느껴지는 것이다. 무엇이 부모가 하는 일이며, 언제 실수를 하는가? 기도만이 응답이다! 성령이 충만한 부모에게는 기도의 권능이 있다.

우리 아이들 중의 하나가 성령의 충만함이 없는 다른 그리스도인 청년과 사랑에 빠진 일이 있었다(우리는 절대로 비 기독교인들과 데이트도 못하게 했다). 그들의 관계를 기도해 본 후, 계속 그를 사귀지 말라고 나는 말했고, 아내 베브도 그렇게 말했다. 딸은 눈물을 글썽거리면서 "주님은 나에게 같은 고통을 주셨어요."라고 말했다. 같이 기도한 후, 우리는 우리의 십대 시절에 대해서 말했다. "나는 너를 놀리지는 않는다. 단지 그 결과는 즐겁지 않아."라고 말했다. 하나님은 이런 아이들을 우리가 칭찬하도록 하시지 않았고 오직 성경대로 살도록 하셨다.

성경은 아이들을 칭찬하며 좋은 인간관계를 갖게 하는 제일 좋은 참고서이다. 기도는 자녀들을 돕는 권능이 있다.

이런 의미에서 내가 들은 감동적인 미담을 어느 젊은 건축가와 나눈 적이 있었다. 마침 그의 막내 남동생인 셈은 우리 교회 청년 회원이었다. 오래 전 그의 부모와 같이 북서쪽 삼림으로 캠핑을 갔다가 잃어버린 성경에 관한 이야기였다. 다른 그리스도인 가족이 나중에 그들이 사용했던, 오두막을 빌려 사용했는데, 거기에서 이름이 안 쓰여진 성경책을 주웠다. 그들이 첫 페이지를 넘겼는데 "사랑하는 내 아들에게, 엄마와 아빠가"라고 쓰여 있었다. 그 부부는 너무 감동을 받았으므로 그 성경책을 자기 자녀에게 주었다.

그 밤에 그 아버지는 이 젊은이(성경책 주인)를 위해서 기도했고, 자기 십대 딸을 위해서 기도했다. 어느 날 주님은 성경책의 원래 주인을 그 딸 앞에 보내서 만나게 했다. 세월이 지나, 그들은 모든 경험을 잊고 있었다. 훗날 그들의 딸은 성장해서 대학 캠프에서 만난 한 청년과 사랑하게 되었다. 그들이 부모의 허락을 받아 결혼하기 1년 전, 신랑은 예비 처가댁을 방문했다. 그는 서가에서 낡은 한 성경책을 집었다. 그는 "어디서 많이 본 성경책인데"라고 중얼거렸다. 책 뒷면에 "보라, 내 부모님이 주신 책"이라고 쓰여 있었고 그 중간에 '사무엘'이 쓰여 있었다-마지막 이름은 닳아 없었다.

이 두 가족들은 서로 몰랐고, 멀리 떨어져-수백 마일-있었다.

그런데 같은 여름에 한 주간 차이로 휴가 때 그 오두막을 빌려서 사용했던 것이다.

믿을 수 없고 불가능한 일인가? 사람에게는 불가능할지 모르나 그러나 하나님과 같이 있으면 가능하다!

베브와 나는 믿지 못할 과거의 스토리를 갖고 있다. 또 우리 장모님 넬 랫클리프 부인(Mrs. Nell Ratcliffe)과도 관계된 스토리다. 랫클리프 가문은 미시간 주 파밍톤 제일 침례 교회에 다녔고, 남편이 일찍 세상을 떠나자 부인은 세 아이들을 데리고 친척들이 있는 디트로이트로 이사해 갔다. 랫클리프 부인은 교회 여자 성도 중 젊은 과부인 '마가렛'을 위해서 기도한 것을 기억하고 있다. 왜냐하면 그녀 자신도 딸 베버리가 18개월 되었을 때 남편을 잃었기 때문이다. 랫클리프 여사는 교회 내에서 잘 알려지지 않은 과부 마가렛을 위해서 끝까지 기도했는데, 하나님은 초자연적으로 그녀의 가정에 물질을 공급해 주셨다. 랫클리프 부인은 자기 어린 딸을 하나님께 바치기로 서원했다. 세월이 지나 베브와 나는 대학에서 만나 결혼했다. 여러 해가 지나고 나서, 우리는 서로의 성장배경을 이야기 했다. 나는 우리 가족은 파밍톤 제일 침례교회(미시간 주)에서 예수를 믿게 되었다고 말했다. 베브의 가족은 우리 가족이 디트로이트로 떠난 지 두 달 후 그곳을 떠나 디트로이트로 이사 왔다. 여러분은 과부인 나의 어머니의 마지막 이름이 '마가렛'임을 믿겠는가?

그렇다! 하나님은 기도에 응답하신다. 하나님은 여러분을 사랑하시며, 여러분 가정의 축복이 되는 도구인 기도를 하기 원하고 계신다.

"너는 내게 부르짖으라 내가 네게 응답하겠고 네가 알지 못하는 크고 비밀한 일을 네게 보이리라" (렘 33:3).